O Artífice

Richard Sennett

O Artífice

Tradução de
CLÓVIS MARQUES

11ª edição

EDITORA RECORD
RIO DE JANEIRO • SÃO PAULO
2024

CIP-BRASIL. CATALOGAÇÃO NA FONTE
SINDICATO NACIONAL DOS EDITORES DE LIVROS, RJ.

S481a Sennett, Richard, 1943
11ª ed. O artífice / Richard Sennett; tradução de Clóvis Marques. – 11ªed. – Rio de Janeiro: Record, 2024.

Tradução de: The craftsman
ISBN 978-85-01-08314-2

1. Criatividade. 2. Trabalho. 3. Trabalho – Aspectos morais e éticos. 4. Motivação (Psicologia). I. Título.

09-1038 CDD: 306.361
CDU: 316.334.3:331

Título original em inglês:
THE CRAFTSMAN

Texto revisado segundo o Acordo Ortográfico da Língua Portuguesa de 1990.

Impresso no Brasil

ISBN 978-85-01-08314-2

Para Alan e Lindsay

travail, opium unique

Sumário

PARTE TRÊS: **Habilidade artesanal**

Agradecimentos

Tenho uma especial dívida de gratidão com o filósofo Richard Foley. Num momento de impasse no meu trabalho, ele me perguntou: "Qual a intuição que o orienta?" Eu respondi de supetão: "Fazer é pensar." Foley não pareceu convencido. Na tentativa de convencê-lo, agradeço aos meus amigos Joseph Rykwert, Craig Calhoun, Niall Hobhouse e o falecido Clifford Geertz pelos conselhos e aos meus editores Stuart Proffitt e John Kulka por seus comentários sobre o manuscrito.

Neste projeto, aprendi com meus alunos. Em Nova York, agradeço particularmente a Monika Krause, Erin O'Connor, Alton Phillips e Aaron Panofsky; em Londres, a Cassim Shepard e Matthew Gill. Minha assistente de pesquisa, Elizabeth Rusbridger, revelou-se uma maravilha, assim como Laura Jones Dooley, editora do manuscrito deste livro.

Muitos dos estudos de caso de habilidade artesanal dizem respeito a práticas musicais. Para eles, pude valer-me de minha antiga experiência no trabalho com a música, assim como de debates mais recentes sobre o ofício musical com três amigos, Alan Rusbridger, Ian Bostridge e Richard Goode.

Finalmente, Saskia Sassen, Hilary Koob-Sassen e Rut Blees-Luxembourg deram-me o melhor presente que uma família pode dar a um escritor: deixaram-me sozinho para pensar, fumar e escrever.

Prólogo: O homem, criador de si mesmo

A caixa de Pandora

Hannah Arendt e Robert Oppenheimer

Logo depois da crise dos mísseis em Cuba, aqueles dias de 1962 em que o mundo chegou à beira da guerra atômica, encontrei na rua com minha professora Hannah Arendt. Ela estava abalada com os acontecimentos, como todo mundo, mas também via confirmadas suas convicções mais profundas. Em *A condição humana*, alguns anos antes, ela sustentava que o engenheiro, ou qualquer produtor de coisas materiais, não é senhor em sua própria casa; a política, colocando-se acima do trabalho físico, é que deve tomar a frente. Chegara a essa conclusão na época em que as primeiras bombas atômicas foram criadas, em 1945, no contexto do projeto Los Alamos. Agora, durante a crise dos mísseis, os americanos jovens demais para terem conhecido a Segunda Guerra Mundial também haviam sentido medo de verdade. Fazia um frio de congelar nas ruas de Nova York, mas Arendt não estava nem aí. Queria que eu aprendesse a lição: as pessoas que fazem coisas geralmente não sabem o que estão fazendo.

O medo da invenção de materiais de autodestruição manifestado por Arendt remonta na cultura ocidental ao mito grego de Pandora. Deusa da invenção, Pandora foi "enviada à terra por Zeus como punição pela transgressão de Prometeu".[1] Hesíodo refere-se a Pandora, em *Os trabalhos e os dias*, como "o presente amargo de todos os deuses", os quais, quando ela abriu sua caixa (ou, em certas versões, sua jarra) de maravilhas, "espalharam dores e males entre os homens".[2] No desenvolvimento da cultura grega, seus povos viriam a acreditar cada vez mais que Pandora representava um elemento de *sua própria* natureza; a cultura baseada em coisas produzidas pelo homem expõe constantemente ao risco de infligir danos a si mesmo.

Alguma coisa que quase chega a ser inocente nos seres humanos é que gera esse risco: os homens e as mulheres deixam-se seduzir pela admiração, a emoção, a curiosidade, e com isto criam a ficção de que abrir a caixa constitui um ato neutro. A respeito da primeira arma de destruição em massa, Arendt poderia ter citado uma anotação do diário de Robert Oppenheimer, diretor do projeto Los Alamos. Ele se tranquilizava afirmando: "Quando vemos alguma coisa tecnicamente agradável, vamos em frente e fazemos, e só pensamos no que fazer com ela depois de ter sucesso do ponto de vista técnico. Assim foi com a bomba atômica."[3]

O poeta John Milton contava uma história semelhante a respeito de Adão e Eva, como uma alegoria sobre os perigos da curiosidade, assumindo Eva o papel de Oppenheimer. Na cena primal cristã de Milton, a sede de conhecimento, e não de sexo, é que leva os seres humanos a infligir danos a si mesmos. A imagem de Pandora mantém sua força nos escritos do moderno teólogo Reinhold Niebuhr, que afirma que é da natureza humana acreditar que tudo que parece possível deve ser tentado.

A geração de Arendt podia quantificar o medo da autodestruição em números tão vastos que a imaginação se perdia. Pelo menos 70 milhões de pessoas morreram em guerras, campos de concentração e gulags nos primeiros cinquenta anos do século XX. Na visão de Arendt, esses dados refletem uma combinação de cegueira científica e poder burocrático — burocratas preocupados apenas em cumprir sua tarefa, exemplificados a seu ver pelo organizador dos campos de extermínio nazistas, Adolf Eichmann, sobre cujo caso ela cunhou a expressão "banalidade do mal".

Hoje, a civilização material dos tempos de paz ostenta estatísticas não menos estonteantes de males autoinfligidos: um milhão, por exemplo, foram os anos necessários para que a Natureza criasse a quantidade de combustíveis fósseis atualmente consumidos em um único ano. A crise ecológica é pandórica, produzida pelo homem; a tecnologia talvez não seja uma aliada confiável no empenho de readquirir o controle.[4] O matemático Martin Rees descreve uma revolução na microeletrônica capaz de gerar pelo menos a possibilidade de um mundo robotizado passível de fugir ao controle dos seres humanos comuns; prevê aberrações como microrrobôs autoreprodutores que, destinados a limpar a poluição, podem vir a devorar a biosfera.[5] Um exemplo de caráter mais premente é a engenharia genética de colheitas e animais.

O medo de Pandora gera um clima racional de temor, mas o próprio temor pode ser paralisante, e mesmo maligno. A própria tecnologia pode surgir como inimiga, e não um simples risco. A caixa de Pandora ambiental foi fechada com excessiva facilidade, por exemplo, em discurso pronunciado pelo mestre de Arendt, Martin Heidegger, perto do fim da vida, em Bremen, em 1949. Nessa infame oportunidade, Heidegger "ignorou o caráter único do Holocausto, em termos de 'história dos desmandos do homem', ao comparar 'a produção de cadáveres nas câmaras de gás e nos campos de morte' à agricultura mecanizada". Nas palavras do historiador Peter Kempt, "Heidegger considerava que as duas coisas deviam ser encaradas como manifestações do 'mesmo frenesi tecnológico' que, se não fosse contido, levaria a uma catástrofe ecológica de proporções mundiais".[6]

Se a comparação é obscena, Heidegger fala na verdade a um desejo existente em muitos de nós, de retornar a um meio de vida ou alcançar um futuro imaginário em que vivamos de maneira mais simples na natureza. Na velhice, Heidegger escreveu, em contexto diferente, que "o caráter fundamental da ocupação do espaço é essa necessidade de poupar e preservar", frente às exigências do moderno mundo mecânico.[7] Numa imagem famosa desses escritos da velhice, ele evoca "uma cabana na Floresta Negra" para a qual se retira o filósofo, limitando seu espaço no mundo à satisfação de necessidades as mais simples.[8] Um desejo que poderia acometer qualquer um que se deparasse com as estatísticas modernas de destruição.

No mito antigo, os horrores da caixa de Pandora não eram da responsabilidade do homem; os deuses estavam irados. Em nossa época mais secular, o medo de Pandora é mais perturbador: os inventores das armas atômicas misturavam curiosidade e culpabilidade; as consequências involuntárias da curiosidade são difíceis de explicar. A criação da bomba encheu Oppenheimer de culpa, como também a I. I. Raby, Leo Szilard e muitos outros que trabalharam em Los Alamos. Em seu diário, Oppenheimer lembrava as palavras do deus indiano Krishna: "Tornei-me Morte, a destruidora dos mundos."[9] Especialistas com medo da própria capacidade: que fazer com tão terrível paradoxo?

Em 1953, nas Conferências Reith, pronunciadas na BBC — uma série de programas radiofônicos dedicados a explicar o lugar da ciência na sociedade moderna — e posteriormente publicadas sob o título *Science and the Common Understanding* [A ciência e o entendimento comum], Oppenheimer afirmava que tratar a tecnologia como inimiga servirá apenas para deixar a humanidade ainda mais indefesa. Entretanto, tomado de preocupação com a bomba nuclear e seu filhote termonuclear, ele não podia, nesse foro político, oferecer aos ouvintes sugestões práticas de como enfrentar o problema. Apesar de confuso, Oppenheimer era um homem do mundo. Foi incumbido ainda relativamente jovem do projeto da bomba, durante a Segunda Guerra Mundial, associando um cérebro privilegiado à capacidade de comandar uma equipe grande de cientistas; seu talento era ao mesmo tempo científico e administrativo. Mas tampouco aos conhecedores de que estava cercado ele era capaz de apresentar um quadro satisfatório da maneira como o trabalho comum deveria ser usado. Eis as palavras com que se despediu deles no dia 2 de novembro de 1945: "É bom entregar à humanidade em geral o maior poder possível de controlar o mundo e lidar com ele de acordo com seus conhecimentos e valores."[10] A obra do criador torna-se um problema do público. Como observou David Cassidy, um dos biógrafos de Oppenheimer, as Conferências Reith revelaram-se, assim, "uma enorme decepção tanto para o orador quanto para seus ouvintes".[11]

Se os especialistas não sabem o que fazer com o que criam, que dizer do público? Embora eu suspeite de que Arendt não soubesse muita coisa de física, o fato é que ela aceitou o desafio de Oppenheimer: que o público encare o problema. Ela confiava firmemente que o público seria capaz de entender as condições materiais em que vive e que a ação política fortaleceria a determinação da humanidade de assumir o controle das coisas, ferramentas e máquinas no seu espaço. Quanto às armas na caixa de Pandora, disse-me ela, deveria ter ocorrido um debate público sobre a bomba quando ainda estava sendo feita; com ou sem razão, Arendt considerava que o segredo do processo técnico de fabricação poderia ter sido preservado apesar do debate. As razões dessa convicção constam de seu mais importante livro.

A condição humana, publicado em 1958, afirma a importância de os seres humanos se comunicarem de forma aberta e franca. Escreve Arendt: "A fala e a ação (...) são os modos como os seres humanos se mostram uns aos outros, não, na verdade, como objetos físicos, mas *qua* homens. Essa aparência, diferente da mera existência corporal, repousa na iniciativa, mas é uma iniciativa de que nenhum ser humano pode eximir-se se quiser continuar sendo humano." E ela acrescenta: "Uma vida sem fala e sem ação é literalmente morta para o mundo."[12] Nesse terreno público, através do debate, as pessoas precisariam decidir quais tecnologias devem ser estimuladas e quais, reprimidas. Embora essa valorização da fala possa parecer idealista, Arendt era, à sua maneira, uma filósofa eminentemente realista. Sabia que o debate público dos limites humanos jamais poderá ser a política da felicidade.

E tampouco acreditava em verdades religiosas ou naturais capazes de estabilizar a vida. Pelo contrário, tal como John Locke e Thomas Jefferson, Arendt considerava que uma comunidade política é diferente de um prédio histórico ou de um "sítio do patrimônio mundial": as leis têm que ser instáveis. Essa tradição liberal pressupõe que as regras decorrentes da deliberação são postas em dúvida à medida que as condições mudam e as pessoas refletem; surgem, então, novas regras provisórias. A contribuição de Arendt a essa tradição baseia-se em parte na constatação de que o processo político é equiparável à condição humana de trazer ao mundo e depois deixar partir os filhos que geramos e criamos. Arendt fala de *natalidade* ao descrever o processo de nascimento, formação e separação na política.[13] O fato essencial da vida é que nada perdura — embora na política precisemos que algo nos oriente, elevando-nos acima das confusões do momento. *A condição humana* explora as maneiras como a linguagem pode nos ajudar, por assim dizer, a nadar contra as águas turbulentas do tempo.

Aluno de Arendt há quase meio século, eu achava sua filosofia essencialmente estimulante, mas já então ela não me parecia exatamente adequada no trato das coisas materiais e das práticas concretas contidas na caixa de Pandora. O bom mestre dá uma explicação satisfatória; o grande mestre — caso de Arendt — gera dúvida, inquieta, provoca discussão. A dificuldade de Arendt de lidar com Pandora parecia-me então vagamente, como parece hoje, com maior clareza, repousar na distinção por ela estabelecida entre *Animal laborens* e *Homo faber*. (*Homem*, com toda evidência, não significa apenas os homens. Neste livro, quando se tratar de questões de gênero, tentarei deixar claro quando a palavra *homem* remete genericamente aos seres humanos e quando se aplica apenas aos do sexo masculino.) São duas imagens de pessoas trabalhando; imagens austeras da condição humana, já que o filósofo exclui o prazer, o jogo e a cultura.

Animal laborens é, como já indica o nome, o ser humano equiparado a uma besta de carga, o trabalhador braçal condenado à rotina. Arendt enriquece a imagem imaginando-o absorto numa tarefa que o mantém isolado do mundo, situação bem exemplificada no sentimento de Oppenheimer de que a bomba atômica era um problema "agradável", ou na obsessão de Eichmann em tornar eficientes as câmaras de gás. No ato de fazer a coisa funcionar, nada mais importa; o *Animal laborens* toma o trabalho como um fim em si mesmo.

Em contraste, o *Homo faber* é a imagem que ela apresentava de homens e mulheres fazendo um outro tipo de trabalho, criando uma vida em comum. Mais uma vez Arendt enriquecia uma ideia herdada. A expressão latina *Homo faber* significa simplesmente "homem que faz". Ela surge em escritos do Renascimento sobre filosofia e as artes; duas gerações antes de Arendt, Henri Bergson a havia aplicado à psicologia; e ela a aplicou à política, de uma forma muito especial. O *Homo faber* é o juiz do labor e da prática materiais, não um colega do *Animal laborens*, mas seu superior. Desse modo, na visão dela, nós, seres humanos, vivemos em duas dimensões. Numa delas, fazemos coisas; nesta condição, somos amorais, entregues a uma tarefa. Também somos habitados por uma outra forma de vida, mais elevada, na qual deixamos de produzir e começamos a discutir e julgar juntos. Enquanto o *Animal laborens* está fixado na pergunta "Como?", o *Homo faber* pergunta "Por quê?".

Esta divisão parece-me falsa porque menospreza o homem prático — ou a mulher — que trabalha. O animal humano que é *Animal laborens* é capaz de pensar; as discussões sustentadas pelo produtor podem ocorrer mentalmente com materiais, e não com outras pessoas; as pessoas que trabalham juntas certamente conversam a respeito do que estão fazendo. Para Arendt, a mente se ativa uma vez realizado o trabalho. Uma outra visão, mais equilibrada, é a de que o pensamento e o sentimento estão contidos no processo do fazer.

O interesse principal desta observação aparentemente óbvia está na maneira como se aplica à caixa de Pandora. Deixar que o público "resolva o problema" depois de realizado o trabalho equivale a defrontar as pessoas com fatos em geral irreversíveis no campo concreto. O envolvimento deve ter início antes, requerendo uma compreensão melhor e mais plena do processo através do qual as pessoas produzem coisas, um envolvimento mais materialista que o encontrado em pensadores como Arendt. Para enfrentar Pandora, é necessário um materialismo cultural mais vigoroso.

A palavra *materialismo* deve aqui suscitar cautela; ela foi desvirtuada, conotada na história política recente pelo marxismo e na vida cotidiana pela fantasia e a ganância consumistas. O pensamento "materialista" também é obscuro, pois quase todos nós utilizamos coisas, como computadores e automóveis, que não fazemos para nosso próprio uso e que não entendemos. Quanto ao termo "cultura", o crítico literário Raymond Williams contou certa vez centenas de significados moderno.[14] Esse bravio jardim verbal divide-se, grosso modo, em dois canteiros. Num deles, cultura designa apenas as artes, e no outro significa as crenças religiosas, políticas e sociais que unem um povo. A expressão "cultura material" com demasiada frequência, pelo menos nas ciências sociais, não trata roupas, placas de circuito ou peixe assado como objetos dignos de consideração em si mesmos, considerando a feitura desses objetos físicos como um espelho de normas sociais, interesses econômicos, convicções religiosas — em si mesma, a coisa é desprezada.

Precisamos, portanto, virar a página. E podemos fazê-lo simplesmente perguntando — embora as respostas nada tenham de simples — o que o processo de feitura de coisas concretas revela a nosso respeito. Para aprender com as coisas, precisamos saber apreciar as qualidades de uma vestimenta ou a maneira certa de escaldar um peixe; uma boa roupa e um alimento bem preparado nos permitem imaginar categorias mais amplas de "bom". Amigo dos sentidos, o materialista cultural quer saber onde o prazer pode ser encontrado e como se organiza. Curioso das coisas em si mesmas, ele ou ela quer entender como são capazes de gerar valores religiosos, sociais ou políticos. O *Animal laborens* pode afinal servir de guia para o *Homo faber*.

Chegando por minha vez à velhice, voltei mentalmente àquela rua do Upper West Side. Quero sustentar perante Arendt a argumentação de que não fui capaz na juventude: as pessoas podem aprender sobre si mesmas através das coisas que fazem, a cultura material é importante. Envelhecendo, minha mestra tornou-se mais esperançosa de que o tirocínio do *Homo faber* pudesse salvar a humanidade de si mesma. No meu outono, tornei-me mais esperançoso quanto ao animal humano no trabalho. O conteúdo da caixa de Pandora pode efetivamente tornar-se muito menos assustador; podemos alcançar uma vida material mais humana, se pelo menos entendermos como são feitas as coisas.

O projeto

O artífice; Guerreiros e padres; O estrangeiro

Este é o primeiro de três volumes dedicados à cultura material, todos relacionados aos perigos da caixa de Pandora, embora cada um deles deva ter vida própria. Este livro trata da arte ou habilidade artesanal, a capacidade de fazer bem as coisas. O segundo volume aborda a elaboração de rituais para enfrentar a agressão e o fanatismo; o terceiro explora as aptidões necessárias para criar e habitar ambientes sustentáveis. Os três livros tratam da questão da *técnica* — mas a técnica considerada como questão cultural, e não como um procedimento maquinal; cada um deles focaliza determinada técnica destinada ao cultivo de um estilo específico de vida. Este ambicioso projeto encerra um paradoxo pessoal de que tenho procurado fazer uso positivo. Sou um escritor de inclinações filosóficas levantando questões sobre temas como artesanato em madeira, treinamentos militares ou painéis solares.

A expressão "habilidade artesanal" pode dar a entender um estilo de vida que desapareceu com o advento da sociedade industrial — o que, no entanto, é enganoso. Habilidade artesanal designa um impulso humano básico e permanente, o desejo de um trabalho benfeito por si mesmo. Abrange um espectro muito mais amplo que o trabalho derivado de habilidades manuais; diz respeito ao programa de computador, ao médico e ao artista; os cuidados paternos podem melhorar quando são praticados como uma atividade bem capacitada, assim como a cidadania. Em todos esses terrenos, a habilidade artesanal está centrada em padrões objetivos, na coisa em si mesma. As condições sociais e econômicas, contudo, muitas vezes se interpõem no caminho da disciplina e do empenho do artesão: é possível que as escolas não proporcionem as ferramentas necessárias para o bom trabalho e que nos locais de trabalho não seja realmente valorizada a aspiração de qualidade. E embora a perícia artesanal possa recompensar o indivíduo com o orgulho pelo resultado de seu trabalho, não é uma recompensa simples. O artífice frequentemente enfrenta padrões objetivos de excelência que são conflitantes; o desejo de fazer alguma coisa bem pelo simples prazer da coisa benfeita pode ser comprometido por pressões competitivas, frustrações ou obsessões.

O artífice explora essas dimensões de habilidade, empenho e avaliação de um jeito específico. Focaliza a relação íntima entre a mão e a cabeça. Todo bom artífice sustenta um diálogo entre práticas concretas e ideias; esse diálogo evolui para o estabelecimento de hábitos prolongados, que por sua vez criam um ritmo entre a solução de problemas e a detecção de problemas. A relação entre a mão e a cabeça manifesta-se em terrenos aparentemente tão diferentes quanto a construção de alvenaria, a culinária, a concepção de um playground ou tocar violoncelo — mas todas essas práticas podem falhar em seus objetivos ou em seu aperfeiçoamento. A capacitação para a habilidade nada tem de inevitável, assim como nada há de descuidadamente mecânico na própria técnica.

A civilização ocidental caracteriza-se por uma arraigada dificuldade de estabelecer ligações entre a cabeça e a mão, de reconhecer e estimular o impulso da perícia artesanal. As maneiras como essa dificuldade se manifesta são exploradas na primeira parte do livro. Ela começa com uma história sobre oficinas artesanais — as guildas de ourives medievais, os ateliês de fabricantes de instrumentos musicais como Antonio Stradivari, os modernos laboratórios — nas quais mestres e aprendizes trabalham juntos mas em condições de desigualdade. A luta do artífice com máquinas é relatada através da invenção dos robôs no século XVIII, das páginas dessa bíblia do Iluminismo que é a *Enciclopédia* de Diderot e do medo das máquinas industriais que se manifestou crescentemente ao longo do século XIX. A consciência dos materiais presente no artífice aparece na longa história da fabricação de tijolos, que se estende da antiga Mesopotâmia a nossa época, uma história que demonstra como os trabalhadores anônimos podem deixar traços em coisas inanimadas.

Em sua segunda parte, o livro explora mais de perto o desenvolvimento da capacitação. Sustento duas teses polêmicas: primeiro, que todas as habilidades, até mesmo as mais abstratas, têm início como práticas corporais; depois, que o entendimento técnico se desenvolve através da força da imaginação. A primeira tese focaliza o conhecimento adquirido com a mão, através do toque e do movimento. A tese sobre a imaginação começa explorando a linguagem que tenta direcionar e orientar a habilidade corporal. Essa linguagem funciona melhor quando é capaz de mostrar de maneira imaginosa como fazer alguma coisa. A utilização de ferramentas imperfeitas ou incompletas leva a imaginação a desenvolver essas capacidades necessárias para reparar e improvisar. As duas teses convergem no exame da maneira como a resistência e a ambiguidade podem ser experiências instrutivas; para trabalhar bem, todo artífice precisa aprender com essas experiências, em vez de opor-lhes resistência. Um outro conjunto de estudos de caso ilustra como a capacitação se escora na prática física: os hábitos manuais de tocar uma tecla no piano ou utilizar uma faca; as receitas escritas utilizadas para orientar o cozinheiro neófito; a utilização de instrumentos científicos imperfeitos como os primeiros telescópios ou de instrumentos surpreendentes como o bisturi do anatomista; as máquinas e planos que podem funcionar com a resistência da água, a falta de firmeza da terra. O desenvolvimento da habilidade em todos esses terrenos é difícil, mas não misterioso. Podemos entender os processos imaginativos que nos capacitam a fazer melhor as coisas.

Na terceira parte, o livro trata de questões mais genéricas de motivação e talento. A tese, aqui, é que a motivação é mais importante que o talento, e por um motivo especial. O desejo de qualidade do artífice cria um perigo motivacional: a obsessão de fazer com que as coisas saiam à perfeição pode deformar a própria obra. Sustento que nos arriscamos mais a fracassar como artífices em virtude de nossa incapacidade de organizar a obsessão do que por nossa falta de habilidade. O Iluminismo acreditava que todo mundo tem a capacidade de fazer bem algum trabalho, que existe um artífice inteligente na maioria de nós; essa convicção ainda hoje faz sentido.

Do ponto de vista ético, a habilidade artesanal certamente é ambígua. Robert Oppenheimer era um zeloso artífice; levou sua aptidão técnica ao limite para fazer a melhor bomba de que era capaz. Mas o ethos do artífice abriga tendências compensatórias, como no caso do princípio da utilização da força mínima no esforço físico. O bom artífice, além disso, utiliza soluções para desbravar novos territórios; a solução de problemas e a detecção de problemas estão intimamente relacionadas em seu espírito. Por este motivo, a curiosidade pode perguntar, a respeito de qualquer projeto, tanto "Por quê?" quanto "Como?". O artífice, desse modo, ao mesmo tempo está à sombra de Pandora e pode afastar-se dela.

O livro conclui examinando a maneira como o estilo de trabalho do artífice pode contribuir para ancorar as pessoas na realidade material. A história traçou linhas ideológicas divisórias entre a prática e a teoria, a técnica e a expressão, o artífice e o artista, o produtor e o usuário; a sociedade moderna sofre dessa herança histórica. Mas a vida passada do trabalho artesanal e dos artífices também sugere maneiras de utilizar as ferramentas, organizar os movimentos corporais e pensar sobre os materiais que constituem propostas alternativas e viáveis sobre as possibilidades de levar a vida com habilidade.

Os volumes que se seguem exploram o caráter do ofício artesanal exposto neste primeiro volume. Pandora continua sendo seu ponto de provocação. Pandora é uma deusa de destruição agressiva; o padre e o guerreiro são seus representantes, imbricando-se na maioria das culturas. No segundo volume do projeto, exploro o que poderia inflamar ou domesticar seu poder conjunto.

Tanto a religião quanto a guerra são organizadas através de rituais, e eu trato de investigar o ritual como uma forma de artesanato. Ou seja, estou menos interessado nas ideologias do nacionalismo ou da *jihad* que nas práticas rituais que treinam e disciplinam o corpo humano para atacar ou rezar, ou nos rituais que levam conjuntos de corpos a se mobilizarem no campo de batalha ou no interior de espaços sagrados. Também aqui os códigos de honra tornam-se concretos coreografando o movimento e o gesto dentro dos limites físicos de muros, acampamentos militares e campos de batalha, por um lado, e, por outro, capelas, cemitérios, mosteiros e retiros. O ritual requer habilidade; precisa ser benfeito. O padre-artesão e o guerreiro-artífice haverão de compartilhar o ethos de outros artífices quando se empenharem em fazer bem o trabalho, pelo amor ao trabalho benfeito. A aura que cerca o ritual parece indicar que ele é de origem misteriosa e funcionamento velado. *Warriors and priests* procura enxergar além desse véu, explorando as maneiras como o artesanato do ritual torna física a fé. Meu objetivo nesse estudo é entender como o fatal casamento da religião com a agressão pode acaso ser alterado, mudando-se as práticas rituais nas duas. Trata-se de uma empreitada especulativa, naturalmente — mas parece mais realista tentar entender como poderia ser mudado ou regulado o comportamento concreto do que recomendar uma mudança de propósitos.

O último livro do projeto retorna a terreno mais firme, a própria terra. Tanto em matéria de recursos naturais quanto de mudanças climáticas, estamos enfrentando uma crise física em grande medida gerada pelo próprio homem. O mito de Pandora tornou-se agora um símbolo secular da autodestruição. Para enfrentar essa crise física, somos obrigados a mudar tanto as coisas que fazemos quanto a maneira como as usamos. Teremos de aprender diferentes maneiras de construir prédios e promover o transporte e inventar rituais que nos acostumem a economizar. Teremos de nos transformar em bons artífices do meio ambiente.

A palavra *sustentável* é usada hoje em dia para designar esse tipo de perícia artesanal, e traz uma bagagem específica. *Sustentável* dá uma ideia de vida mais de acordo com a natureza, como imaginava Martin Heidegger na velhice, estabelecendo um equilíbrio entre nós e os recursos do planeta — uma imagem de harmonia e reconciliação. Do meu ponto de vista, é uma visão inadequada e insuficiente do artesanato ambiental; para mudar, ao mesmo tempo, os procedimentos produtivos e os rituais de utilização será necessária uma autocrítica mais radical. Poderíamos providenciar um solavanco mais forte, para mudar a maneira como temos usado os recursos, se nos imaginássemos como imigrantes atirados pelo acaso ou o destino num território que não é nosso, estrangeiros num lugar de que não podemos nos apossar.

O estranho, observa o sociólogo Georg Simmel, aprende a arte da adaptação com mais empenho, ainda que mais dolorosamente, que as pessoas que se sentem em casa, em paz com o ambiente. Segundo Simmel, o estrangeiro também espelha a sociedade que o recebe, já que não pode ter como certos estilos de vida que para os nativos parecem simplesmente naturais.[15] São tão grandes as mudanças necessárias para modificar a maneira como a humanidade lida com o mundo físico que só essa sensação de deslocamento e estranhamento pode impulsionar efetivas práticas de mudança e reduzir nossos desejos de consumo; em minha opinião, o sonho de viver em equilíbrio e em paz com o mundo pode levar-nos a tentar nos refugiar numa Natureza idealizada, em vez de encarar o território autodestrutivo que construímos. É, pelo menos, meu ponto de partida na tentativa de entender as técnicas de artesanato ambiental de um outro tipo, e por isto é que dei a esse terceiro volume o título de *The foreigner*. Hoje, esse artesanato nos é estranho.

É este, em suma, o projeto que tracei sobre a cultura material. Juntos, *O artífice*, *Warriors and priests* e *The foreigner* contam uma história a respeito da declaração do Coriolano de Shakespeare: "Sou o meu próprio criador." Materialmente, os seres humanos são hábeis criadores de um lugar para si mesmos no mundo. Pandora paira sobre essa história em objetos, em rituais e na própria terra. Pandora nunca descansa; a deusa grega representa capacidades humanas inesgotáveis em matéria de má gestão, autodestrutividade e confusão. Mas essas capacidades talvez possam ser domesticadas, se forem materialmente entendidas.

Escrevo no contexto de uma antiga tradição, a do pragmatismo americano, que será mais amplamente explicada no fim deste volume. O pragmatismo busca unir a filosofia a práticas concretas nas artes e ciências, à economia política e à religião; sua principal característica é buscar as questões filosóficas encontradas na vida cotidiana. O estudo do artesanato e da técnica é simplesmente um capítulo lógico no desenrolar da história do pragmatismo.

Uma nota sobre a história

A brevidade do tempo

Neste projeto, orientei-me na utilização do registro histórico por uma experiência imaginária proposta pelo biólogo John Maynard Smith. Ele nos pede que imaginemos um filme de duas horas de duração que, a grande velocidade, registre a evolução, dos primeiros vertebrados ao nosso próprio advento: "O homem capaz de criar ferramentas e utensílios só apareceria no último minuto." Ele imagina então um segundo filme com a mesma duração, mapeando a história do homem das ferramentas: "A domesticação de animais e plantas só seria mostrada no último meio minuto, e o período entre a invenção da máquina a vapor e a descoberta da energia atômica duraria apenas um segundo."[16]

O objetivo da experiência é lançar um desafio à famosa frase inicial do romance *The Go-Between* [O mensageiro], de L. P. Hartley: "O passado é um país estrangeiro." Nos 15 segundos da civilização de que existe registro histórico, não existem motivos para que Homero, Shakespeare, Goethe ou simplesmente as cartas de uma avó fiquem alheios ao nosso entendimento. O tempo da cultura na história natural é breve. Mas nesses poucos segundos os seres humanos criaram estilos de vida extraordinariamente diferentes.

No estudo da cultura material, abordei o registro histórico como um catálogo de experiências de produção de coisas, efetuadas por experimentadores que não nos são alheios e cujas experiências podemos entender.

Se o tempo da cultura é breve sob este aspecto, sob outro, é longo. Como as roupas, vasilhas, ferramentas e máquinas são objetos sólidos, podemos voltar a eles repetidas vezes ao longo do tempo; podemos demorar-nos junto a eles de uma maneira que não é possível no decorrer de uma discussão. E a cultura material tampouco segue os ritmos da vida biológica. Os objetos não entram inevitavelmente em decadência de dentro para fora, como um corpo humano. As histórias das coisas seguem um curso diferente, no qual a metamorfose e a adaptação desempenham um papel mais importante, através das gerações humanas.

Eu poderia ter conduzido esta exploração escrevendo uma estrita narrativa linear, começando com os gregos e terminando onde nos encontramos agora. Em vez disso, preferi escrever tematicamente, fazendo a ponte de ida e volta entre o passado e o presente, para compilar o registro experimental. Quando me pareceu que o leitor poderia precisar de uma contextualização detalhada, tratei de fornecê-la; caso contrário, não.

A cultura material, em suma, traça um quadro do que os seres humanos são capazes de fazer. Essa visão aparentemente ilimitada vem a ser tolhida pelos impulsos autodestrutivos, sejam involuntários, intencionais ou acidentais. Refugiar-se nos valores espirituais dificilmente representaria grande ajuda no trato com Pandora. A natureza pode ser um guia melhor, se entendermos nosso labor como parte do seu ser.

PARTE UM **Artífices**

CAPÍTULO 1

O artífice inquieto

A palavra artífice evoca imediatamente uma imagem. Olhando pela janela da oficina de um carpinteiro, vemos lá dentro um homem de idade cercado de aprendizes e ferramentas. Reina a ordem no local, peças para a confecção de cadeiras estão enfileiradas, o ambiente é tomado pelo odor das lascas recém-aparadas na madeira, o carpinteiro debruça-se em sua bancada para fazer uma rigorosa incisão de marchetaria. A oficina é ameaçada por uma fábrica de móveis instalada logo adiante na mesma rua.

O artífice também poderia ser visto num laboratório próximo. Nele, uma jovem técnica franze as sobrancelhas diante de uma mesa na qual estão estendidos seis coelhos mortos, tendo voltadas para cima as barrigas abertas. Ela está preocupada porque algo deu errado com a injeção que lhes aplicou; tenta, agora, entender se aplicou errado o procedimento ou se havia algo de errado nele próprio.

Um terceiro artífice poderia ser ouvido na sala de concertos da cidade. Uma orquestra ensaia com um regente convidado; ele trabalha obsessivamente com a seção de cordas, repetindo interminavelmente uma passagem para fazer com que os músicos ataquem as cordas com seus arcos exatamente na mesma velocidade. Os violinistas estão cansados, mas também felizes, pois o som ganha coesão. O gerente da orquestra se preocupa; se o regente convidado continuar, o tempo de ensaio será excedido e terão de ser pagas horas extras. O maestro não está nem aí.

O carpinteiro, a técnica de laboratório e o maestro são artífices porque se dedicam à arte pela arte. Suas atividades têm caráter prático, mas sua lida não é apenas um meio para alcançar um outro fim. O carpinteiro poderia vender mais móveis se trabalhasse com maior rapidez; a técnica podia dar um jeito de transferir o problema para o chefe; o regente convidado talvez tivesse mais probabilidade de voltar a ser contratado se ficasse de olho no relógio. Com certeza é possível se virar na vida sem dedicação. O artífice representa uma condição humana especial: a do *engajamento*. Um dos objetivos deste livro é explicar como as pessoas se engajam de uma forma prática, mas não necessariamente instrumental.

A perícia artesanal está sendo subestimada, como observei no Prólogo, quando é equiparada exclusivamente à habilidade manual, como a do carpinteiro. Os alemães têm a palavra *Handwerk* e os franceses, *artisanal*, para se referir ao empenho do artífice. O inglês pode ser mais abrangente, como na palavra *statecraft*; Anton Tchekov usou a palavra russa *mastersvo* para designar tanto seu labor de médico quanto o de escritor. Quero inicialmente tratar todas essas ações concretas como laboratórios nos quais os sentimentos e as ideias podem ser investigados. Um segundo objetivo deste estudo é explorar o que acontece quando a mão e a cabeça, a técnica e a ciência, a arte e o artesanato são separados. Mostrarei como a cabeça é então prejudicada; o entendimento e a expressão ficam comprometidos.

Toda habilidade artesanal baseia-se numa aptidão desenvolvida em alto grau. Uma das medidas mais habitualmente utilizadas é a de que cerca de 10 mil horas de experiência são necessárias para produzir um mestre carpinteiro ou músico. Vários estudos demonstram que, progredindo, a habilidade torna-se mais sintonizada com os problemas, como no caso da técnica de laboratório preocupada com o procedimento, ao passo que as pessoas com níveis primitivos de habilitação esforçam-se mais exclusivamente no sentido de fazer as coisas funcionarem. Em seus patamares mais elevados, a técnica deixa de ser uma atividade mecânica; as pessoas são capazes de sentir plenamente e pensar profundamente o que estão fazendo quando o fazem bem. É no nível da mestria, como demonstrarei, que se manifestam os problemas éticos do artesanato.

As recompensas emocionais oferecidas pela habilidade artesanal na consecução desse tipo de perícia são de dois tipos: as pessoas se ligam à realidade tangível e podem orgulhar-se de seu trabalho. Mas a sociedade criou obstáculos para essas recompensas no passado e continua a fazê-lo hoje. Em diferentes momentos da história ocidental, a atividade prática foi menosprezada, divorciada de ocupações supostamente mais elevadas. A habilidade técnica foi desvinculada da imaginação, a realidade tangível, posta em dúvida pela religião, o orgulho pelo próprio trabalho, tratado como um luxo. Se o artífice é especial por se mostrar engajado como ser humano, nem por isto suas aspirações e dificuldades deixam de espelhar essas questões mais amplas do passado e do presente.

O moderno Hefesto

Tecelões antigos e programadores do Linux

Uma das primeiras celebrações do artífice é encontrada num hino homérico ao deus dos artífices, Hefesto: "Canta, Musa da voz clara, as celebradas habilidades de Hefesto. Com Atená e seus olhos brilhantes, ele ensinou gloriosos ofícios aos homens de todo o mundo — homens que, antes, moravam em cavernas nas montanhas, como animais selvagens. Mas agora que aprenderam ofícios graças a Hefesto, famoso por sua arte, eles levam uma vida tranquila em suas casas o ano todo."[1] O espírito do poema vai de encontro à lenda de Pandora, que surgiu aproximadamente na mesma época. Pandora preside a destruição, Hefesto lança seus poderes sobre o artífice, como propiciador da paz e produtor de civilização.

O hino a Hefesto pode aparentemente celebrar apenas um clichê, o da civilização tendo início no momento em que os seres humanos começaram a usar ferramentas. Mas ele foi escrito milhares de anos depois da fabricação de ferramentas como a faca, a roda e o tear. Mais do que faria um simples técnico, o artífice civilizador utilizou essas ferramentas para um bem coletivo, o de pôr fim à vida nômade dos homens, como caçadores-coletores ou guerreiros desenraizados. Refletindo sobre o hino homérico a Hefesto, um historiador moderno escreve que, como o trabalho artesanal "tirou as pessoas do isolamento, personificado pelos ciclopes moradores das cavernas, artesanato e comunidade eram indissociáveis para os primeiros gregos".[2]

A palavra empregada no hino para designar o artífice é *demioergos*. Trata-se de uma combinação de público (*demios*) com produtivo (*ergon*). O artífice arcaico ocupava uma posição social mais ou menos equivalente à da classe média. Entre os *demioergoi* estavam — além de trabalhadores manuais especializados, como os oleiros — médicos e magistrados de escalão inferior, e mesmo cantores profissionais e arautos, que eram, na antiguidade, os difusores de notícias. Essa camada de cidadãos comuns vivia entre os aristocratas abastados, relativamente poucos, e a massa de escravos que fazia a maior parte do trabalho — muitos dos quais tinham grande capacitação técnica, mas sem que seus talentos se traduzissem em direitos ou reconhecimento político.[3] Nessa sociedade arcaica é que o hino homenageava como civilizadores aqueles que associavam a cabeça às mãos.

Como muitas outras sociedades até recentemente qualificadas pelos antropólogos como "tradicionais", a Grécia arcaica tinha como certo que as habilidades e capacitações seriam passadas de geração em geração. O que é mais digno de nota do que pode parecer. As normas sociais tinham mais peso que os dons individuais na "sociedade da capacitação" tradicional. O desenvolvimento do talento dependia da observância de regras estabelecidas por gerações anteriores; num tal contexto, essa palavra moderna entre as modernas — o "gênio" pessoal — não fazia muito sentido. Para adquirir uma qualificação, alguém tinha de ser obediente. O autor do hino a Hefesto compreendia a natureza desse vínculo comunitário. Tal como acontece com os valores mais profundamente arraigados em qualquer cultura, parecia óbvio que as pessoas se identificariam com outros artífices na qualidade de concidadãos. A capacitação seria um vínculo ao mesmo tempo com os antepassados e os pares. Em sua evolução gradual, as habilidades tradicionais parecem, assim, isentas do princípio da "natalidade" exposto por Hannah Arendt.

Se era celebrado como homem público na época de Homero, o artífice já tinha seu valor menos reconhecido na era clássica. O leitor de Aristófanes encontra um pequeno indício dessa mudança no desprezo com que ele trata os oleiros Kittos e Bacchios como estúpidos bufões, em virtude do trabalho que executam.[4] Um presságio mais sério da menor fortuna do artesão aparece nos escritos de Aristóteles sobre a natureza do artesanato. Na *Metafísica*, ele afirma: "Consideramos que em toda profissão os arquitetos são mais estimáveis e sabem mais e são mais sábios que os artesãos, pois conhecem as razões das coisas que são feitas."[5] Aristóteles troca a palavra que costumava designar o artífice, *demioergos*, por *cheirotechnon*, que significa simplesmente trabalhador manual.[6]

A mudança tinha um significado especial e ambíguo para as trabalhadoras do sexo feminino. Desde os tempos mais primitivos, a tecelagem era uma atividade reservada às mulheres, que lhes conferiram respeitabilidade na vida pública; o hino designa especificamente ofícios como a tecelagem como práticas que contribuíram para civilizar as tribos de caçadores-coletores. À medida que a sociedade arcaica se tornava clássica, a virtude pública das tecelãs continuava sendo celebrada. Em Atenas, as mulheres fiavam um tecido, o *peplos*, que anualmente exibiam em ritual pelas ruas da cidade. Entretanto, outros ofícios domésticos, como a culinária, não tinham esse prestígio público, e nenhum trabalho artesanal daria às mulheres atenienses da era clássica o direito de votar. O desenvolvimento da ciência clássica contribuiu para um movimento de definição das habilidades por critérios de gênero que levou à aplicação exclusiva da palavra *artesão* aos homens. A ciência contrastava a destreza manual do homem com a força dos órgãos internos da mulher gestante; comparava os músculos mais fortes do homem nos braços e nas pernas aos das mulheres; partia do pressuposto de que o cérebro dos homens era mais "muscular" que o das mulheres.[7]

Esse tipo de distinção por critérios de gênero lançou as sementes de uma planta ainda hoje viva: em sua maioria, os ofícios e artífices domésticos têm um caráter diferente dos trabalhos que hoje se executam fora de casa. Por exemplo, não consideramos os cuidados paternos como uma atividade no mesmo sentido que atribuímos ao ofício de bombeiro ou à programação de computadores, muito embora um alto grau de capacitação especializada seja necessário para ser um bom pai ou uma boa mãe.

O filósofo clássico mais identificado com o ideal arcaico de Hefesto foi Platão, que também se preocupava com o seu fim. Ele foi encontrar na etimologia de "fazer", a palavra *poiein*, a origem do conceito de habilidade. É também a palavra que deu origem a *poesia*, e no hino os poetas aparecem como artífices igualmente. Toda perícia artesanal é um trabalho voltado para a busca da qualidade; Platão formulou esse objetivo no conceito de *arete*, o padrão de excelência, implícito em qualquer ato: a aspiração de qualidade levará o artífice a se aperfeiçoar, a melhorar em vez de passar por cima. Mas Platão também observou que em sua época, embora "os artífices sejam poetas (...) não são chamados de poetas, têm outros nomes".[8] Platão temia que esses nomes diferentes e mesmo essas capacitações diferentes impedissem os homens de seu tempo de entender o que tinham em comum. Nos cinco séculos transcorridos entre o Hino a Hefesto e sua época, algo parecia ter dado errado. Debilitara-se a unidade existente nos tempos arcaicos entre a capacitação e a comunidade. As habilidades práticas ainda sustinham a vida da cidade, mas não eram mais reconhecidas por isto.

Para entender a presença viva de Hefesto, convido o leitor a dar um vasto salto mental. Os usuários dos programas de computação de "código aberto", especialmente no sistema operacional Linux, são artífices que corporificam certos elementos celebrados no Hino a Hefesto, mas não todos. Os técnicos do Linux também traduzem coletivamente aquela preocupação de Platão, numa forma moderna; esse conjunto de artífices não é desprezado, mas representa um tipo de comunidade incomum e mesmo marginal.

O sistema Linux é um artesanato público. O *kernel* (núcleo de software) do código Linux está disponível a todos, pode ser utilizado e adaptado por qualquer um; as pessoas se oferecem voluntariamente e doam seu tempo para aperfeiçoá-lo. O Linux contrasta com o código utilizado na Microsoft, cujos segredos até recentemente eram entesourados como propriedade intelectual de uma só empresa. Numa das aplicações mais utilizadas do Linux, a Wikipedia, o *kernel* permite o funcionamento de uma enciclopédia para a qual qualquer usuário pode contribuir.[9] Ao ser criado na década de 1990, o Linux tentava resgatar um pouco do espírito de aventura dos primeiros dias da informática na década de 1970. Ao longo dessas duas décadas, a indústria de software metamorfoseou-se em pouco tempo num conjunto de poucas empresas dominantes, adquirindo o controle de concorrentes menores ou expulsando-os do mercado. Nessa dinâmica, os monopólios pareciam fabricar em série produtos cada vez mais medíocres.

Tecnicamente, os softwares de código aberto seguem os padrões da Open Source Initiative, mas a simplificadora etiqueta "software livre" não reflete exatamente a maneira como os recursos são utilizados no Linux.[10] Eric Raymond muito apropriadamente distingue dois tipos de softwares livres: o modelo "catedral", no qual um grupo fechado de programadores desenvolve o código para em seguida disponibilizá-lo para qualquer interessado, e o modelo "bazar", do qual qualquer um pode participar através da Internet, produzindo códigos. O Linux arregimenta artífices num bazar eletrônico. O *kernel* foi desenvolvido por Linus Torvalds, agindo, no início da década de 1990, bem de acordo com a convicção de Raymond de que, "diante de tantos pares de olhos, qualquer *bug* é moleza" — jargão de engenheiro para dizer que, com a participação de tanta gente no bazar de codificação, os problemas de criação de códigos confiáveis e os erros de informática podem ser resolvidos com mais facilidade que no catedral, e muito mais facilmente que nos softwares comerciais garantidos por direitos autorais.[11]

Trata-se, portanto, de uma comunidade de artífices à qual pode ser aplicada a antiga denominação de *demioergoi*. Ela está voltada para a busca da qualidade, a confecção de um bom trabalho, que vem a ser o principal fator de identidade de um artífice. No mundo tradicional do oleiro ou do médico arcaico, os padrões de um bom trabalho eram fixados pela comunidade, à medida que a habilitação ia passando de geração em geração. Esses herdeiros de Hefesto, entretanto, vêm enfrentando um conflito comunitário em torno da utilização de suas habilidades.

A comunidade de programação tenta encontrar maneiras de conciliar a qualidade com o acesso livre. Na aplicação Wikipedia, por exemplo, muitos verbetes são tendenciosos, obscenos ou simplesmente errados. Uma dissidência pretende atualmente impor padrões editoriais, o que iria frontalmente de encontro ao desejo do movimento de se manter como uma comunidade aberta. Os "elitistas" adeptos da edição não contestam a proficiência técnica dos adversários; todos os profissionais envolvidos no conflito têm um profundo desejo de preservar a qualidade. O conflito também é pronunciado na frente generativa da programação em modo Linux. Seus usuários enfrentam um problema estrutural: como promover a coexistência da qualidade do conhecimento com as trocas livres e igualitárias numa comunidade?[12]

Seria um equívoco imaginar que, pelo fato de as comunidades artesanais tradicionais transmitirem as habilitações de uma geração a outra, essas habilitações terão sido fixadas de maneira rígida; em absoluto. A olaria antiga, por exemplo, mudou radicalmente quando entrou em uso o disco de pedra rotativo ao qual era afixado um bloco de argila; daí surgiram novas maneiras de moldar a argila. Mas a mudança mais radical sobreviria lentamente. No Linux, o processo de evolução da capacitação é apressado; a mudança ocorre diariamente. Aqui também poderíamos pensar que um bom artífice, seja um cozinheiro ou um programador, preocupa-se apenas com a solução dos problemas, com soluções que encerrem uma tarefa, com a conclusão do trabalho. Com isto, estaríamos deixando de dar crédito ao trabalho concreto em seu processo. Na rede Linux, quando um *bug* é resolvido, frequentemente se descortinam novas possibilidades para a utilização do código. O código está constantemente evoluindo, não é um objeto acabado nem fixo. Existe no Linux uma relação quase *instantânea* entre a solução de problemas e a detecção de problemas.

Ainda assim, o ritmo experimental da solução e da detecção de problemas faz com que o antigo oleiro e o moderno programador sejam membros da mesma tribo. Seria melhor comparar os programadores do Linux com uma outra tribo moderna, a dos burocratas que não se abalançam a dar um passo sem que todos os procedimentos, metas e resultados visados de determinadas diretrizes sejam antecipadamente mapeados. Temos aqui um sistema de conhecimento fechado. Na história dos trabalhos manuais, os sistemas de conhecimento fechados geralmente têm vida curta. O antropólogo André Leroi-Gourhan compara, por exemplo, o ofício da fabricação de facas de metal na Grécia pré-clássica, aberto, sempre em evolução, difícil mas de longa duração, ao de fabricação de facas de madeira — um sistema mais preciso, mais econômico porém mais estático, logo trocado pelos problemas do metal.[13]

O Linux pode ser considerado profundamente "grego" em sua impessoalidade. Em suas oficinas *online*, é impossível deduzir, por exemplo, se "aristotle@mit.edu" é um homem ou uma mulher; o que importa é que "aristotle@mit.edu" contribui para o debate. Os artífices arcaicos vivenciavam uma impessoalidade equivalente; os *demioergoi* frequentemente eram chamados em público pelos nomes de sua profissão. Todo ofício artesanal, com efeito, tem algo desse caráter impessoal. O fato de o trabalho ter um aspecto impessoal pode fazer com que a prática dos ofícios artesanais pareça ingrata; o fato de alguém ter uma relação neurótica com o pai não o desculpa por estar frouxa a conexão macho-fêmea da tomada. Numa das salas de conversa britânicas do Linux, que costumo frequentar, as habituais simulações e evasivas de polidez da cultura britânica não vigoram. Nem pensar em locuções como "eu tenderia a imaginar que..."; em seu lugar, o que temos são comentários do tipo "estou ferrado com esse problema". Enxergando de um outro ponto de vista, essa incontornável impessoalidade volta as pessoas para fora.

A comunidade Linux poderia ter ajudado o sociólogo C. Wright Mills, no meado do século XX, em suas tentativas de definir o caráter do artífice. Escreve ele: "O trabalhador imbuído do ofício artesanal se envolve no trabalho em si mesmo e por si mesmo; as satisfações do trabalho são de per se uma recompensa; os detalhes do trabalho cotidiano são ligados, no espírito do trabalhador, ao produto final; o trabalhador pode controlar seus atos no trabalho; a habilidade se desenvolve no processo do trabalho; o trabalho está ligado à liberdade de experimentar; finalmente, a família, a comunidade e a política são avaliadas pelos padrões de satisfação interior, coerência e experimentação do trabalho artesanal."[14]

Se a descrição de Mills parece de um inviável idealismo, poderíamos, em vez de rejeitá-la, perguntar por que a perícia artesanal do tipo Linux é tão incomum. A pergunta vem a ser uma versão moderna da antiga preocupação de Platão; os programadores do Linux certamente enfrentam questões fundamentais como a colaboração, a necessária relação da solução de problemas com a detecção de problemas e o caráter impessoal dos padrões, mas ainda assim a comunidade parece ter algo de especial, senão de marginal. Deve haver algum conjunto de forças sociais mantendo essas questões fundamentais abafadas.

Baixa de motivação

Trabalhadores desmoralizados pelo sistema de comando e competição

O mundo moderno tem duas receitas para suscitar o desejo de trabalhar bem e com afinco. Uma é o imperativo moral de trabalhar pelo bem da comunidade. A outra recorre à competição: pressupõe que competir com outros estimula o desejo do bom desempenho, prometendo recompensas individuais no lugar da coesão comunitária. As duas receitas se têm revelado problemáticas. Nenhuma delas — em sua forma nua e crua — serviu às aspirações de qualidade do artífice.

Os problemas envolvidos no imperativo moral surgiram diante de mim de forma pessoal e aguda durante visita que fiz com minha mulher ao império comunista em 1988, às vésperas de seu colapso. Tínhamos sido convidados pela Academia Russa de Ciências a visitar Moscou, em viagem a ser organizada sem o "apoio" do Ministério do Exterior e seus espiões de plantão; prometiam-nos toda a liberdade na cidade. Visitamos as igrejas de Moscou, outrora trancadas, já então superlotadas, e a redação de um jornal que funcionava sem autorização, na qual as pessoas conversavam, fumavam e de vez em quando escreviam. Quase *en passant*, nossos anfitriões decidiram levar-nos aos subúrbios de Moscou, que eu nunca antes visitara.

Esses conjuntos habitacionais foram construídos basicamente nas décadas posteriores à Segunda Guerra Mundial. Como gigantescos tabuleiros de xadrez, os subúrbios estendem-se até o horizonte por terrenos planos e esparsamente arborizados com bétulas e choupos. A concepção arquitetônica dos prédios era boa, mas o Estado não pudera assegurar um trabalho de boa qualidade. Os indícios do baixo índice de motivação dos operários apareciam nos detalhes da construção: em quase todos os prédios, o concreto fora mal despejado e reforçado de qualquer jeito; janelas pré-fabricadas de excelente concepção estavam desalinhadas nos encaixes; e era insuficiente a calafetação no espaço entre as janelas e o concreto. Num dos prédios, recém-inaugurado, encontramos as caixas vazias de material de calafetação, cujo conteúdo tinha sido vendido, segundo nossos guias, no mercado negro. Em algumas das torres de apartamentos, os operários tinham preenchido o espaço entre as molduras das janelas e as paredes com jornais amassados, em seguida passando tinta sobre as frestas para dar a impressão — que duraria apenas uma estação ou duas — de que os prédios haviam sido vedados.

O trabalho malfeito era um barômetro de outras formas de indiferença material. Os prédios que visitamos destinavam-se a cidadãos relativamente privilegiados, a classe científica soviética. Essas famílias recebiam apartamentos individuais, não sendo forçadas a viver em espaços compartilhados. Mas a negligência visível na construção refletia-se no desinteresse dos moradores pelo seu entorno: não havia plantas nas janelas e varandas; as paredes estavam recobertas de pichações e obscenidades pintadas a spray, que ninguém se dera ao trabalho de limpar. Quando perguntei sobre o estado de abandono dos prédios, nossos guias deram uma explicação vaga. "As pessoas" — em geral — não dão mais bola; se desiludiram.

Essa condenação genérica não se aplicava indistintamente no império, pois os operários da construção civil na União Soviética há muito se tinham mostrado capazes de construir prédios de alta qualidade para fins científicos e militares. Ainda assim, os guias pareciam querer provar a frivolidade da receita coletiva e moral do trabalho benfeito. Conduziam-me e à minha mulher de bloco em bloco de apartamentos com perversa satisfação, apontando exemplos de fraude e trapaça, saboreando um prazer de verdadeiros conhecedores na contemplação da falsa calafetação, que seria denunciada pela simples chegada do inverno. Provocado, um deles cunhou a expressão "as ruínas do marxismo" para explicar a evidência ao mesmo tempo dos operários desiludidos e de moradores indiferentes ao ambiente em que viviam.

O jovem Karl Marx considerava-se um Hefesto secular cujos escritos libertariam o moderno artífice. Nos *Grundrisse*, apresentou a habilidade artesanal nos termos mais amplos possíveis: "atividade criadora de formas".[15] Enfatizou que as relações individuais e sociais desenvolvem-se pela confecção de objetos físicos, permitindo o "desenvolvimento completo do indivíduo".[16] Antes de se tornar um analista da injustiça econômica, Marx foi um Moisés para os trabalhadores, prometendo concretizar a dignidade do trabalho que é natural às pessoas como parte de uma comunidade. Este cerne utópico do marxismo sobreviveu mesmo depois que Marx, em idade mais avançada, começou a se enrijecer, transformando-se num ideólogo intransigente e amargurado. Bem tardiamente, em seu ensaio "O programa de Gotha", ele retomou a ideia de que o comunismo despertaria novamente o espírito da habilidade artesanal.[17]

Na prática, a economia centralizada da Rússia parece explicar as ruínas do marxismo. Os economistas chamam a atenção para os níveis incrivelmente baixos de produtividade da sociedade civil russa ao longo das décadas de 1970 e 1980. A indústria da construção enfrentou particulares problemas de comando centralizado: sua burocracia não se mostrava muito capaz de estimar os materiais necessários para um projeto; o transporte de materiais pelas enormes distâncias da Rússia era lento, seguindo caminhos irracionais; as fábricas e as equipes de construção raramente se comunicavam diretamente. E as autoridades reagiam com alarme a quaisquer iniciativas nos canteiros de obras, temendo que a autogestão local gerasse uma resistência generalizada ao Estado.

Por estes motivos, o imperativo moral "Faça um bom trabalho por seu país!" soava vazio. Os problemas concretos longe estão de ser uma exclusividade da indústria russa da construção. O sociólogo Darren Thiel encontrou operários igualmente desiludidos em muitos canteiros de obras britânicos. A indústria da construção civil na Grã-Bretanha do livre mercado sofre de baixa produtividade; seus trabalhadores qualificados são tratados duramente ou com indiferença; o espírito de iniciativa é desestimulado.[18]

Mas o imperativo moral não é intrinsecamente vazio. Nas mesmas décadas em que a Rússia se desintegrava, o Japão prosperava numa economia permeada de seus próprios imperativos culturais de apreço pelo trabalho benfeito em nome do bem comum. O Japão costuma ser considerado "um país de artífices", o que vem a ser mais ou menos como dizer que a Inglaterra é um país de lojistas ou observar que os neozelandeses são bons na criação de ovelhas.[19] Mas o fato é que no último meio século os japoneses demonstraram uma criatividade prática que devolveu a vida ao país depois da Segunda Guerra Mundial. Na década de 1950, os japoneses fabricavam em massa produtos simples e baratos; no início da década de 1970, produziam automóveis, rádios e aparelhos de som baratos e de alta qualidade, além de aço e alumínio excepcionais para finalidades especiais.

O trabalho rigoroso em padrões elevados conferiu aos japoneses, ao longo desses anos, um senso especial de respeito próprio e recíproco. Em certa medida, eles precisavam dessas metas coletivas, pois os trabalhadores, especialmente os dos escalões intermediários das organizações, passavam longas horas trabalhando juntos, raramente encontrando a mulher ou os filhos, para chegar ao fim do mês. Mas o imperativo moral funcionava por causa da maneira como era organizado.

Nos anos do pós-guerra, as empresas japonesas adotaram a panaceia do analista de negócios W. Edwards Deming, que preconizava, em nome do "controle de qualidade total", que os gerentes pusessem a mão na massa na produção e os subordinados falassem com franqueza aos superiores. Referindo-se a um "artesanato coletivo", Deming estava querendo dizer que o que solidifica uma instituição não é apenas o compromisso comum, mas também as trocas afiadas. Os japoneses frequentemente são apresentados nas caricaturas como conformistas vivendo em rebanho, estereótipo que não dá propriamente conta do profundo senso crítico que os empregados da Toyota, da Subaru ou da Sony podem evidenciar em relação aos colegas.

A hierarquia imperava nas relações de trabalho japonesas, mas a franqueza da comunidade Linux era normal nessas fábricas. Nelas, era possível dizer a verdade ao poder, na medida em que um gerente competente podia facilmente ter acesso aos códigos de cortesia e deferência na fala para transmitir a mensagem de que alguma coisa estava errada ou não funcionava bem. No coletivismo soviético, em contraste, o centro ético e técnico estava muito distante da vida concreta. Marx tratou do "trabalhador"; Deming e seus seguidores japoneses tratavam do trabalho.

Em vez de nos incitar a imitar os japoneses, a comparação nos convida a repensar o triunfalismo com que foi recebido o colapso do império soviético há uma geração, com a vitória do capitalismo no momento em que o comunismo ruía. Boa parte do discurso triunfalista girava em torno da comparação das virtudes da concorrência com os vícios do coletivismo — considerando-se que a competição individual tinha mais chances de produzir um bom trabalho, uma competição para estimular a qualidade. O ponto de vista não tem sido abraçado apenas por capitalistas; na "reforma" de serviços públicos como os de assistência de saúde, o objetivo é promover a concorrência interna e os mercados para melhorar a qualidade do atendimento. Precisamos examinar mais atentamente essa visão triunfalista, pois ela obscurece ao mesmo tempo o papel que a competição e a cooperação efetivamente desempenham na realização de um bom trabalho e, de maneira mais geral, as virtudes da perícia artesanal.

A produção do telefone celular nos conta uma história reveladora sobre a superioridade da cooperação em relação à competição na realização de um bom trabalho.

O telefone celular resulta da metamorfose de duas tecnologias, o rádio e o telefone. Antes dessa fusão, os sinais telefônicos eram transmitidos por fios e os sinais de rádio, emitidos no ar. Na década de 1970, os militares já utilizavam equipamentos comparáveis aos telefones celulares. Eram aparelhos de rádio grandes e pesadões, com faixas específicas para a comunicação. Versões domésticas do celular podiam ser encontradas nos táxis, com alcance limitado e som de baixa qualidade. O defeito do telefone com fio era sua imobilidade, sua virtude, a clareza e segurança da transmissão.

No cerne dessa virtude está a tecnologia de comutação do telefone fixo, elaborada, testada e refinada ao longo de gerações. Essa tecnologia é que teve de ser mudada para amalgamar o rádio e o telefone. O problema e sua solução eram perfeitamente claros. O que ainda dava muita margem a dúvida, contudo, era a maneira de ligar os dois.

Os economistas Richard Lester e Michael Piore estudaram as empresas que tentaram criar a tecnologia de comutação, constatando que, em algumas delas, a cooperação e a colaboração permitiram abrir caminho na questão da tecnologia de comutação, enquanto em outras corporações a competição interna comprometia o empenho dos engenheiros em melhorar a qualidade dos comutadores. A Motorola, uma história de sucesso, desenvolveu uma "prateleira tecnológica", criada por um pequeno grupo de engenheiros, na qual eram depositadas possíveis soluções técnicas a serem utilizadas por outras equipes no futuro; em vez de tentar resolver diretamente o problema, ela desenvolvia ferramentas cuja utilização imediata não era ainda clara. A Nokia enfrentou o problema de outra forma colaborativa, estabelecendo entre seus engenheiros uma conversa aberta de que frequentemente participavam também os desenhistas industriais e os profissionais de venda. As fronteiras entre as unidades empresariais da Nokia eram deliberadamente vagas, por não serem suficientes as informações técnicas para avaliar todo o alcance de um problema; ideias paralelas eram necessárias. Lester e Piore afirmam que o processo de comunicação assim gerado era "fluido, vinculado ao contexto e indeterminado".[20]

Em contraste, empresas como a Ericsson atuavam aparentemente com maior clareza e disciplina, dividindo o problema em partes. O surgimento do novo comutador deveria ocorrer mediante a "troca de informações" entre departamentos, "e não através do cultivo de uma comunidade interpretativa".[21] Organizada com rigidez, a Ericsson foi perdendo terreno. Efetivamente chegaria a resolver o problema da tecnologia de comutação, mas com maior dificuldade; os diferentes departamentos protegiam cada um o seu território. Em qualquer organização, os indivíduos ou equipes que entram em competição e são recompensados por se sair melhor que os outros haverão sempre de entesourar informações. Os prejuízos para o bom trabalho decorrentes do entesouramento de informações são particularmente sensíveis em empresas de tecnologia.

As corporações que tiveram êxito graças à cooperação compartilhavam com a comunidade Linux essa característica experimental da habilidade artesanal tecnológica, a íntima e fluida conexão entre a solução de problemas e a detecção de problemas. No contexto da competição, em contraste, são necessários padrões claros de realização e conclusão de um trabalho para avaliar o desempenho e distribuir recompensas.

Qualquer músico achará perfeitamente compreensível a história do telefone celular: a boa música de câmara e o bom trabalho orquestral só podem melhorar, especialmente nos ensaios, dessa maneira. Os ouvintes talvez imaginem que o fato de estar tocando com uma estrela da batuta ou grandes solistas inspira os músicos da orquestra, estabelecendo o virtuose um padrão que eleva o patamar dos demais, mas isto depende do comportamento da estrela. Um solista desprovido de coleguismo pode, na verdade, diminuir a vontade dos músicos da orquestra de tocar bem. Como os músicos, os engenheiros são intensamente competitivos; a questão, em ambos os casos, é saber o que acontece quando desaparece a cooperação capaz de estabelecer alguma forma de compensação: o trabalho se degrada. A história triunfalista, contudo, tende a mostrar-se cega a esse necessário equilíbrio.

Uma desilusão como a dos operários russos que minha mulher e eu encontramos nos subúrbios de Moscou pode ser constatada também mais perto de casa. Ao retornar dessa última viagem ao império, comecei a estudar os *demioergoi* da nova economia americana: trabalhadores de nível médio que, por sua capacitação, deveriam ter assegurado um lugar seguro na "nova economia" que vinha sendo formada desde a década de 1990.[22] A expressão refere-se ao trabalho nos setores de alta tecnologia, finanças e serviços, apoiados por investidores globais e conduzidos em instituições mais flexíveis, ágeis e voltadas para o curto prazo que nas rígidas jaulas burocráticas do passado. Meus alunos e eu nos concentramos em pessoas que formulam códigos de computadores, se encarregam da contabilidade no escritório ou cuidam da expedição para as lojas numa cadeia de varejo — todas elas competentes, mas sem cargos com nomes sexy nem rendas espetaculares.

O mundo de seus pais e avós era de certa forma protegido dos rigores da competição. No século XX, os trabalhadores qualificados de classe média encontravam lugar em burocracias relativamente estáveis que conduziam os empregados por uma longa carreira, da juventude à aposentadoria. Os antepassados das pessoas que entrevistamos trabalhavam duro para conseguir o que queriam; sabiam perfeitamente o que lhes aconteceria se não o fizessem.

Não é mais novidade que esse mundo de classe média desmoronou. O sistema corporativo que outrora organizava carreiras tornou-se um labirinto de empregos fragmentados. Em princípio, muitas empresas da nova economia adotam as doutrinas do trabalho em equipe e da cooperação, mas, ao contrário das práticas que vigoram na Nokia e na Motorola, esses princípios frequentemente são uma farsa. Constatamos que as pessoas davam demonstrações de comportamento amistoso e cooperativo sob o olhar controlador dos executores da vontade do patrão, em vez de — como acontece nas boas empresas japonesas — desafiar e contestar os superiores. Verificamos, como já fizeram outros pesquisadores, que elas raramente consideravam como amigos os colegas de trabalho em equipe. Alguns dos entrevistados se sentiam estimulados por essa competição individualizada, mas a maioria ficava deprimida — e por um motivo específico. A estrutura de recompensas não funcionava bem para elas.

A nova economia eliminou duas formas tradicionais de recompensa no trabalho. Tradicionalmente, as empresas prósperas se programam para recompensar os empregados que trabalham duro, em todos os níveis. Nessas empresas da nova economia, contudo, a participação dos empregados de nível médio na riqueza ficou estagnada ao longo da última geração, embora a dos que ocupam as posições mais elevadas tenha aumentado muito. Em 1974, por exemplo, o diretor executivo de uma grande corporação americana ganhava cerca de trinta vezes mais que um empregado de nível médio, ao passo que em 2004 chegava a perceber 350 a 400 vezes mais. Nesses trinta anos, os ganhos salariais reais no nível médio subiram apenas 4%.

Na geração anterior, a pura e simples solidez dos serviços prestados a uma empresa era outro motivo de recompensa, sacramentada burocraticamente nos aumentos salariais automáticos por tempo de serviço. Na nova economia, esse tipo de recompensa por serviços prestados diminuiu ou desapareceu; as empresas passaram a ter um horizonte de curto prazo, preferindo trabalhadores mais jovens e novos no posto a empregados mais velhos e supostamente mais acomodados — o que significa que, para os trabalhadores, sua experiência perde valor institucional à medida que aumenta. Os técnicos que primeiro entrevistei no Vale do Silício acreditavam poder superar esse problema da experiência desenvolvendo suas capacitações, criando uma blindagem interna que haveriam de levar de empresa em empresa.

Mas a habilidade não basta para protegê-los. No mercado globalizado de hoje, os trabalhadores qualificados de nível médio arriscam-se a perder o emprego para um concorrente da Índia ou da China que tem a mesma qualificação mas trabalha por um salário mais baixo; a perda do emprego não é mais um problema exclusivo da classe operária. Mais uma vez, muitas empresas tendem a não fazer investimentos de longo prazo na capacitação de um empregado, preferindo contratar pessoas que já têm as novas qualificações a enveredar pelo processo mais dispendioso de recapacitação.

Existem certas peculiaridades nesse quadro sombrio. O sociólogo Christopher Jencks demonstrou que a "remuneração da habilidade" revela-se robusta nos escalões mais altos porém mais fraca mais para baixo; os grandes criadores de sistemas são generosamente recompensados hoje em dia, mas os programadores de rotina, muitas vezes, não ganham mais e às vezes até ganham menos que prestadores de serviços manuais como bombeiros e caiadores. Além disso, sustenta Alan Blinder, embora muitos empregos técnicos de mais alta qualificação do Ocidente estejam sendo transferidos para países da Ásia e do Oriente Médio, existem empregos que não podem ser exportados por exigirem contato pessoal. Alguém que viva em Nova York pode trabalhar com um contador de Bombaim, mas dificilmente poderia recorrer, para seu divórcio, aos serviços de um advogado indiano.[23]

Seja como for, as tribulações dos artífices da nova economia constituem uma advertência contra o triunfalismo. O crescimento da nova economia levou a um ensimesmamento de muitos desses trabalhadores na América e na Grã-Bretanha. As empresas que não demonstram muita lealdade para com seus empregados suscitam em troca um baixo grau de comprometimento: as companhias que operavam através da Internet e enfrentaram problemas no início da década de 2000 aprenderam uma dura lição, vendo seus empregados saltarem do barco que afundava em vez de se esforçarem para ajudar na sobrevivência. Descrentes das instituições, os trabalhadores da nova economia apresentam índices mais baixos de comparecimento eleitoral e participação política que os trabalhadores de nível técnico de duas gerações atrás; embora muitos deles se filiem a organizações de voluntariado, são poucos os que participam ativamente. Em seu festejado livro *Bowling Alone* [Jogando boliche sozinho], o cientista político Robert Putnam apontou nesse "capital social" reduzido um resultado da cultura televisiva e da ética consumista; em nosso estudo, constatamos que o distanciamento em relação às instituições estava mais diretamente relacionado às experiências no trabalho.[24]

Se o trabalho efetuado nos empregos da nova economia é qualificado e realizado sob forte pressão, exigindo dedicação de longas horas, ainda assim é um trabalho desagregado: eram poucos, entre os técnicos que encontramos, os que acreditavam que seriam recompensados se fizessem um bom trabalho simplesmente por fazê-lo. Pode ser que o moderno artífice lute internamente por esse ideal, mas, considerando-se a estrutura do sistema de recompensas, o esforço será invisível.

Do ponto de vista social, em suma, a desmoralização tem muitos lados. Pode ocorrer quando uma meta coletiva de bom trabalho perde o sentido e se torna vazia; da mesma forma, a pura e simples competição pode neutralizar um bom trabalho e deprimir os trabalhadores. Nem o corporativismo nem o capitalismo, como simples etiquetas, atacam a questão institucional. As formas de comunicação coletiva nas fábricas japonesas de automóveis e as práticas de cooperação em empresas como a Nokia e a Motorola levaram à lucratividade. Em outros terrenos da nova economia, contudo, a competição incapacitou e desalentou os trabalhadores, permanecendo sem recompensa ou invisível o ethos do bom trabalho pelo bom trabalho que orienta o artífice.

A ruptura das habilidades

Mão e cabeça separadas

A era moderna costuma ser considerada uma economia da capacitação, mas o que é exatamente uma capacitação? A resposta genérica é que se trata de uma prática do treinamento. Neste sentido, a capacitação contrasta com o coup de foudre, a inspiração súbita. O atrativo de inspiração está em parte na convicção de que o talento bruto pode substituir o treinamento. Os prodígios musicais costumam ser citados para corroborar essa convicção — equivocadamente, porém. Uma criança prodígio como Wolfgang Amadeus Mozart efetivamente tinha a capacidade de se lembrar de uma quantidade impressionante de notas, mas entre os 5 e os 7 anos de idade Mozart aprendeu a treinar sua grande memória musical inata improvisando no teclado. Desenvolveu métodos para parecer estar produzindo música espontaneamente. A música que comporia mais tarde também parece espontânea porque a anotava diretamente na página, com relativamente poucas correções, mas as cartas de Mozart mostram que ele perpassava as partituras mentalmente repetidas vezes antes de registrá-las na pauta.

Devemos encarar com desconfiança os supostos talentos inatos e sem treinamento. Comentários do tipo "se tivesse tempo, eu escreveria um grande romance" ou "se pelo menos conseguisse me recompor" costumam ser fantasia narcisista. Revisar repetidas vezes uma ação, em contrapartida, permite a autocrítica. A educação moderna evita o aprendizado repetitivo, considerando que pode ser embotador. Temeroso de entediar as crianças, ávido por apresentar estímulos sempre diferentes, o professor esclarecido pode evitar a rotina, mas desse modo impede que as crianças tenham a experiência de estudar a própria prática e modulá-la de dentro para fora.

O desenvolvimento das capacitações depende da maneira como é organizada a repetição. Por isso é que, na música como no esporte, a duração de uma sessão de prática deve ser cuidadosamente pesada: o número de vezes a repetir uma peça não pode ultrapassar o alcance da atenção do indivíduo em determinada etapa. À medida que se expande a capacitação, a capacidade de sustentar a repetição aumenta. Na música, é a chamada regra Isaac Stern, tendo declarado o grande violinista que, quanto melhor a técnica, por mais tempo o músico é capaz de ensaiar sem se entediar. Existem momentos "Eureca!" que soltam as amarras de uma prática que emperrou, mas eles estão incorporados à rotina.

À medida que uma pessoa desenvolve sua capacitação, muda o conteúdo daquilo que ela repete. O que parece óbvio: nos esportes, repetindo infindavelmente um saque de tênis, o jogador aprende a jogar a bola de maneiras diferentes; na música, o menino Mozart, aos 6 e 7 anos de idade, ficou fascinado com a sucessão de acordes da sexta napolitana, na posição fundamental (o movimento, por exemplo, de um acorde de dó maior para um acorde de lá bemol maior). Depois de trabalhar alguns anos nela, tornou-se perito em inverter a mudança para outras posições. Mas a questão ao mesmo tempo não é óbvia. Quando a prática é organizada como um meio para alcançar um fim predeterminado, reaparecem os problemas do sistema fechado; a pessoa em treinamento atingirá uma meta fixa mas não irá além. A relação aberta entre a solução de problemas e a detecção de problemas, como no trabalho no Linux, forja e expande capacitações, mas não pode ser um episódio eventual. A capacitação só se expande dessa maneira porque o ritmo da solução e da expansão se repete constantemente.

Esses preceitos para forjar a capacitação através da prática deparam-se com um grande obstáculo na sociedade moderna. Refiro-me aqui à maneira como as máquinas podem ser mal utilizadas. Na linguagem corrente, o que é "mecânico" se equipara a uma repetição de natureza estática. Graças à revolução da microinformática, contudo, a maquinaria moderna não é estática; através dos circuitos de retroalimentação, as máquinas podem aprender com a própria experiência. Mas as máquinas são mal empregadas quando impedem que as próprias pessoas aprendam com a repetição. A máquina inteligente pode separar o entendimento mental humano do aprendizado repetitivo, instrutivo, com a mão na massa. Quando isto acontece, as faculdades conceituais humanas perdem.

Desde a Revolução Industrial do século XVIII, a máquina parece constituir uma ameaça ao trabalho do artesão-artífice. A ameaça tinha um caráter físico; as máquinas industriais nunca se cansavam, faziam o mesmo trabalho hora após hora sem reclamar. A ameaça da máquina moderna ao desenvolvimento das capacitações tem um caráter diferente.

Um exemplo dessa má utilização ocorre no CAD (*computer-assisted design*: desenho com a ajuda do computador), o programa de informática que permite aos engenheiros conceber objetos físicos e aos arquitetos gerar imagens de construções na tela. A tecnologia remonta ao trabalho de Ivan Sutherland, um engenheiro do Massachusetts Institute of Technology (MIT) que tentou descobrir em 1963 como um usuário poderia interagir graficamente com um computador. O mundo material moderno não poderia existir sem as maravilhas CAD. Ele permite a modelagem instantânea de produtos, dos parafusos aos automóveis, especifica com precisão sua engenharia e controla sua produção.[25] No trabalho arquitetônico, contudo, essa tecnologia necessária também apresenta riscos de má utilização.

No trabalho arquitetônico, o projetista estabelece na tela uma série de pontos; os algoritmos do programa ligam os pontos numa linha, em duas ou três dimensões. A concepção com ajuda do computador tornou-se quase universal nos escritórios de arquitetura, por sua precisão e rapidez. Entre suas virtudes está a capacidade de girar imagens, para que o projetista possa ver a casa ou o prédio de escritórios de vários pontos de vista. Ao contrário do que acontece com um modelo físico, o modelo na tela pode ser rapidamente aumentado, diminuído ou dividido em partes. Certas aplicações sofisticadas do CAD reproduzem os efeitos, numa estrutura, das mudanças de iluminação, direcionamento dos ventos ou temperatura. Tradicionalmente, os arquitetos analisavam os prédios de duas maneiras, pela planta e o corte transversal. O CAD permite muitas outras formas de análise, como, por exemplo, fazer uma viagem mental na tela pelas correntes de ar do prédio.

Como poderia uma ferramenta tão útil ser mal empregada? Quando o CAD foi introduzido no ensino de arquitetura, substituindo o desenho à mão, uma jovem arquiteta do MIT observou que, "quando projetamos um espaço, desenhando linhas e árvores, ele fica impregnado em nossa mente. Passamos a conhecê-lo de uma maneira que não é possível com o computador. (...) Ficamos conhecendo um terreno traçando-o e voltando a traçá-lo várias vezes, e não deixando que o computador o 'corrija' para nós".[26] Não é uma questão de nostalgia: a observação leva em conta o que é perdido mentalmente quando o trabalho na tela substitui o traçado à mão. Tal como acontece em outras práticas visuais, os esboços arquitetônicos frequentemente constituem imagens de possibilidade; no processo de cristalização e depuração pela mão, o projetista procede exatamente como o jogador de tênis ou o músico, envolve-se profundamente, amadurece suas ideias a respeito. O espaço, como observa a arquiteta, "fica impregnado na mente".

O arquiteto Renzo Piano explica da seguinte maneira seu método de trabalho: "Começamos fazendo esboços, depois traçamos um desenho e em seguida fazemos um modelo, para então chegar à realidade — vamos ao espaço em questão —, voltando mais uma vez ao desenho. Estabelecemos uma espécie de circularidade entre o desenho e a concretização e de volta novamente ao desenho."[27] Sobre a repetição e a prática, observa Piano: "É perfeitamente característico da abordagem do artífice. Ao mesmo tempo pensar e fazer. Desenhamos e fazemos. O ato de desenhar (...) é revisitado. Fazer, refazer e fazer mais uma vez."[28] Essa metamorfose circular, geradora de vínculos, pode ser abortada pelo CAD. Uma vez traçados os pontos na tela, os algoritmos se encarregam do desenho; a má utilização ocorre se o processo é um sistema fechado, um esquema meios-fim estático — a "circularidade" de que fala Piano desaparece. O físico Victor Weisskopf disse certa vez a seus alunos do MIT que trabalhavam exclusivamente com experiências informatizadas: "Quando vocês me mostram esse resultado, o computador entende a resposta, mas não creio que vocês a entendam."[29]

A realização de projetos com a ajuda do computador gera riscos especiais na concepção de prédios. Tendo em vista a capacidade da máquina de instantaneamente apagar e reconfigurar, o arquiteto Elliot Felix observa: "Cada ação é menos consequente do que seria no papel (...) cada uma delas será ponderada com menos cuidado."[30] O restabelecimento do desenho à mão pode permitir superar esse risco; mais difícil de enfrentar é uma questão que diz respeito aos materiais com que é construído o prédio. As telas planas de computador não são capazes de reproduzir bem as texturas dos diferentes materiais ou ajudar na escolha das cores, embora os programas CAD sejam capazes de calcular com assombrosa precisão a quantidade de tijolos ou de aço que pode ser necessária num prédio. Desenhar os tijolos à mão, por tedioso que possa ser, leva o projetista a pensar em sua materialidade, a lidar com sua solidez, contraposta ao espaço em branco representado no papel por uma janela. O CAD também impede o projetista de pensar em termos de escala, que é diferente do puro e simples tamanho. O conceito de escala envolve a avaliação das proporções; o senso de proporção na tela apresenta-se ao projetista como uma conexão de concentrações de pixels. O objeto na tela pode efetivamente ser manipulado para ser apresentado, por exemplo, da perspectiva de alguém que está no local, mas neste sentido o CAD é frequentemente mal empregado: o que aparece na tela oferece uma coerência impraticável, composta de uma maneira unificada que nunca se verifica na visão física.

Os problemas com a materialidade têm um longo pedigree na arquitetura. Poucos projetos de construção de prédios de grande escala anteriores à era industrial puderam contar com plantas de trabalho detalhadas como as que o CAD é capaz de produzir hoje em dia; o papa Sisto V reformou a Piazza del Popolo em Roma, no fim do século XVI, descrevendo numa conversa os prédios e o espaço público que tinha em mente, instrução verbal que deixava bastante espaço para o pedreiro, o vidreiro e o engenheiro trabalharem com liberdade e amplas possibilidades de adaptação. As plantas — desenhos a tinta nos quais é possível apagar, o que no entanto resulta numa aparência de sujeira — adquiriram valor legal no fim do século XIX, tornando essas imagens no papel equivalentes de um contrato jurídico. A planta, além disso, representava uma decisiva desconexão entre a cabeça e a mão no traçado de projetos: a ideia de algo concluído na concepção antes mesmo de ser construído.

Um exemplo marcante dos problemas que podem decorrer dos projetos mentalizados é encontrado no Peachtree Center da Geórgia, num subúrbio de Atlanta. Temos aqui uma pequena floresta de torres de escritórios de concreto, estacionamentos, lojas e hotéis, delimitada por autoestradas. Em 2004, o complexo cobria cerca de 540 mil metros quadrados, o que o torna um dos mais surpreendentes "megaprojetos" da região. O Peachtree Center não poderia ter sido construído por um grupo de arquitetos trabalhando à mão: é simplesmente vasto e complexo demais. O analista de planejamento Bent Flyvbjerg explica um outro motivo econômico da necessidade do CAD em projetos dessa magnitude: pequenos erros têm grandes efeitos indiretos.[31]

Certos aspectos do projeto são excelentes. Os prédios não são dispostos como num shopping center, mas numa malha de ruas formando 14 quarteirões; o complexo resgata o conceito de rua e pretendia ser acolhedor para os pedestres. A concepção dos três grandes hotéis é de John Portman, um arquiteto de ideias exuberantes, adepto de toques sensacionais como elevadores envidraçados subindo e descendo quarenta andares em pátios internos. Mais adiante, os seis empórios comerciais e torres de escritórios surgem como caixas de concreto e aço mais convencionais, algumas apresentando na face externa detalhes renascentistas ou barrocos que se tornaram a marca registrada da arquitetura pós-moderna. O projeto como um todo não busca o anonimato, mas afirmar uma personalidade. Ainda assim, certas falhas significativas do projeto são evidentes: três falhas que representam para o desenho com ajuda de computador uma ameaça de caráter mais genérico, como uma prática desvinculada da materialidade.

A primeira é a desconexão entre simulação e realidade. No projeto, o Peachtree Center enche as ruas com vistosos cafés na calçada. Mas o fato é que não foi levado em conta o forte calor da Geórgia: as mesas ao ar livre na verdade ficam vazias do fim da manhã ao fim da tarde, a maior parte do ano. A simulação não substitui adequadamente a *sensação* da luz, do vento e do calor no local. Os projetistas talvez devessem ter sentado diariamente ao sol do meio-dia na Geórgia, durante uma hora, antes de ir trabalhar; o desconforto físico lhes teria permitido enxergar melhor as coisas. A grande questão aqui é que a simulação pode ser um sucedâneo perfeitamente insatisfatório para a experiência tátil.

Os projetos que dispensam o uso da mão também desqualificam um certo tipo de compreensão relacional. O hotel de Portman, por exemplo, dá ênfase à ideia de coerência, com a tensão dramática dos elevadores envidraçados subindo num pátio de quarenta andares; os quartos do hotel dão para pátios de estacionamento. Na tela, a questão do estacionamento pode ser esquecida fazendo-se girar a imagem, para que o mar de carros desapareça; no local, não é possível descartá-la dessa maneira. Naturalmente, não é culpa do computador. Os projetistas de Portman podiam perfeitamente ter incluído uma imagem dos carros para descortinar aquele mar na tela a partir dos quartos do hotel, mas neste caso criariam um problema fundamental para o projeto. Enquanto o Linux funciona descobrindo problemas, o CAD frequentemente é usado para ocultá-los. A diferença explica em parte o sucesso comercial do CAD; o sistema pode ser usado para contornar as dificuldades.

Finalmente, a exatidão do CAD traz à baila um problema há muito inerente ao desenho de plantas, o do superdeterminismo. Os diferentes projetistas envolvidos na construção do Peachtree Center justificadamente ressaltam com orgulho seus prédios de uso múltiplo, mas essas misturas de funções foram calculadas nos mínimos detalhes; os cálculos levam a uma dedução falsa a respeito do bom funcionamento do objeto concluído. Os projetos superdeterminados deixam de lado aquela irregularidade de texturas que permite, nos prédios, o crescimento e a vibração de pequenos negócios e, portanto, de comunidades. Essa textura resulta de estruturas indeterminadas que permitem que as utilizações sejam abortadas, desviadas ou desdobradas. Fica faltando, assim, a vida informal e tão fácil e sociável das ruas dos bairros antigos de Atlanta. Uma abrangência positiva do que é incompleto está necessariamente ausente da planta; as formas são decididas antes do seu uso. Se não chega propriamente a causar o problema, o programa CAD o agrava: os algoritmos fixam quase instantaneamente uma imagem totalizada.

O tátil, o relacional e o incompleto são experiências físicas que ocorrem no ato de desenhar. O desenho representa aqui um leque mais amplo de experiências, como, por exemplo, a maneira de escrever característica da edição e da revisão, ou a maneira de tocar música que explora repetidas vezes as qualidades intrigantes de determinado acorde. O difícil e o incompleto deveriam ser fatores positivos em nosso entendimento; deveriam estimular-nos de uma forma de que não são capazes a simulação e a manipulação fácil de objetos completos. A questão — quero aqui frisar — é mais complicada que a mera oposição mão *versus* máquina. Os modernos programas de computador podem efetivamente aprender com sua própria experiência de uma forma expansiva, pois os algoritmos são reelaborados através da retroalimentação de dados. O problema, como afirma Victor Weisskopf, é que as pessoas podem acabar permitindo que as máquinas façam esse aprendizado, servindo a pessoa apenas como testemunha passiva e consumidora da competência em expansão, sem participar dela. Por isto é que Renzo Piano, projetista de objetos muito complicados, está sempre retornando de forma circular à prática de desenhá-los à mão. As formas abusivas de utilização do CAD bem demonstram que, quando a cabeça e a mão estão separadas, é a cabeça que sofre.

O desenho com ajuda de computador pode servir como símbolo de um amplo desafio enfrentado pela sociedade moderna: como pensar a vida como artífices fazendo bom uso da tecnologia. "Conhecimento introjetado" é uma expressão na moda nas ciências sociais, mas "pensar como um artífice" é mais que um estado de espírito: representa uma aguda posição crítica na sociedade.

Emparedado no Peachtree Center durante um fim de semana de debates sobre "Valores comunitários e metas nacionais", fiquei particularmente interessado pelas garagens. Para-choques padronizados tinham sido instalados na frente de cada vaga. Pareciam muito bem concebidos, mas suas extremidades inferiores eram de metal pontiagudo, passível de arranhar os carros ou as panturrilhas. Algumas delas, contudo, tinham sido viradas, por medida de segurança. A irregularidade do ajuste mostrava que a correção tinha sido feita manualmente, com o alisamento e o arredondamento do aço nos pontos em que podia oferecer perigo; o artífice tinha pensado pelo arquiteto. A iluminação dessas casas de automóveis revelou-se de intensidade desigual, com o súbito surgimento no prédio de sombras perigosas. Faixas brancas irregulares haviam sido pintadas para orientar os motoristas em meio aos bolsões de sombra e luz, num sinal antes de improvisação que de cumprimento dos planos. O artífice pensara mais e mais profundamente sobre a iluminação que os projetistas.

Esses amoladores de aço e pintores, com toda evidência, não tinham sido convidados a participar de reuniões de trabalho no início do projeto nem contribuído com sua experiência para evitar pontos problemáticos dos projetos exibidos na tela. Portadores de conhecimento incorporado mas meros trabalhadores manuais, não tiveram esse privilégio. É este o ponto crítico no problema da capacitação: a cabeça e a mão não são separadas apenas intelectualmente, mas também socialmente.

Padrões conflitantes

Correto versus *prático*

Que queremos dizer quando nos referimos a um trabalho de boa qualidade? Uma resposta diz respeito à maneira como algo deve ser feito, outra, a fazer com que funcione. É a diferença entre correção e funcionalidade. Idealmente, não deveria haver conflito; no mundo real, existe. Muitas vezes adotamos um padrão de correção que raramente é alcançado, se é que chega a sê-lo alguma vez. De forma alternativa, poderíamos trabalhar em função do padrão que é possível, do que é suficientemente bom — mas também aqui podemos acabar na frustração. Dificilmente se pode satisfazer o desejo de realizar um bom trabalho obedecendo à lei do menor esforço.

Desse modo, seguindo a medida absoluta de qualidade, o escritor volta obsessivamente a cada vírgula, até que o ritmo de uma sentença fique bom, e o carpinteiro entalha as peças de uma junta macho-fêmea até que as duas estejam rigidamente encaixadas, sem necessidade de parafusos. Seguindo a medida da funcionalidade, o escritor entregará o texto no prazo, estejam ou não todas as vírgulas no lugar, já que o que é escrito precisa ser lido. O carpinteiro sintonizado com a funcionalidade ficará menos preocupado com cada detalhe, sabendo que os pequenos defeitos podem ser corrigidos por parafusos ocultos. Mais uma vez, a questão é concluir o trabalho para que a peça possa ser usada. Para o absolutista que há em todo artífice, cada imperfeição é um fracasso; para o profissional, a obsessão com a perfeição pode ser a receita do fracasso.

É necessária uma certa sutileza filosófica para entender esse conflito. *Prática* e *prático* têm origem comum na linguagem. Poderia parecer que, quanto mais alguém treina e pratica no desenvolvimento de uma habilidade, mais desenvolverá uma mentalidade prática, centrando-se no possível e no particular. Na verdade, uma longa experiência prática pode levar na direção oposta. Eis aqui uma variante da "regra Isaac Stern": quanto melhor sua técnica, mais inatingíveis seus padrões. (Dependendo do humor, Isaac Stern desenvolvia muitas e muitas variantes da "regra Isaac Stern" sobre as virtudes dos exercícios práticos.) O Linux pode funcionar de maneira semelhante. As pessoas mais capacitadas para usá-lo são em geral as que se concentram nas ideais e infindáveis possibilidades do programa.

O conflito entre fazer bem e conseguir acabar insere-se hoje num contexto institucional, que ilustrarei aqui com o caso da assistência de saúde. Muitos leitores de mais idade saberão muito bem, como eu, do que estou falando.

Na última década, o Serviço Nacional de Saúde (NHS — na sigla em inglês) da Grã-Bretanha estabeleceu novas medidas de definição do bom atendimento por parte de médicos e enfermeiros: quantos pacientes são visitados, a rapidez com que são atendidos, a eficiência com que são encaminhados a especialistas. São medidas de avaliação numérica da maneira correta de proporcionar assistência médica, mas medidas voltadas para as necessidades humanas dos pacientes. Seria mais fácil, por exemplo, se o encaminhamento para os especialistas fosse deixado a critério do médico. Mas tanto os médicos quanto os enfermeiros, os assistentes de enfermagem e as equipes de limpeza consideram que essas "reformas" diminuíram a qualidade dos serviços, tendo como referência o que é viável na prática. E o sentimento que expressam é bem conhecido. Pesquisas têm indicado amplamente que na Europa ocidental os médicos consideram que suas habilidades e capacitações no trato com os pacientes são ignoradas, na busca por padrões institucionais.

O Serviço Nacional de Saúde apresenta um contexto muito diferente da "assistência gerenciada" ao estilo americano e de outros mecanismos pautados pelo mercado. Após a Segunda Guerra Mundial, a criação do NHS foi motivo de orgulho nacional. A instituição recrutava os melhores profissionais, que trabalhavam com dedicação; alguns poucos foram atrás de empregos mais bem remunerados nos Estados Unidos. A Grã-Bretanha gasta em saúde um terço menos de seu produto nacional bruto que os Estados Unidos, mas seu índice de mortalidade infantil é mais baixo, e seus idosos vivem mais. O sistema britânico é uma assistência de saúde "gratuita", financiado com impostos. O povo britânico já deixou claro que concorda em pagar esses impostos e mesmo em contribuir mais se o serviço melhorar.

Com o tempo, como acontece com todos os sistemas, o NHS decaiu. Os hospitais envelheceram fisicamente, os equipamentos precisando ser substituídos permaneceram em uso, o tempo de espera pelo atendimento aumentou e não havia número suficiente de enfermeiros sendo treinados. Para resolver esses problemas, os políticos britânicos recorreram há uma década a um modelo de qualidade diferente, o que foi estabelecido por Henry Ford na indústria automobilística americana no início do século XX. O "fordismo" leva ao extremo a divisão do trabalho: cada trabalhador executa uma tarefa, medida com a máxima precisão possível por estudos de projeção do movimento no tempo; a produção é avaliada em termos de metas, mais uma vez, inteiramente quantitativas. Aplicado à assistência de saúde, o fordismo fiscaliza o tempo gasto por médicos e enfermeiros com cada paciente; sendo um sistema de tratamento médico baseado na manipulação de peças de automóveis, ele tende a tratar fígados com câncer ou pernas quebradas, e não os pacientes globalmente.[32] Uma peculiaridade do sistema britânico de assistência de saúde é o número de vezes que foi "reformado" segundo padrões fordistas na última década: quatro grandes reorganizações, revertendo ou revendo mudanças anteriores.

O fordismo ganhou má fama na indústria privada por motivos originalmente expostos por Adam Smith em *A riqueza das nações*, no século XVIII. A divisão do trabalho privilegia as partes, e não os conjuntos; ao entusiasmo dos comerciantes, Smith opunha a inteligência embotada dos operários fabris executando repetidas vezes a mesma tarefa isolada, hora após hora, dia após dia. Mas ele acreditava que esse sistema seria mais eficiente que o trabalho executado manualmente à maneira pré-industrial. Henry Ford justificava seus métodos argumentando que os automóveis fabricados exclusivamente por máquinas eram de melhor qualidade que os carros que em sua época eram montados em pequenas oficinas. A introdução da microeletrônica nos processos de fabricação veio dar ainda maior sustentação a esse modo de fazer as coisas: os microssensores são muito mais rigorosos e confiáveis na identificação de problemas que nossos olhos ou mãos. Em suma, pela aplicação da medida de qualidade absoluta à coisa propriamente dita, a máquina é melhor artesã que uma pessoa.

A reforma do sistema médico também participa desse longo debate sobre a natureza e o valor da habilidade artesanal numa sociedade mecânica e quantitativa. No NHS, os reformistas fordistas podem alegar que a qualidade realmente melhorou: os casos de câncer e de doenças cardíacas, em particular, são mais bem tratados. Além disso, por mais insatisfeitos que se sintam, os médicos e enfermeiros britânicos não perderam a vontade de realizar um bom trabalho; sua história não se compara à dos operários soviéticos da construção civil. Apesar de cansados das constantes reformas e indignados com os sistemas de metas, esses profissionais da assistência médica não se tornaram indiferentes ao trabalho benfeito; Julian Legrand, um arguto analista do NHS, observa que, embora as equipes sintam saudades dos velhos tempos, quando as coisas corriam mais soltas, se fossem transportadas magicamente no tempo, duas gerações para trás, ficariam chocadas com o panorama.[33]

Deixando de lado a nostalgia, o que pode haver no "artesanato" médico que seja depreciado por essas mudanças? Uma resposta é encontrada em estudos sobre os enfermeiros.[34] No "velho" NHS, os enfermeiros não ouviam apenas as queixas dos pacientes mais velhos sobre suas dores, mas também as histórias sobre seus filhos; nas enfermarias, os enfermeiros muitas vezes interferiam quando um paciente entrava em crise, embora oficialmente não estivessem qualificados para tal. Naturalmente, um paciente doente não pode ser consertado como um automóvel, mas também há por trás disso uma questão mais profunda a respeito dos padrões de atendimento. Fazer um bom trabalho significa ser curioso, investigar e aprender com a incerteza. Como no caso dos programadores do Linux, o atendimento de enfermagem negocia uma zona fronteiriça entre a solução de problemas e a detecção de problemas; ouvindo o que o velho paciente tem a dizer, o enfermeiro pode colher, sobre seus problemas de saúde, pistas que talvez escapassem no momento do diagnóstico.

Essa zona fronteiriça de investigação tem uma outra importância para os médicos. No modelo fordista de medicina, é preciso que haja uma doença específica a ser tratada; a avaliação do desempenho do médico será feita, então, contando o tempo necessário para tratar o maior número possível de fígados e o número de fígados que se curaram. Como a realidade do corpo humano não se adapta muito bem a esse modelo de classificação, e como não pode haver bom tratamento sem algum grau de experimentação, certos médicos, em número não desprezível, criam ficções no papel para ganhar tempo frente aos fiscais burocráticos. Muitas vezes, no NHS, os médicos diagnosticam determinada doença num paciente para justificar o tempo passado explorando as possibilidades num corpo que demora a se revelar.

Os absolutistas que desenvolvem padrões para o sistema podem alegar que elevaram a qualidade da assistência de saúde. Na prática, enfermeiros e médicos contestam esses critérios numéricos. No lugar de um confuso sentimentalismo, eles invocam a necessidade de curiosidade e experimentação, e creio que endossariam o comentário de Immanuel Kant sobre o "madeiro retorcido da humanidade", tanto no seu próprio caso quanto no dos pacientes.

Esse conflito chegou ao auge no dia 26 de junho de 2006, durante a reunião anual da Associação Médica Britânica, em Belfast. Seu presidente, o Dr. James Johnson, observou que "o método favorito [do governo] para melhorar a qualidade e manter baixos os preços é fazer o que faz nos supermercados, oferecendo alternativas e concorrência". Disse ele aos colegas: "Os senhores me dizem que a velocidade acelerada e o planejamento incoerente por trás da reforma dos sistemas estão desestabilizando gravemente o NHS. A mensagem que me chega da profissão médica é que o NHS está correndo perigo e os médicos foram marginalizados." Dirigindo-se ao governo, Johnson fazia um apelo: "Trabalhe com a profissão. Nós não somos o inimigo. Vamos ajudá-lo a encontrar a solução." Quando chegou a vez de funcionários governamentais subirem à tribuna, no entanto, seus discursos foram saudados com um gélido e polido silêncio.[35]

Os médicos e enfermeiros britânicos estão sofrendo de excesso de reformas, num NHS categoricamente reformulado várias vezes numa década. Qualquer reforma organizacional leva tempo para ser "incorporada"; as pessoas precisam aprender a pôr em prática as mudanças — a quem recorrer, que formas utilizar, que procedimentos seguir. Quando um paciente sofre um ataque cardíaco, ninguém vai querer correr atrás do "Manual de boas práticas de atendimento" para descobrir quais são as últimas regras sobre o que deve ou não fazer. Esse processo de incorporação será tanto mais prolongado quanto maior e mais complexa for a organização. O NHS, o maior empregador da Grã-Bretanha, envolve mais de 1,1 milhão de pessoas. Não pode ter a agilidade de um veleiro. Médicos e enfermeiros ainda estão se familiarizando com as mudanças propostas há uma década.

O termo incorporação dá conta aqui de um processo essencial a todas as habilidades artesanais, a conversão da informação e das práticas em conhecimento tácito. Se uma pessoa tivesse de pensar em cada movimento para acordar de manhã, levaria uma hora para sair da cama. Quando falamos de fazer algo "instintivamente", muitas vezes estamos nos referindo a comportamentos que de tal maneira entraram em nossa rotina que não mais precisamos pensar a respeito. Aprendendo uma capacitação, desenvolvemos um complicado repertório de procedimentos desse tipo. Nas etapas mais avançadas dessa capacitação, verifica-se uma constante interação entre o conhecimento tácito e a consciência presente, funcionando aquele como uma espécie de âncora, esta, como crítica e corretivo. A qualidade artesanal surge dessa etapa mais avançada, em julgamentos a respeito de suposições e hábitos tácitos. Quando uma instituição como o NHS, na dinâmica da reforma, não permite que a âncora tácita se desenvolva, o motor do julgamento enguiça. As pessoas não têm experiência para julgar, apenas um conjunto de propostas abstratas sobre o trabalho de boa qualidade.

Os adeptos dos padrões absolutistas de qualidade, contudo, têm muitos motivos para se preocupar com a interação entre o conhecimento tácito e o explícito — já nos escritos de Platão sobre a habilidade artesanal, o padrão experimental é tratado com desconfiança. Para Platão, trata-se muitas vezes de uma desculpa para a mediocridade. Seus sucessores modernos no NHS queriam acabar com o conhecimento incorporado, depurando-o pela análise racional, e constataram com pesar que boa parte do conhecimento tácito adquirido por médicos e enfermeiros é precisamente um tipo de conhecimento que não podem traduzir em palavras ou transformar em propostas lógicas. Michael Polanyi, o filósofo moderno mais sintonizado com o conhecimento tácito, reconheceu a procedência dessa preocupação. Tendo confortavelmente incorporado os procedimentos, as pessoas podem negligenciar a busca dos padrões mais altos; é pelo estímulo à autoconsciência que o trabalhador é levado a um melhor desempenho.

Temos aqui, então, um conflito emblemático das medidas de qualidade, do que decorrem dois diferentes conceitos de habilidade artesanal nas instituições. Numa visão generosa, os reformadores do NHS estão elaborando um sistema que funciona corretamente, e seu impulso reformista reflete algo que diz respeito à perícia artesanal em geral; é a rejeição das tentativas de se livrar de qualquer jeito, a rejeição do trabalho simplesmente suficiente, como desculpa para a mediocridade. Para encarar com visão igualmente generosa os reclamos da prática, ela significa tentar resolver um problema — seja uma doença, um corrimão de para-choques ou um elemento do *kernel* do Linux — em todas as suas ramificações. Esse artífice deve ser paciente, eximindo-se de recorrer a paliativos. Esse tipo de trabalho de qualidade tende a focar-se nos relacionamentos; ele produz ideias relacionais sobre os objetos ou, como no caso dos enfermeiros do NHS, fica atento a pistas fornecidas por outras pessoas. Dá ênfase às lições da experiência através de um diálogo entre o conhecimento tácito e a crítica explícita.

Assim, um dos motivos pelos quais podemos encontrar dificuldade para identificar o valor da perícia artesanal está em que a própria expressão encarna valores conflitantes, num conflito que, em ambientes institucionais como a assistência médica, ainda está cru e sem solução.

O antigo ideal de habilidade artesanal celebrado no hino a Hefesto associava a perícia à comunidade. Vestígios desse ideal ainda se manifestam hoje entre os programadores do Linux. Eles parecem um grupo estranho e marginal em virtude de três maneiras problemáticas de organização atual da perícia artesanal.

O primeiro problema manifesta-se nas tentativas das instituições de motivar as pessoas a trabalhar bem. Certas tentativas de motivar um bom trabalho em nome do grupo revelaram-se vãs, como na sociedade civil soviética após a degradação do marxismo. Outras motivações coletivas, como as das fábricas japonesas no pós-guerra, deram certo. O capitalismo ocidental sustentou em certos momentos que a competição individual, e não a colaboração, é que mais eficientemente motiva as pessoas a trabalhar bem, mas no mundo da alta tecnologia são as empresas que permitem a cooperação que alcançaram resultados de alta qualidade.

Um segundo problema está no desenvolvimento das capacitações. A habilidade é uma prática decorrente de treinamento; a tecnologia moderna está sendo mal empregada quando priva seus usuários precisamente desse treinamento concreto e repetitivo da mão na massa. Quando a cabeça é separada da mão, a consequência é uma deterioração mental — resultado particularmente evidente quando uma tecnologia como o CAD é utilizada para apagar o aprendizado que ocorre no desenho à mão.

Em terceiro lugar, temos o problema causado pelas medidas conflitantes de qualidade, uma baseada na correção, a outra, na experiência prática. Elas entram em conflito institucionalmente, como na assistência de saúde, quando o desejo dos reformistas de pôr as coisas para funcionar direito de acordo com um padrão absoluto de qualidade não pode ser conciliado com padrões de qualidade baseados em práticas incorporadas. O filósofo identifica nesse conflito os reclamos divergentes do conhecimento tácito e do explícito; o artífice no trabalho é puxado em direções opostas.

Poderemos entender melhor esses três problemas examinando mais profundamente sua história. No próximo capítulo, investigamos a oficina como instituição social que motiva os artífices. Em seguida, consideramos os primeiros esforços do Iluminismo do século XVIII no trato com máquinas e capacitações. Por fim, avaliamos a consciência tácita e explícita na longa história de artesanato de um material específico.

CAPÍTULO 2

A oficina

A oficina é a casa do artífice. Na antiga tradição, era o que literalmente acontecia. Na Idade Média, os artífices dormiam, comiam e criavam os filhos nos locais de trabalho. A oficina, além de residência das famílias, era pequena, abrigando no máximo algumas dezenas de pessoas; a oficina medieval em nada se parecia com uma fábrica moderna, onde se pode encontrar centenas ou milhares de pessoas. É fácil entender o apelo romântico da oficina-residência para os primeiros socialistas que se defrontaram com a paisagem industrial do século XIX. Karl Marx, Charles Fourier e Claude Saint-Simon viam a oficina como um espaço de trabalho em condições humanas. Também eles pareciam encontrar ali um lar acolhedor, um lugar onde o trabalho e a vida se misturavam frente a frente.

Mas essa imagem sedutora é enganadora. A oficina-residência medieval não seguia as regras de uma família moderna unida pelo amor. Organizada num sistema de guildas, a oficina proporcionava outras recompensas emocionais mais impessoais, notadamente uma posição honrosa na cidade. A palavra "lar" dá ideia de estabilidade consolidada; para conseguir algo assim, as oficinas tinham de lutar, pois não podiam partir do princípio de que sobreviveriam. A ideia da oficina como lar também pode obscurecer a cena viva do trabalho hoje. A maior parte dos laboratórios científicos está organizada em forma de oficinas, no sentido de que são locais de trabalho pequenos funcionando na base da interação pessoal direta. E nas empresas-gigante também podem ser forjadas as condições de uma oficina: as modernas fábricas de automóveis associam a linha de montagem a espaços reservados para pequenas equipes de especialistas; a fábrica de automóveis transformou-se num arquipélago de oficinas.

Uma definição mais satisfatória de oficina é a seguinte: um esforço produtivo no qual as pessoas lidam diretamente com questões de autoridade. Essa austera definição não procura saber apenas quem manda e quem obedece no trabalho, mas também está atenta às capacitações como fonte de legitimidade do comando ou de dignidade da obediência. Numa oficina, as habilidades do mestre podem valer-lhe o direito de mandar, e a possibilidade de absorver essas habilidades e aprender com elas pode dignificar a obediência do aprendiz ou do jornaleiro. Em princípio.

Para usar essa definição, temos de levar em conta o antônimo de autoridade: autonomia, trabalho autossuficiente realizado sem a interferência de outros. O conceito de autonomia tem sua própria força sedutora. Poderíamos facilmente imaginar que os operários soviéticos da construção descritos no capítulo anterior trabalhariam mais diligentemente se tivessem mais controle sobre o próprio trabalho. Os médicos e enfermeiros britânicos certamente consideravam que se sairiam melhor em seu trabalho difícil se fossem deixados em paz. Deviam ser os senhores em sua própria casa. Ninguém que trabalha sozinho, entretanto, poderia saber como envidraçar janelas ou extrair sangue. No artesanato, deve haver um superior que estabelece os padrões e treina. Na oficina, os desníveis de capacitação e experiência tornam-se questões diretas e pessoais. A oficina bem-sucedida estabelece a autoridade legítima em carne e osso, e não em direitos e deveres fixados no papel. Na oficina que fracassou, subordinados como os operários civis russos ficarão desmoralizados ou, como os enfermeiros britânicos na convenção médica, indignados na presença daqueles a que devem no entanto obedecer.

A história social da habilidade artesanal é em grande medida uma história das tentativas das oficinas de enfrentar ou evitar questões de autoridade e autonomia. As oficinas efetivamente apresentam outros aspectos, em sua relação com os mercados, sua busca de fundos e lucros. A história social das oficinas dá ênfase à maneira como as instituições se organizaram para encarnar a autoridade. Um momento significativo da história das oficinas ocorreu no fim da era medieval — um episódio particularmente elucidativo para os problemas de autoridade hoje.

A guilda

O ourives medieval

A autoridade do artífice medieval repousava no fato de ser cristão. Desde suas origens, o cristianismo primitivo abraçou a dignidade do artífice. Era importante tanto para os teólogos quanto para o leigo que Cristo fosse filho de um carpinteiro, servindo as origens humildes de Deus para mandar um sinal sobre a universalidade dessa mensagem. Agostinho considerou Adão e Eva "felizes por trabalharem num jardim. (...) Existe acaso visão mais maravilhosa que a semeadura, o plantio de mudas, os transplantes de arbustos?"[1] A religião abraçou o trabalho do artífice, além disso, porque esse labor podia fazer frente à propensão humana para a autodestruição. Como no hino a Hefesto, o trabalho artesanal parecia pacífico e produtivo. Por este motivo é que surgiram na Idade Média outros artífices-santos. Na Bretanha anglo-saxônica, por exemplo, os santos Dunstan e Ethelwold trabalhavam o metal, sendo venerados por sua tranquila industriosidade.

Embora respeitasse o artesanato, a doutrina cristã medieval também temia a Pandora humana, medo que remonta às origens da fé. A Roma pagã — na sua convicção de que o trabalho das mãos pode revelar muito sobre a alma — representava uma monumental insensatez. Agostinho sustentava nos *Sermões* que *confessio* significa "acusação de si mesmo; louvor de Deus".[2] O princípio do retiro cristão baseou-se na convicção de que, quanto mais uma pessoa se afasta da obsessão com as coisas materiais, mais se aproximará da descoberta de uma vida interior fora do tempo e que não foi feita pela vontade humana. Em termos doutrinários, o artífice representa a manifestação de Cristo para a humanidade, mas não o seu ser.

O primitivo artífice medieval cristão encontrou sua casa espiritual na Terra em mosteiros como o de Saint-Gall, na atual Suíça, um refúgio cercado de muralhas na montanha, onde os monges, além de orar, cultivavam jardins, praticavam a carpintaria e preparavam medicamentos fitoterápicos. Saint-Gall abrigava artífices leigos cujo estilo de vida estava submetido à disciplina monástica quase da mesma maneira. Num convento das proximidades, as freiras, apesar de viverem em reclusão, dedicavam-se durante boa parte do dia às atividades práticas da tecelagem e da costura. Saint-Gall e outros mosteiros semelhantes eram em grande medida comunidades autossuficientes, "sustentáveis", diríamos hoje, produzindo quase tudo de que precisavam para seu sustento. As oficinas de Saint-Gall seguiam os preceitos de autoridade do cânone dual da fé: o Espírito Santo pode manifestar-se a homens e mulheres sob essas condições; mas o Espírito não está contido por trás das paredes.

Com o desenvolvimento da cidade nos séculos XII e XIII, a oficina tornou-se um espaço diferente, tanto do ponto de vista sagrado quanto do profano. Uma comparação da paróquia da região da catedral de Notre-Dame, em Paris, em 1300, com o mosteiro de Saint-Gall trezentos anos antes, em 1000, revela algumas diferenças. A paróquia episcopal urbana abrigava muitas residências particulares — "particulares" na medida em que uma oficina arrendava ou comprava instalações à paróquia e os monges e funcionários religiosos não podiam entrar nessas casas quando bem entendessem. O Ancoradouro do Bispo na margem sul do Sena servia como porta de entrada de mercadorias para a comunidade religiosa; o Ancoradouro de Saint Landry, na margem norte, atendia à comunidade laica em geral. Quando Jehan de Chelles deu início à fase final de construção dessa comunidade urbana, no meado do século XIII, o Estado fez-se presente nas cerimônias inaugurais como parceiro da Igreja. Juntas e em condições de igualdade, essas duas autoridades celebraram "as profissões da construção, homenageando os escultores, insufladores de vidro, tecelões e carpinteiros que fizeram o trabalho manual, assim como os banqueiros que financiaram a obra".[3]

As guildas eram corporações que tentavam traduzir em termos profanos o princípio *rex qui nunquam moritur*: o rei nunca morre.[4] Elas se escoravam em certa medida em diplomas jurídicos, mas ainda mais na transmissão de geração em geração dos conhecimentos concretos e práticos destinados a fazê-las sustentáveis. O "capital de conhecimento" era considerado a fonte do poder econômico da guilda. O historiador Robert Lopez descreve a guilda urbana como "uma federação de oficinas autônomas, cujos proprietários [os mestres] geralmente tomavam as decisões e fixavam as exigências de promoção das funções inferiores [jornaleiros, ajudantes temporários ou aprendizes]".[5] O *Livre des métiers* de 1268 relacionava cerca de cem profissões organizadas assim, divididas em sete grupos: alimentos, joias, metais, tecidos e comerciantes têxteis, peles e construção.[6]

Mas o fato é que a autoridade religiosa organizada hierarquicamente chegou à cidade. Não só os rituais religiosos determinavam a rotina diária dos trabalhadores urbanos das guildas como o mestre de cada uma das sete principais guildas de Paris se considerava investido de autoridade moral e equivalente à de um abade. Na cidade, essa pretensão era em parte suscitada por pura e simples necessidade. Não existiam corpos policiais efetivos nas cidades medievais, cujas ruas eram tão violentas de dia quanto à noite. O equilíbrio do mosteiro estava ausente da cidade; a violência das ruas penetrava as oficinas e os espaços entre elas. A palavra latina *auctoritas* refere-se a um personagem que inspira medo e assombro, e portanto submissão: o mestre de uma oficina tinha de inspirar tais sentimentos para manter a ordem em casa.

A moralidade cristã foi a principal influência na formação do "homem" existente no artífice cristão urbano. Em suas origens, a doutrina da Igreja geralmente considerava o tempo livre como uma tentação, o lazer, como um convite à indolência. Esse temor aplicava-se particularmente às mulheres. Eva encarnava a tentação, distraindo o homem de seu trabalho. Os patriarcas da Igreja consideravam as mulheres especialmente tendentes à licenciosidade sexual se nada tivessem para ocupar as mãos. Este preconceito deu origem a uma prática: a tentação feminina podia ser combatida através de um artesanato específico, o da agulha, fosse na tecelagem ou no bordado, mantendo permanentemente ocupadas as mãos das mulheres.

A agulha como remédio para a ociosidade feminina remonta a um dos primeiros patriarcas, Jerônimo. Como costuma acontecer com os preconceitos que amadurecem com o tempo, essa denegação sexual também se tornara, no início da Idade Média, um motivo de honra. Como assinala o historiador Edward Lucie-Smith, "as rainhas não se envergonhavam de tecer e costurar"; Edith, rainha de Eduardo o Confessor, costurava roupas simples, assim como Matilda, rainha de Guilherme o Conquistador.[7]

Ainda assim, o "homem" do ofício artesanal não aceitava as mulheres como membros das guildas, embora elas cozinhassem e limpassem nas casas das oficinas da cidade.

Na guilda medieval, a autoridade masculina encarnava nos três níveis da hierarquia de mestres, jornaleiros e aprendizes. Os contratos especificavam a duração do aprendizado, geralmente sete anos, e o custo, em geral assumido pelos pais do jovem. As etapas do progresso na guilda eram assinaladas inicialmente pela apresentação, ao cabo desses sete anos, do *chef d'oeuvre*, um trabalho que demonstrava as habilidades fundamentais absorvidas pelo aprendiz. Obtendo êxito, o artífice, já agora um jornaleiro, trabalharia por mais cinco a dez anos até ser capaz de demonstrar, num *chef d'oeuvre élevé*, que estava em condições de tomar o lugar do mestre.

O trabalho apresentado pelo aprendiz centrava-se no princípio da imitação: a cópia como aprendizado. O trabalho apresentado pelo jornaleiro tinha um escopo maior. Ele tinha de demonstrar competência gerencial e dar mostra de merecer confiança como um futuro líder. A diferença entre a imitação bruta do procedimento e a compreensão mais ampla de como usar o que se sabe constitui, como vimos no capítulo anterior, uma marca de todo desenvolvimento de capacitações. A oficina medieval se distinguia pela autoridade de que eram investidos os professores e avaliadores desse progresso. Os veredictos do mestre eram definitivos, sem possibilidade de recurso. Só muito raramente uma guilda interferia nas avaliações de um mestre de oficina, pois ele reunia em sua pessoa a autoridade e a autonomia.

A ourivesaria medieval, neste sentido, é um bom objeto de estudo, por se tratar de um ofício artesanal dotado de uma peculiaridade que o torna antes compreensível que alheio a nós. O aprendiz de ourives ficava retido na oficina enquanto aprendia a fundir, limpar e pesar metais preciosos. Esse aprendizado exigia participação ativa do mestre na instrução. Uma vez tendo apresentado seu *chef d'oeuvre*, contudo, o aprendiz podia transferir-se de cidade em cidade como jornaleiro, de acordo com as oportunidades que surgissem.[8] O jornaleiro ourives itinerante apresentava seu trabalho *élevé* ao organismo corporativo dos mestres artífices em cidades estrangeiras. Através de seus talentos gerenciais e de seu comportamento moral, tinha de convencer esses estrangeiros de que podia tornar-se um deles. O sociólogo Alejandro Portes observa que os modernos migrantes econômicos tendem a ter espírito empreendedor; os passivos ficam em casa. Esse dinamismo migratório era parte integrante da ourivesaria medieval.

Foi por este motivo que o ourives despertou o interesse de Ibn Khaldun, o primeiro sociólogo, e ainda hoje um dos maiores. Ele nasceu no território que é hoje o do Iêmen mas viajou muito pela Andaluzia espanhola, na época uma sociedade mista de judeus, cristãos e muçulmanos, a última a dominar de uma forma benigna. O *Muqaddimah*, uma vasta empreitada, consiste em parte numa observação do artesanato bem de perto. Na Andaluzia, Ibn Khaldun observou as ferramentas das guildas cristãs, assim como o trabalho de ourives itinerantes. Estes pareciam-lhe berberes, fortalecidos pelas viagens e a mobilidade. As guildas sedentárias, em contraste, se lhe afiguravam inertes e "corruptas". O bom mestre, em suas palavras, "dirige uma casa itinerante".[9]

Do outro lado da moeda, o trabalho migrante e o fluxo do comércio internacional geravam na era medieval alguns dos mesmos medos que experimentamos hoje. A maior preocupação das guildas urbanas era um mercado inundado de produtos novos que não tivessem sido feitos por elas. As guildas da Londres e da Paris medievais, em particular, tomaram iniciativas de defesa contra o crescimento do comércio no norte da Europa. Essa ameaça era repelida pela cobrança de pesados pedágios e tarifas nos portões das cidades e pela estrita regulamentação das feiras em seu interior. As guildas itinerantes, como a dos ourives, tentavam obter contratos que mantivessem as mesmas condições de trabalho, onde quer que atuasse o ourives. Como os antigos tecelões gregos, esses artífices medievais se esforçavam por transmitir as práticas artesanais intactas de geração em geração. O ritmo de "natalidade" e extinção descrito por Hannah Arendt era o seu maior inimigo, dada a necessidade de manter a prática do ofício coerente em escala internacional.

O *Livre des métiers* menciona de passagem mestres que se tornaram jornaleiros "por pobreza ou escolha".[10] O primeiro tipo de mobilidade para baixo pode ser facilmente compreendido; os mestres que fracassaram tornam-se criados. O segundo talvez seja explicado pelo ourives itinerante: um mestre em outros ofícios que abre mão de seu lugar na hierarquia das guildas de uma cidade para viajar em busca de oportunidades.

Se os ourives adultos representavam uma espécie de equivalente dos modernos trabalhadores flexíveis, transferindo-se para onde estava o trabalho, ainda assim os membros da guilda vivenciavam um forte senso de comunidade. A rede de guildas proporcionava contatos para os trabalhadores itinerantes. Não menos importante era o fato de as guildas darem ênfase às obrigações do migrante frente aos ourives que encontrava em seu percurso. Complexos rituais ajudavam a estabelecer vínculos entre os membros da guilda. Além disso, muitas guildas de ourives estavam associadas a fraternidades com mulheres em suas fileiras; essas fraternidades assistiam os trabalhadores necessitados, podendo, por exemplo, organizar eventos sociais ou adquirir lotes para enterrar os mortos. Numa época em que os contratos escritos entre adultos tinham pouca força, em que as transações econômicas se escoravam na confiança informal, "a mais premente obrigação terrena de qualquer artífice medieval era o estabelecimento de uma boa reputação pessoal".[11] O que era uma questão de particular urgência para os ourives itinerantes, estranhos em muitos lugares onde trabalhavam. A vida ritualizada das guildas e de suas fraternidades servia de moldura ao estabelecimento de sua probidade.

"Autoridade" significa algo mais que ocupar um lugar de honra numa trama social. Para o artífice, a autoridade também reside na qualidade de suas habilidades. E no caso do ourives a perícia que estava por trás da autoridade do mestre era inseparável de sua ética. Esse imperativo ético se manifestava na própria atividade tecnológica — a prova, ou análise — que conferia valor econômico à ourivesaria.

Moedas adulteradas, danificadas e falsificadas infestavam a economia medieval. O papel do ourives consistia em dizer a verdade sobre as substâncias mascaradas, além de extrair ouro de metais brutos. A honra da guilda servia para reforçar a honestidade; os ourives que se revelavam desonestos eram violentamente punidos por outros membros da guilda.[12] A reputação do artífice honesto tinha importância tanto econômica quanto política, pois ele certificava que a riqueza de um nobre ou do governo de uma cidade era autêntica. Para fortalecer o senso ético do artífice, a prova do ouro transformou-se, na altura do século XIII, num rito religioso santificado por preces específicas, nas quais o teor do ouro era objeto de juramento por um mestre artífice em nome de Deus. Talvez não acreditemos hoje que a fé tenha valor de verdade na química; nossos antepassados acreditavam.

Os procedimentos da análise do ouro não eram científicos, no sentido moderno da palavra. A metalurgia ainda estava atrelada à antiga crença nos quatro elementos básicos da natureza. Só no fim do Renascimento os metalurgistas estariam em condições de desenvolver o teste da "copelação", no qual uma amostra é chamuscada com ar quente, oxidando impurezas como o chumbo.[13] Até então, o ourives medieval precisou valer-se de muitos testes diferentes para chegar à conclusão de que o material que tinha em mãos era efetivamente ouro.

Na prova, a "mão na massa" não era simples metáfora para o ourives. O mais importante de seus testes dependia de sua sensibilidade tátil. O ourives rolava e pressionava o metal, tentando estabelecer sua natureza pela consistência. Na Idade Média, ao próprio tato eram atribuídas propriedades mágicas e mesmo religiosas, como no "toque do rei", quando o soberano impunha as mãos num súdito para curá-lo de escrófula ou lepra. Na prática artesanal, quanto mais lenta e minuciosamente o ourives trabalhava com as mãos, mais honesto parecia aos pares e empregados. Resultados imediatos mediante utilização de um único teste pareciam suspeitos.

A ética também influenciava o relacionamento entre os ourives e os alquimistas. Nos séculos XIV e XV, a alquimia não era exatamente a tolice que hoje nos parece, pois as pessoas acreditavam que todos os elementos sólidos compartilhavam a mesma "terra" fundamental. Como tampouco eram vigaristas os praticantes da alquimia — ainda no fim do século XVII, figuras eminentes como Isaac Newton se envolviam com a alquimia. "Em sua maioria", escreve o historiador Keith Thomas, "os grandes alquimistas consideravam-se praticantes de uma exigente disciplina espiritual, que nada tinha a ver com uma grosseira busca de ouro."[14] Eles estavam em busca dos princípios de purificação graças aos quais uma substância de "valor nobre" podia ser extraída da terra bruta, o que constituía por sua vez um modelo da purificação da alma. Desse modo, o ourives e o alquimista eram frequentemente, por assim dizer, duas faces da mesma moeda, envolvidos na mesma busca de pureza.

Ainda assim, o ourives medieval funcionava como um crítico prático das pretensões da alquimia, exatamente como era o inimigo jurado dos falsários. Abundavam na Idade Média os tratados de alquimia, alguns meramente fantasiosos, ao passo que outros representavam investigações profundamente sérias recorrendo à ciência da época. Na prova, o ourives literalmente testava a teoria com as mãos. Sua relação com os teóricos alquímicos assemelha-se com a do moderno enfermeiro britânico, defrontado com uma massa de "reformas" no papel e avaliando-as na substância e na prática.

A ourivesaria talvez seja mais reveladora quando nos fala da oficina entendida como residência do artífice — um lugar onde convergem a família e o trabalho. Todas as guildas medievais baseavam-se na hierarquia da família, mas não se tratava necessariamente de laços de sangue. O mestre artífice estava legalmente em posição de *loco parentis* frente aos jornaleiros e aprendizes que dele dependiam, ainda que não fossem seus parentes. O pai confiava seus filhos ao mestre artífice, como seu substituto, especialmente transferindo o direito de punir o mau comportamento com violência física.

A transformação do local de trabalho em família substituta, contudo, também limitava a autoridade do pai substituto. O mestre devia obediência a um juramento religioso que nenhum pai jamais teve de pronunciar em palavras, o de aperfeiçoar as habilidades de seus protegidos. Esse contrato, observa o historiador S. R. Epstein, protegia os aprendizes do "oportunismo de seus mestres. Eles poderiam [de outra forma] ser explorados como mão-de-obra barata", sem usufruir de qualquer benefício.[15] Da mesma forma, o aprendiz fazia um juramento religioso de preservar os segredos de seu mestre. Esses vínculos legais e religiosos proporcionavam recompensas emocionais que os laços biológicos não facultavam: garantiam ao bom aprendiz que poderia portar emblemas ou bandeiras da guilda em paradas cívicas e desfrutar de um lugar privilegiado nos banquetes. Os juramentos religiosos das guildas estabeleciam entre o pai substituto e o filho uma *honra* recíproca, mais que uma simples obediência filial.

Hoje, os 12 anos da infância, aproximadamente, dão lugar a uma adolescência que parece arrastar-se sofridamente por mais uma década. Historiadores da infância como Philippe Ariès sustentam que na Idade Média a juventude não se prolongava tanto: as crianças se relacionavam como jovens adultos a partir dos 6 ou 7 anos, combatendo ao lado dos mais velhos e não raro se casando antes da puberdade.[16] Embora o relato de Ariès apresente falhas factuais, não deixa de explicar as relações de autoridade e autonomia na vida das guildas, pois essas relações baseavam-se no tratamento da criança como um adulto incipiente.

Os registros históricos mostram que muitas guildas privilegiavam os filhos biológicos dos mestres, mas os filhos de sangue não tinham esse privilégio garantido. Os negócios familiares duradouros eram antes a exceção que a regra. Numa ampla estimativa, apenas cerca de metade dos negócios familiares no século XV passavam de geração em geração na densa concentração de oficinas espalhadas pelo território europeu entre Bruges e Veneza. No fim do século XVII, somente um décimo dos filhos de artífices tomava o lugar do pai.[17] Mais precisamente, cerca de metade dos filhos de mestres fabricantes de barris em Bruges tomaram a frente das oficinas dos pais em 1375; em 1500, quase nenhum o fez.[18] Paradoxalmente, o juramento do pai substituto de transmitir a capacitação era uma garantia mais forte de que um jovem adulto seria mestre em sua própria casa do que o poder do pai biológico de passar-lhe o controle do negócio.

O instituto da substituição do pai, tal como era vivenciado há oitocentos anos, não é completamente uma "terra estrangeira", para usar a formulação de L. P. Hartley. Os pais substitutos são uma realidade moderna nas escolas, onde os professores dominam uma parte cada vez maior do ciclo da vida humana. O divórcio e o novo casamento criam um outro tipo de paternidade substituta.

A oficina medieval era um lar mantido coeso antes pela honra que pelo amor. Concretamente, o mestre dessa casa baseava sua autoridade na transferência das habilidades. Era o papel do pai substituto no desenvolvimento da criança. Ele não "dava" amor; era pago para exercer funções específicas de paternidade. Se nos espelharmos nessa realidade, *in loco parentis* é uma imagem ao mesmo tempo inspiradora e inquietante da paternidade: o mestre da guilda desempenhava um papel bastante claro como figura paterna, expandindo os horizontes da criança além do caráter acidental do nascimento. Além disso, na ourivesaria, a criança era introduzida num código de honra adulto que ampliava seus horizontes além da residência individual, além da esfera de um pai amado em particular. O pai substituto medieval podia mostrar-se afetuoso com seus protegidos, mas não tinha necessidade de amá-los. O amor, em suas reviravoltas internas, em sua pura generosidade, não é o que está em questão na habilidade artesanal. Seríamos tentados a dizer que o pai substituto era uma figura paterna mais forte.

Em suma, o artífice medieval era ao mesmo tempo irmão e estranho ao presente. Seu trabalho era migrante, mas ele também buscava a estabilidade através da partilha da capacidade. O comportamento ético fazia parte de seu trabalho técnico. Seu ofício era concreto, como a prática clínica. Sua condição de pai substituto revela virtudes ainda hoje poderosas. Mas sua oficina não durou. Dentre as muitas razões do declínio da oficina medieval, nenhuma é tão importante quanto sua base de autoridade, o conhecimento que ela transmitia pela imitação, o ritual e a substituição.

O mestre sozinho

O artífice torna-se artista

A pergunta provavelmente mais comum a respeito do artesanato é em que difere da arte. Em termos numéricos, é uma questão irrelevante; os artistas profissionais constituem uma fração ínfima da população, ao passo que a atividade artesanal se estende a todo tipo de profissão. Em termos de prática, não existe arte sem artesanato; a ideia de uma pintura não é uma pintura. Pode parecer que a linha divisória entre o artesanato e a arte separa a técnica da expressão, mas, como me disse certa vez o poeta James Merrill, "se essa linha efetivamente existe, não é o poeta que deve traçá-la; ele deve preocupar-se apenas em fazer o poema acontecer". Embora seja uma questão séria e permanente saber "que é a arte?", ficar perenemente preocupado com essa definição particular já pode ser uma outra coisa: estamos tentando descobrir que significa a autonomia — autonomia como um impulso vindo de dentro que nos compele a trabalhar de uma forma expressiva, por nós mesmos.

É pelo menos como os historiadores Margot e Rudolf Wittkower viam a questão em sua envolvente história *Born under Saturn* [Nascido sob Saturno] relatando o surgimento do artista renascentista a partir da comunidade de artífices medievais.[19] A "arte" carrega uma responsabilidade bem pesada nessa versão da mudança cultural. Para começo de conversa, representa a concessão de um novo e mais amplo privilégio à subjetividade na sociedade moderna, com o artífice voltado para sua comunidade e o artista voltado para si mesmo. Os Wittkower enfatizam o reaparecimento de Pandora nessa mudança; a subjetividade autodestrutiva era evidenciada em suicídios como os dos artistas Francesco Bassano e Francesco Borromini.[20] Na visão dos contemporâneos, foi a genialidade que os levou ao desespero.

Esta versão da mudança não parece muito bem contada; as negras consequências da subjetividade se aplicavam mais amplamente ao pensamento renascentista que aos artistas em seu trabalho, fossem geniais ou não. A *Anatomy of Melancholy* [Anatomia da melancolia] de Robert Burton (1621) explorava a condição humana do "temperamento saturnino" enraizado na biologia do corpo, no qual pode florescer o "humor" taciturno e introspectivo — um "humor" mais próximo do que a medicina moderna trataria como secreção glandular. Essa secreção, explicava Burton, pode ser estimulada pelo isolamento. Sua obra-prima, cheia de divagações, voltava repetidas vezes ao medo de que a subjetividade se transforme em melancolia. Para ele, o "artista" é apenas uma manifestação do risco de depressão acarretado pela ação do corpo humano na solidão.

Para os Wittkower, a arte parecia situar o artista em posição mais autônoma na sociedade que o artífice, e isto por um motivo específico: o artista pretendia dotar sua obra de originalidade, que é uma característica dos indivíduos sozinhos, isolados. Na verdade, poucos artistas do Renascimento trabalharam no isolamento. A oficina de artesanato teve prosseguimento na forma do estúdio do artista, cheio de assistentes e aprendizes, mas os mestres desses estúdios efetivamente atribuíam um novo valor à originalidade do trabalho ali efetuado; a originalidade não era um valor celebrado pelos rituais da guilda medieval. O contraste ainda hoje informa nossa visão: a palavra arte parece designar obras únicas ou pelo menos singulares, ao passo que artesanato remete a práticas mais anônimas, coletivas e contínuas. Mas é preciso desconfiar desse contraste. A originalidade também é um rótulo social, e os originais estabelecem laços especiais com as outras pessoas.

Os protetores dos artistas renascentistas e o mercado para sua arte mudavam à medida que a sociedade cortesã crescia, em detrimento das comunas medievais. Os clientes tinham uma relação cada vez mais pessoal com os mestres dos estúdios. Muitas vezes não entendiam o que os artistas buscavam realizar, mas nem por isso deixavam de afirmar sua autoridade para julgar o valor da obra. Quando se mostrava original em seus trabalhos, o artista não podia contar com o escudo coletivo da comunidade frente a esses veredictos. A única defesa do artista contra a intrusão era "você não me entende", argumento de venda que não era propriamente dos mais sedutores. Também aqui existe uma ressonância moderna: quem está capacitado a julgar a originalidade? O produtor ou o consumidor?

O mais famoso ourives do Renascimento, Benvenuto Cellini, tratou dessas questões em sua *Autobiografia*, que começou a escrever em 1558. O livro começa em espírito confiante, com um soneto em que se vangloria de duas realizações. A primeira diz respeito a sua vida: "Envolvi-me em feitos impressionantes e aqui estou para relatá-los." Nascido em Florença em 1500, Cellini foi pai de oito filhos; esteve na prisão algumas vezes por sodomia; astrólogo; envenenado duas vezes, uma com pó de diamantes e outra com um "molho delicioso" preparado por um "padre cruel"; assassino de um carteiro; francês naturalizado que detestava a França; soldado que espionava para o exército contra o qual lutava... A lista desse tipo de incidentes surpreendentes não tem fim.

O segundo motivo de orgulho diz respeito a sua obra. Vangloria-se ele: "Em minha arte / superei muitos e cheguei ao nível do / único que era melhor que eu."[21] Um mestre — Michelangelo — e ninguém mais a sua altura;

nenhum de seus pares chega a seu nível nem ostenta igual originalidade. Um famoso saleiro de ouro feito por Cellini em 1543 para Francisco I da França (atualmente no Kunsthistorisches Museum em Viena) servia de prova a esta assertiva. Nem mesmo esse arrogante monarca poderia servir-se de sal distraidamente com semelhante obra-prima. O bojo que contém o sal está imerso num emaranhado de fios de ouro. No alto, duas figuras douradas, masculina e feminina, representam o Mar e a Terra (encontrando-se o sal em ambos), enquanto na base de ébano figuras em baixo-relevo representam a Noite, o Dia, o Crepúsculo e a Aurora, além dos Ventos (a Noite e o Dia prestam homenagem às esculturas dessas mesmas figuras realizadas por Michelangelo para o túmulo dos Medici). Este glorioso objeto destinava-se a causar estupor, e foi o que conseguiu.

Antes de nos interrogar sobre o motivo pelo qual ele poderia ser considerado uma obra de arte, e não de artesanato, cabe aqui situar Cellini entre seus pares. Na Idade Média, havia mestres e jornaleiros que, como observava o *Livre des métiers*, desejavam estabelecer-se por conta própria. Esses empreendedores artesanais queriam simplesmente pagar pelo trabalho dos ajudantes, sem ter de treiná-los no ofício. Sua prosperidade decorreria da possibilidade de fazer o nome de seus produtos, algo que hoje chamaríamos de "marca".

Este fato representava um sinal sempre mais personalizado de singularidade. As guildas medievais não tendiam a enfatizar as diferenças individuais no interior da oficina da cidade; seu empenho coletivo de controle identifica antes onde foi feito um casaco ou um copo do que o artífice que o fez. Na cultura material do Renascimento, a identificação do fabricante tornou-se cada vez mais importante na venda de uma ampla variedade de produtos, mesmo os mais prosaicos. O saleiro de Cellini se encaixa nessa tendência. O simples fato de um recipiente para sal se ter transformado num objeto sofisticado transcendendo qualquer finalidade funcional chamava a atenção para ele e seu criador.

Por volta de 1100, foi surgindo aos poucos uma mudança na relação dos ourives com os outros artífices, tendo sido registrada no início da década de

1180 no *Anticlaudianus*, de Alan de Lille. Até então, as formas de trabalhar o ouro em objetos decorativos determinavam os procedimentos na pintura e na fabricação de vidros, estabelecendo a moldura de ouro a forma dos objetos nela contidos. Por essa época, observa o historiador do artesanato T. E. Heslop, o processo começou lentamente a se inverter: "Uma tendência a que hoje daríamos o nome de naturalismo, mais facilmente associada à pintura e à escultura, veio a dominar de tal maneira que os ourives tiveram de cultivar a arte do desenho e da modelagem como nunca antes."[22] As imagens de Cellini em ouro são uma consequência desse processo: trata-se de um "novo" tipo de ourivesaria, em parte simplesmente por incorporar no trabalho de metal uma outra prática artesanal, a do desenho.

Cellini manteve certo grau de lealdade às oficinas artesanais onde surgiu sua arte. Nunca se envergonhou da fundição, da sujeira, do barulho e do suor. Além disso, cultivava o tradicional valor artesanal da veracidade. Em sua *Autobiografia*, relata a luta para extrair ouro, ouro puro em grande quantidade, da massa de minério bruto — embora até mesmo seus clientes mais ricos se contentassem com a ilusão do folheado a ouro. Queria apenas "ouro honesto", e aplicava esse padrão de veracidade a outros materiais com os quais trabalhava, até mesmo metais baratos como o latão. Era necessária pureza, para que as coisas parecessem o que efetivamente eram.

Desse modo, poderíamos estar vulgarizando a autobiografia de Cellini se a considerássemos meramente autopromocional. De fato, embora na economia da época artesãos de todos os tipos dessem publicidade aos méritos individuais de seu trabalho, o livro de Cellini não cai propriamente nessa categoria. Ele preferiu não publicar a *Autobiografia* ainda em vida; escreveu-a para si mesmo e a deixou para a posteridade. Ainda assim, como muitos outros produtos, o seu saleiro adquiriu um valor próprio na esfera pública porque expunha e expressava o temperamento do seu fabricante. Certamente foi esta a reação de Francisco I, exclamando: "Mas temos aqui o próprio Cellini!"

Esse tipo de distinção gerava recompensas materiais. Como assinala o historiador John Hale, muitos artistas prosperavam graças à excelência de seu trabalho: a casa de Lucas Cranach o Velho em Wittenberg era um palacete, assim como a de Giorgio Vasari em Arezzo.[23] Lorenzo Ghiberti, Sandro Botticelli e Andrea del Verrocchio também tiveram formação de ourives. Até onde podemos saber, eram mais abastados que seus pares que se mantiveram estritamente na órbita de ensaios e produção de matérias-primas da guilda.

No sentido genérico, a autoridade escora-se num fato simples: o mestre estabelece as condições do trabalho que é feito pelos outros sob sua direção. Nisto, o ateliê do artista renascentista se diferenciava pouco da oficina medieval ou do moderno laboratório científico. No ateliê de um artista, o mestre traçava a concepção geral da pintura e preenchia as partes mais importantes, como as cabeças. Mas o estúdio renascentista existia, para começo de conversa, em virtude do talento único do mestre; o objetivo não era produzir simplesmente pinturas, mas criar as *suas* pinturas, ou pinturas à sua maneira. A busca da originalidade conferia especial importância às relações pessoais no estúdio. Ao contrário dos provadores da ourivesaria, os assistentes do artista tinham de permanecer na presença física dos mestres; não dá propriamente para anotar indicações de originalidade num livrinho de regras que se possa levar no bolso.

O conceito de "originalidade" remonta a uma palavra grega, *poesis*, que era utilizada por Platão e outros para designar "algo onde antes nada havia". A originalidade é um marcador do tempo; denota o súbito surgimento de alguma coisa onde antes não havia nada, e, pelo fato de algo de repente passar a existir, suscita em nós sentimentos de admiração e espanto. No Renascimento, a manifestação súbita de alguma coisa era associada à arte — ou à genialidade, se quisermos — de um indivíduo.

Certamente nos equivocaríamos se pensássemos que os artífices medievais se mostravam totalmente resistentes à inovação, mas o fato é que seu trabalho evoluía lentamente e em consequência de um esforço coletivo. Por exemplo, a construção da imensa catedral de Salisbury teve início, em 1220-1225, com o lançamento de uma série de marcos e vigas para situar a Capela de Nossa Senhora numa das extremidades da futura catedral.[24] Os construtores tinham uma ideia genérica das eventuais dimensões da catedral, e nada mais. Mas as proporções das vigas da capela parecem apontar na direção de um projeto de engenharia bem maior, tendo sido articuladas na grande nave e nos dois transeptos construídos entre 1225 e aproximadamente 1250. Entre 1250 e 1280, esse ponto de partida geraria o claustro, a tesouraria e a casa capitular; nesta, a geometria original, concebida em função de uma estrutura quadrada, adquiria agora forma octogonal, e, na tesouraria, de uma abóbada sextavada. Como terão chegado os construtores a essa estrutura surpreendente? Não havia um arquiteto principal; os pedreiros não dispunham de plantas. Os gestos com que teve início a construção transformaram-se em princípios, passando a ser geridos coletivamente ao longo de três gerações. Cada passo na prática da construção vinha a ser absorvido no processo de orientação da geração seguinte.

O resultado é uma construção impressionante, um prédio diferente, incorporando certas inovações, mas que não é original no sentido do saleiro de Cellini: um lance incrível, uma pintura em ouro puro. Como observamos antes, o "segredo" da originalidade aqui está no fato de a prática bidimensional do desenho ter sido transposta para as três dimensões do ouro, tendo Cellini levado essa transposição a um extremo que seus contemporâneos não julgavam possível.

Mas a originalidade tinha um preço. Nem sempre proporcionava autonomia. A *Autobiografia* de Cellini é exemplar da maneira como a originalidade podia gerar novas formas de dependência social e até de humilhação. Ao deixar o universo dos ensaios e da produção de metal, Cellini entrou na vida da corte, com todas as intrigas do patronato. Sem garantias corporativas do valor de seu trabalho, ele precisava seduzir, jactar-se e solicitar reis e príncipes da Igreja. E era um teste de força desigual. Por brigão e cheio de si que Cellini pudesse ser frente aos mecenas, o fato é que em última análise sua arte dependia deles. Houve em sua vida um momento em que a desigualdade desse confronto de forças ficou clara para ele. Cellini enviou a Filipe II da Espanha um Cristo nu esculpido em mármore, ao qual o rei maldosamente pespegou uma folha de figueira em ouro. Cellini protestou, afirmando que o caráter único de sua obra fora conspurcado, ao que Filipe II retrucou: "Ela é minha."

Diríamos hoje que era uma questão de integridade — a integridade da coisa em si mesma —, mas também é uma questão da posição social daquele que a fez. Como frisa insistentemente em sua autobiografia, Cellini não estava sujeito às regras de avaliação de um cortesão, mediante um título formal ou uma função na corte. Mas aquele que se destaca ainda precisa *demonstrar* seu valor. O ourives medieval fornecia provas do seu valor através de rituais comunitários, e provas do valor de seu trabalho na lentidão e no cuidado do processo. Esses referenciais são irrelevantes na avaliação da originalidade. Ponha-se você mesmo na posição de Filipe II: como avaliaria um objeto tão incomum e original? Diante da reação de Cellini — "Eu sou um artista! Não toque no que eu fiz!" —, você, em sua real majestade, poderia pensar: "Como é que ele ousa?"

Um último e notável fato a respeito da *Autobiografia* de Cellini é que suas experiências de dependência não correspondida e incompreensão aumentaram ainda mais sua presunção. Reiteradas vezes, nessas páginas, a humilhação frente a um mecenas mergulha o autor em surtos de introspecção. Era uma condição oposta à dos isolados passivos e taciturnos encontrados nas páginas da *Anatomy of Melancholy*, de Burton. Aqui, o artista renascentista pode ser considerado o primeiro homem moderno emblemático: ativo e portanto sofrendo, voltado para dentro, buscando refúgio em sua "criatividade autônoma". Nessa visão, a criatividade está dentro de nós, não importando como nos trate a sociedade.

Essa convicção tornou-se profundamente arraigada na filosofia do Renascimento. Manifesta-se nos escritos do filósofo Pico della Mirandola, que considerava que a expressão *Homo faber* designava o "homem que faz a si mesmo". Pico foi uma das fontes (não identificadas) de Hannah Arendt; sua *Oração sobre a dignidade do homem*, de 1486, baseava-se na convicção de que, à medida que se esvai a força do costume e da tradição, os indivíduos se veem obrigados a "fazer experiências" por si mesmos. A vida de cada um é uma narrativa em que o autor não sabe como acabará a história. Para Pico, a perfeita representação do *Homo faber* era Ulisses, viajando pelo mundo, sem saber aonde iria dar. Uma ideia equivalente do homem que faz a si mesmo pode ser encontrada em Shakespeare, quando Coriolano afirma: "Sou o construtor de mim mesmo", assim desafiando o adágio de Agostinho, que advertia: "Mantenham distância do eu! É tocá-lo e causar destruição!"[25]

A arte desempenha um papel especial nessa viagem da vida, pelo menos para os artistas. A obra de arte torna-se uma espécie de boia no mar, assinalando o rumo da jornada. Ao contrário do marinheiro, contudo, o artista estabelece seu próprio rumo, dispondo ele mesmo essas boias. É assim, por exemplo, que procede Giorgio Vasari em *As vidas dos artistas* (1568), um dos primeiros livros sobre carreiras artísticas. As "vidas" de Vasari são de artistas que se desenvolvem internamente, que produziram obras enfrentando toda sorte de obstáculos, artistas de impulso criador autônomo. As obras de arte são a prova de uma vida interior que se sustém mesmo diante da humilhação e da incompreensão — como efetivamente acontecia às vezes com Cellini. Os artistas do Renascimento descobriram que a originalidade não proporcionava sólidas bases *sociais* de autonomia.

O artista desprezado ou incompreendido tem uma longa trajetória na alta cultura ocidental, em todas as artes. Cellini é o problemático antepassado de Mozart em seu envolvimento com o arcebispo de Salzburgo no século XVIII, da luta de Le Corbusier com os elementos mais tacanhos da Universidade de Harvard na tentativa de construir o Centro Carpenter de Artes Visuais no século XX. A originalidade traz à superfície as relações de poder entre artista e mecenas. A este respeito, o sociólogo Norbert Elias nos lembra que, nas sociedades cortesãs, o vínculo de obrigação mútua era distorcido. O duque ou o cardeal pagava as contas do comerciante quando lhe convinha; como muitos outros, Cellini levou para o túmulo volumosas dívidas reais.

A história de Cellini, assim, permite estabelecer um certo contraste sociológico entre o artesanato e a arte. Os dois se distinguem, inicialmente, pelos seus agentes: a arte conta com um agente central ou dominante, enquanto o artesanato tem um agente coletivo. Distinguem-se, em seguida, pelo tempo: o súbito contra o lento. Por último, são efetivamente diferenciados pela autonomia, mas de uma maneira surpreendente: o artista solitário e original pode ter sido menos autônomo, mais dependente do poder intolerante ou voluntarioso, e portanto mais vulnerável, que o corpo de artífices. Essas diferenças ainda fazem sentido para pessoas que não se encontram no pequeno grupo dos artistas profissionais.

Trabalhadores sem motivação como os operários da construção soviéticos ou desmotivados como os médicos e enfermeiros britânicos não sofrem tanto com o trabalho que executam, mas com a maneira como é organizado. Por isto é que não devemos abrir mão da oficina como espaço social. No passado como no presente, as oficinas estabelecem um movimento de coesão entre as pessoas através dos rituais do trabalho, seja um cafezinho tomado no corredor ou uma parada urbana; através do ensino e orientação, seja na formalizada paternidade de substituição da época medieval ou no aconselhamento informal no local de trabalho; através da troca direta de informações.

A tendência histórica, por esses motivos, é mais complicada que uma simples história de declínio; um novo e inquietante conjunto de valores de trabalho veio somar-se à oficina sociável. A moderna ideologia gerencial exorta até mesmo os trabalhadores de nível mais baixo a trabalhar de maneira "criativa", dando mostra de originalidade. No passado, o atendimento dessa exigência era motivo de aflição. O artista renascentista ainda precisava de uma oficina, e nela os seus assistentes certamente aprendiam pelo exemplo do mestre. O teor dessa mestria viria a mudar; as características de distinção e originalidade passavam agora a apresentar-lhe um problema de motivação. Ele precisaria da vontade de lutar para validá-las. Sua honra adquiria um caráter antagônico. A oficina seria para ele um refúgio frente à sociedade.

"Ele levou o segredo para o túmulo"

Na oficina de Stradivari

Em sua *Autobiografia*, Cellini afirma que "os segredos de sua arte iriam para o túmulo" com ele.[26] Sua ousadia inovadora certamente não podia ser transmitida nas comemorações, cortejos e orações de épocas anteriores; o valor do trabalho residia em sua originalidade. Estabelecia-se assim um limite concreto para a viabilidade da vida da oficina a longo prazo. Para recorrer à linguagem moderna, a transferência do conhecimento tornou-se difícil; a originalidade do mestre dificultava a transferência. Esta dificuldade persiste, nos laboratórios científicos como nos estúdios dos artistas. Embora num laboratório o neófito possa ser prontamente introduzido aos procedimentos, já é mais difícil para um cientista transmitir a capacidade de procurar desconfiado novos problemas enquanto resolve os antigos ou explicar a intuição, decorrente da experiência, de que determinado problema tem todas as chances de dar num beco sem saída.

A dificuldade da transferência do conhecimento levanta a questão de saber *por que* tem de ser tão difícil, por que se transforma num segredo pessoal. Não é o que acontece, por exemplo, em muitos conservatórios de música; seja nas aulas individuais, nas *master classes* ou ainda em oficinas de discussão, a expressão é constantemente analisada e refinada. Na famosa Classe 19 de Mstislav Rostropovich no Conservatório de Moscou nas décadas de 1950 e 1960, o grande violoncelista recorria a todas as ferramentas possíveis — romances, piadas e vodca, além da estrita análise musical — para coagir os alunos a se tornarem mais expressivos individualmente.[27] Mas na fabricação de instrumentos musicais os segredos de mestres como Antonio Stradivari ou Guarneri del Gesù efetivamente morreram com eles. Montanhas de dinheiro e incontáveis experiências não foram capazes de reviver os segredos desses mestres. Algo no modo de funcionamento dessas oficinas devia impedir a transferência do conhecimento.

❖

Quando começou a fazer violinos, Antonio Stradivari fazia parte de uma tradição em que os padrões de entalhe do tampo harmônico, do fundo e das cravelhas dos instrumentos de cordas haviam sido estabelecidos por Andrea Amati um século antes. Posteriormente, os *luthiers* (fabricantes de instrumentos de cordas em geral) renderiam preito de lealdade a esses mestres de Cremona e ao vizinho austríaco Jacob Stainer. Muitos foram treinados nas oficinas de seus discípulos; outros aprenderam consertando antigos instrumentos que chegaram a suas mãos. Manuais de entalhe existiam desde as origens da *lutherie* no Renascimento, mas os textos eram pouco numerosos e dispendiosos para obter; o treinamento técnico envolvia contato direto com os instrumentos, sendo passado verbalmente de geração em geração. Geralmente, o jovem *luthier* tinha nas mãos, copiava ou consertava um original ou um protótipo de Amati. Foi o método de transferência do conhecimento herdado por Stradivari.

Por dentro, a oficina de Stradivari também continuava ligada ao passado na medida em que, como no caso das oficinas de outros *luthiers*, o espaço físico era ao mesmo tempo local de trabalho e residência, ocupada pela família de Stradivari e muitos jovens aprendizes do sexo masculino e inquilinos trabalhando como jornaleiros. As horas do dia eram ocupadas pelo trabalho. A oficina funcionava do alvorecer ao pôr-do-sol, ficando as equipes de trabalho literalmente presas às bancadas, já que os aprendizes solteiros dormiam debaixo delas, em sacos de palha. Tal como no passado, os filhos homens de Stradivari aprendendo o ofício estavam submetidos às mesmas regras que os aprendizes hospedados na oficina.

Na repartição do trabalho, os mais jovens geralmente desempenhavam as tarefas preparatórias, como mergulhar a madeira na água e proceder aos primeiros cortes e modelagens. Os jornaleiros ocupando posição mais elevada refinavam o entalhe do tampo harmônico e a montagem do braço, e o próprio mestre se encarregava da montagem definitiva das partes e do verniz, sendo esta camada protetora da madeira a garantia final da sonoridade. O mestre, entretanto, estava presente em todos os momentos da produção. Sabemos, graças às pesquisas de Toby Faber, que Stradivari cuidava dos menores detalhes da produção de seus violinos. Embora raramente viajasse, dentro de casa movimentava-se constantemente, não ficando confinado num escritório — figura dominadora e mesmo intimidante que às vezes se entregava a espetaculares explosões de raiva, distribuindo instruções e exortações.[28]

Mas o fato é que o ourives medieval não se teria sentido à vontade aqui. Como a oficina de Cellini, a de Stradivari girava em torno do extraordinário talento de um indivíduo. Mas o próprio Cellini também poderia encontrar dificuldade para entendê-la: o mestre agora se apresentava diante do mercado aberto, e não de um ou alguns poucos mecenas. Na época de Stradivari, também haviam aumentado radicalmente o número de *luthiers* e o volume de instrumentos produzidos. A oferta começou a superar a demanda. Até mesmo Stradivari, tendo conquistado fama tão cedo, tinha de se preocupar com os mercados, pois lidava com muitos clientes particulares e o apoio desse mercado revelava-se instável, especialmente no fim de sua longa vida. No ambiente de declínio econômico da década de 1720, sua oficina precisava cortar custos, e boa parte da produção era estocada.[29] As rachaduras na hierarquia da oficina foram aumentando, em consequência das incertezas do mercado aberto; aprendizes mais ambiciosos, vendo que até um mestre tão famoso encarava destino incerto, começaram a encurtar os últimos anos de seus contratos. O que ainda seria inusitado na época do *Livre des métiers* tornava-se agora normal: o mercado aberto diminuiu o alcance temporal do domínio do mestre.

O mercado também aprofundou as desigualdades semeadas com as imagens de marca que começaram a ser introduzidas no artesanato durante o Renascimento. Já na década de 1680, o sucesso de Stradivari começou a pressionar outras famílias, como os Guarneri, cujo negócio foi fundado por Andrea Guarneri. O avô Bartolomeo Giuseppe, conhecido como "del Gesù", trabalhava à sombra de Stradivari. "Em contraste com a vasta clientela internacional de Antonio Stradivari", relata o biógrafo de Guarneri, seus "clientes eram em grande medida (...) modestos instrumentistas cremoneses que [tocavam em] palácios e igrejas em Cremona e sua região."[30] Fabricante de grandeza equiparável à de Stradivari, del Gesù foi capaz de manter sua oficina aberta por apenas 15 anos; teve inclusive mais dificuldade para preservar os melhores aprendizes.

Ao morrer, Antonio Stradivari deixou seu negócio para os dois filhos, Omobono e Francesco, que nunca se casaram e passaram toda a vida adulta na casa do pai, como seus empregados e herdeiros. Continuaram por vários anos capitalizando seu nome, mas o negócio acabou soçobrando. Ele não lhes ensinara, não teria podido ensinar-lhes como se tornarem gênios. (Os instrumentos por eles construídos que pude ter nas mãos e tocar são excelentes, mas apenas isto.)

Temos aqui, então, o breve resumo da morte de uma oficina. Há quase três séculos os *luthiers* tentam ressuscitar esse cadáver para recuperar os segredos que Stradivari e Guarneri del Gesù levaram para o túmulo. Essa investigação sobre a originalidade teve início ainda em vida dos filhos de Stradivari. Os imitadores de Guarneri del Gesù começaram a trabalhar cerca de oitenta anos depois de sua morte, inspirados pela falsa história de que teria confeccionado seus melhores violinos na prisão. Hoje, as análises do trabalho desses mestres seguem três direções: cópias fisicamente exatas da forma dos instrumentos; análises químicas do verniz; e uma vertente fazendo o percurso inverso da lógica da sonoridade (partindo-se do princípio de que seria possível imitá-la em instrumentos que não tenham a exata aparência de um Strad ou de um Guarneri). Ainda assim, como observou o violinista Arnold Steinhardt, do Quarteto Guarneri, um músico profissional é capaz de distinguir quase instantaneamente entre um original e uma cópia.[31]

Falta nessas análises uma reconstrução das oficinas do mestre — mais exatamente, é um elemento que se perdeu irrecuperavelmente. Trata-se da absorção no conhecimento tácito, não dito nem codificado em palavras, que ocorreu nesses locais e se transformou em hábito, através dos milhares de gestos quotidianos que acabam configurando uma prática. O fato mais importante que sabemos a respeito da oficina de Stradivari é que ele estava presente o tempo todo, aparecendo inesperadamente em toda parte, reunindo e processando os milhares de elementos de informação que não podiam ter o mesmo significado para assistentes empenhados apenas na consecução de determinada parte. O mesmo se aplica aos laboratórios científicos dirigidos por gênios idiossincráticos; a cabeça do mestre fica cheia de informações cujo significado só ele pode alcançar. Por isso é que os segredos do físico Enrico Fermi, como grande experimentador, não podem ser compreendidos pelo exame dos detalhes de seus procedimentos laboratoriais.

Para transpor esta observação para o plano abstrato: numa oficina dominada pela individualidade e a peculiaridade do mestre, também é provável que domine o conhecimento tácito. Após sua morte, os passos, soluções e percepções por ele somados à totalidade do trabalho não podem ser recuperados; não há como pedir-lhe que torne explícito o tácito.

Teoricamente, a oficina bem gerida deve equilibrar conhecimento tácito e explícito. Os mestres devem ser insistentemente induzidos a se explicar, para expressarem o conjunto de passos e soluções que absorveram em silêncio — se pelo menos forem capazes de fazê-lo e o quiserem. Boa parte de sua autoridade deriva do fato de enxergarem o que os outros não enxergam, sabendo o que não sabem; sua autoridade torna-se manifesta em seu silêncio. Será então que estaríamos dispostos a sacrificar a qualidade dos cellos e violinos de Stradivari em nome de uma oficina mais democrática?

No século XVII, o indivíduo mais atento ao problema da transferência do conhecimento era o poeta John Donne. Ele expôs a questão da singularidade em termos de descoberta científica, imaginando o inovador como uma fênix erguendo-se das cinzas da tradição e do senso comum, nesses versos famosos:

> Príncipe, Súdito, Pai e Filho são coisas esquecidas,
> Pois todo homem acha que deveria
> Ser uma Fênix, e que não pode haver
> Nenhuma outra da espécie, senão ele.[32]

Hoje a dificuldade da recuperação dos segredos do gênio lança luz sobre o contraste que estabelecemos no primeiro capítulo entre os dois padrões artesanais de qualidade: o padrão absoluto como oposto à qualidade da prática. Os mestres estabelecem um padrão absoluto, que frequentemente se revela impossível de reproduzir. Mas a questão democrática que acabamos de levantar deve ser levada a sério. Por que tentar recuperar a originalidade de alguém? O *luthier* moderno quer ser capaz de continuar fabricando violinos; quer produzir os melhores violinos possíveis em função de suas próprias capacidades, em vez de ficar imobilizado, aprisionado pela imitação estéril. São os direitos da prática tentando impor-se sobre a correção. E no entanto... O violoncelo Stradivarius conhecido como Davidoff define o que pode ser um violoncelo, o que é possível; estabelece um padrão que, uma vez ouvida sua sonoridade, não pode ser esquecido, especialmente por quem está confeccionando um violoncelo.

"Ele levou o segredo para o túmulo" tem particular efeito na ciência. O sociólogo Robert K. Merton tentou explicar a transferência do conhecimento científico invocando a famosa imagem do "pôr-se de pé nos ombros de gigantes".[33] Queria dizer com isto duas coisas: primeiro, que o trabalho dos grandes cientistas estabelece os termos de referência, as órbitas dentro das quais cientistas de menor padrão girarão; depois, que o conhecimento é aditivo e cumulativo; ele cresce com o tempo, à medida que as pessoas se postam nos ombros dos gigantes, como aquelas pirâmides humanas no circo.

No artesanato, a ideia de Merton seria aplicável aos construtores da catedral de Salisbury, cujo labor funcionou no interior da órbita dos antepassados — fossem ou não gigantes. A ideia poderia explicar os rituais dos ourives medievais; eles celebravam os padrões fixados pelos fundadores monásticos da guilda, como pais. Embora seu modelo lance luz sobre pedreiros e ourives, já seria mais difícil aplicá-lo ao universo mais moderno da oficina de Stradivari. O desejo de postar-se sobre os ombros do *luthier* certamente se tem manifestado desde sua morte; mas a tentativa revelou-se frustrante na busca de alguma base sólida; pensar num gigante pode ser paralisante. Na prática, fazemos algo distinto e peculiar sempre que resolvemos espinhosas questões práticas, por menores que sejam. Mas um cientista já está tão distante da possibilidade de esquecer a ambição de Einstein quanto um fabricante de instrumentos de dar as costas ao som de um Stradivarius.

❖

A história da oficina mostra, em suma, como manter as pessoas unidas e coesas. Os ingredientes essenciais da receita eram a religião e o ritual. Numa era mais secular, eles foram substituídos pela originalidade — uma condição diferente, em suas condições práticas, da autonomia, implicando o conceito de originalidade na oficina uma nova forma de autoridade, uma autoridade frequentemente efêmera e silenciosa.

Uma característica do mundo moderno é o fato de nos termos tornado tão preocupados em render preito de obediência à autoridade nessa manifestação personalizada quanto à autoridade de tipo mais antigo e religioso. Para citar apenas um exemplo desse tipo de preocupação: Étienne de La Boétie, um quase contemporâneo de Cellini, foi um dos primeiros a questionar a submissão à autoridade através da admiração ou da imitação. Na sua opinião, as pessoas são mais capazes de liberdade. Em seu *Discurso sobre a servidão voluntária*, escreveu ele: "Tantos homens, tantas aldeias, tantas cidades, tantas nações sofrem às vezes sob um único tirano que dispõe apenas dos poderes por eles mesmos conferidos; que não lhes poderia fazer absolutamente mal algum, a menos que preferissem acomodar-se, em vez de contradizê-lo. (...) São portanto esses mesmos habitantes que permitem, ou antes ocasionam sua própria servidão."[34] A servidão pela admiração ou a tradição deve ser descartada. Caso a tese esteja certa, a oficina não pode ser um lar confortável para o artífice, pois sua própria essência está na autoridade personalizada e direta do conhecimento. E no entanto ela é um lar necessário. Como não pode haver trabalho qualificado sem padrões, é infinitamente preferível que esses padrões se encarnem num ser humano do que num código de práticas estático e sem vida. A oficina do artífice é um lugar em que o conflito moderno e talvez sem solução entre a autonomia e a autoridade se exaure.

CAPÍTULO 3

Máquinas

O maior dilema enfrentado pelo moderno artífice-artesão é a máquina. Seria ela uma ferramenta amistosa ou um inimigo substituindo o trabalho da mão humana? Na história econômica do trabalho manual qualificado, a maquinaria que começou amistosamente muitas vezes acabou como inimiga. Tecelões, padeiros e metalúrgicos adotaram ferramentas que acabaram por se voltar contra eles. Hoje, o advento da microeletrônica significa que máquinas inteligentes podem invadir universos de trabalho de colarinho-branco outrora reservados ao tirocínio humano, como os diagnósticos médicos e os serviços financeiros.

O atrativo do CAD está na velocidade, no fato de que nunca se cansa e na verdade, também, na realidade de que suas capacidades de computação são superiores às de qualquer um que desenvolva um desenho à mão. Mas as pessoas podem ter de pagar um preço pessoal pela mecanização; a má utilização da programação do CAD diminuiu a compreensão mental de seus usuários. Parece uma história triste, mas talvez possa ser contada de outra maneira. Será que nós, em nossa muito comparativa imperfeição, teríamos algo de positivo a aprender com o fato de sermos humanos?

Não só os escritores, mas também os trabalhadores se engajaram nessa questão filosófica no alvorecer da era industrial, no século XVIII. Seus argumentos e observações baseavam-se numa experiência de cultura material que em muito antecedia a produção pela máquina.

Já no século XV, a Europa se banhava no que o historiador Simon Schama chamou de "superabundância de riquezas", uma nova cornucópia de bens materiais.[1] No Renascimento, o comércio com os outros continentes e o número cada vez maior de artesãos trabalhando nas cidades ampliou muito a quantidade de produtos em circulação. Jerry Brotton e Lisa Jardine falam da "onda de novos objetos materiais" que chegou às casas dos italianos no século XV.[2] No início do século seguinte, havia na Holanda, na Grã-Bretanha e na França "uma demanda inédita de mesas, escrivaninhas, aparadores, conjuntos de prateleiras e armários de cozinha, todos necessários à arrumação da casa e à exibição de novas posses", nas palavras de John Hake.[3] À medida que a abundância material descia a escala social, ampliava-se para as esferas mais comuns, como a posse de várias caçarolas para cozinhar, diferentes pratos para comer, mais de um par de sapatos e diversas roupas para as diferentes estações. Objetos que hoje damos por certos no uso diário ficavam cada vez mais ao alcance das pessoas comuns.[4]

Foi na descrição dessa avalanche de objetos que Schama utilizou a expressão "superabundância de riquezas" ao se referir aos holandeses dos séculos XVI e XVII, há muito habituados a economizar e regatear. A expressão pode ser enganosa, pois no alvorecer da era moderna era frequentemente com ansiedade que as pessoas reagiam à abundância de objetos à sua disposição. A ampliação desse mundo de objetos suscitou intensa preocupação teológica com a sedução material, em círculos tanto da Reforma quanto da Contrarreforma; por baixo do horizonte teológico, este temor se aplicava até mesmo a objetos inócuos da vida quotidiana como os brinquedos infantis.

Foi no fim do século XVI e no início do XVII que as crianças europeias começaram a desfrutar dessa abundância de brinquedos. Até então — por estranho que nos pareça —, os adultos é que se divertiam com bonecas, soldados de brinquedo e outros artefatos da infância; eram brinquedos raros e caros. Com a queda dos custos, a produção de brinquedos aumentou. Nesse processo, passaram também a ser objetos característicos da infância. O aumento do número de brinquedos levou aos primeiros debates sobre o risco de "mimar" as crianças.

O advento das máquinas no século XVIII veio apenas aumentar essa ansiedade ante a abundância. Questões imemoriais ligadas à privação e à falta não deixaram de existir — as massas europeias ainda viviam numa sociedade da escassez —, mas a produção mecânica de serviços de mesa, roupas, tijolos e vidro viria acrescentar mais uma dimensão preocupante: como utilizar bem todos esses produtos, de que serviria a abundância, como não se deixar corromper pelas posses?

No cômputo final, o século XVIII abriu-se às virtudes da abundância produzida mecanicamente, e o mesmo se deve aplicar a nós. Como consumidores, a máquina prometia então melhorar e já no século XXI melhorou infinitamente nossa qualidade de vida; mais e melhores remédios, casas, alimentos — a lista seria infindável. Sob muitos aspectos, a qualidade de vida material dos trabalhadores pobres europeus na era moderna é mais elevada que a das classes burguesas do século XVII. Até Martin Heidegger acabou instalando eletricidade e encanamentos modernos em sua cabana na Floresta Negra. O que mais preocupava os autores do Iluminismo era o aspecto produtivo da máquina, sua influência na experiência da produção — preocupação ainda hoje presente.

Para certas personalidades do Iluminismo, a superioridade das máquinas não devia ser motivo de desespero para os homens. Isaac Newton, afinal, falara da natureza como uma gigantesca máquina, visão levada ao extremo no século XVIII por autores como Julien Offray de la Mettrie. Outros pensadores abraçavam uma visão de aperfeiçoamento racional, progresso e "perfectibilidade do Homem", com base na eficiência de novas maquinarias, como a máquina a vapor de James Watt. Mas outros ainda encaravam de outra maneira este modelo, e não como tradicionalistas recusando o novo: na verdade, a comparação entre o homem e a máquina os levava a pensar mais no homem. Virtudes de moderação e simplicidade vieram a primeiro plano como contribuição do homem à cultura; nenhuma delas poderia ser considerada mecânica. As pessoas voltadas nessa direção demonstravam particular interesse pelas habilidades artesanais, que pareciam oferecer uma mediação entre a abundância maquinal e o humildemente humano.

Em termos sociais, os artesãos deram um novo passo. A máquina a vapor de Watt, criada em oficinas do século XVIII em condições que se assemelhavam às do estúdio de Antonio Stradivari, logo passaria a ser fabricada e utilizada num ambiente social radicalmente diferente. A fórmula de fabricação de uma máquina a vapor foi perfeitamente codificada em documentos em 1823; o mestre — e sabemos que Watt se comportava como um Stradivari da engenharia — já não tinha segredos. O que antecipava uma mudança maior verificada na engenharia do século XIX, e que já se nos afigurou na história das plantas: um movimento do conhecimento prático para a autoridade dominante do conhecimento explícito. Naturalmente, o trabalho de oficina teve prosseguimento sob várias formas, nas artes, no quotidiano do comércio, tal como nas ciências, mas a oficina parecia cada vez mais apenas um meio de estabelecer uma outra instituição: ela era uma estação intermediária para a fábrica.

À medida que amadurecia a cultura da máquina, o artífice do século XIX parecia cada vez menos um mediador e mais um inimigo da máquina. Frente à rigorosa perfeição desta, ele se tornava um símbolo da individualidade humana, configurado concretamente no valor positivo atribuído às variações, defeitos e irregularidades do trabalho manual. No século XVIII, a fabricação de vidro antecipara essa mudança nos valores culturais; já agora, os escritos de John Ruskin, o grande analista romântico do artesanato, lamentavam a perda das oficinas da era pré-industrial e transformavam o labor do artífice num estandarte de resistência — resistência ao capitalismo associada à resistência às máquinas.

Essas mudanças culturais e sociais ainda estão presentes entre nós. Em termos culturais, ainda lutamos por entender positivamente nossos limites, em comparação com o mecânico; socialmente, ainda lutamos com o antitecnologismo; o trabalho artesanal continua sendo o foco em ambos os casos.

A ferramenta-espelho

Replicantes e robôs

Uma ferramenta-espelho — expressão cunhada por mim — é um utensílio que nos convida a pensar sobre nós mesmos. Existem dois tipos de ferramentas-espelho: o replicante e o robô.

O nome moderno do primeiro vem do filme *Blade Runner*, apresentando cópias de seres humanos. As mulheres perfeitas do romance *Mulheres perfeitas*, de Ira Levin, também são replicantes. No mundo real, os marcapassos funcionam como máquinas replicantes, fornecendo a carga energética necessária para que o coração funcione como deveria funcionar biologicamente. Todos esses artifícios nos espelham ao nos imitar.

Em contraste, uma máquina robótica somos nós mesmos ampliados: ela é mais forte, trabalha com mais rapidez e nunca se cansa. Ainda assim, conferimos sentido a suas funções pela referência a nossa própria medida humana. O pequeno iPod, por exemplo, é dotado da memória de um robô; atualmente, esta máquina pode conter mais de 35 mil minutos de música, quase toda a produção de Bach, o que é mais do que seria capaz de lembrar qualquer cérebro humano. O robô é como esses espelhos de quermesse, ampliando a memória humana até um tamanho gigantesco. Mas essa memória gigantesca é organizada tecnicamente para servir à pequena medida humana da canção ou outras formas musicais de extensão compreensível. Os usuários do iPod nunca utilizam em dado momento toda a capacidade de memória da máquina.

Existe uma zona de ambiguidade entre o replicante e o robô, entre a imitação e a ampliação. No filme *Blade Runner*, as cópias replicantes de seres humanos ampliam os aspectos particularmente brutais e odiosos da vida quotidiana. Em sentido inverso, o *Frankenstein* de Mary Shelley conta a história de um gigante feito pelo homem que quer ser um replicante, tratado como um simples ser humano. De maneira geral, contudo, o replicante nos mostra como somos, e o robô, como poderíamos ser.

Tamanho e escala representam duas medidas da real amplitude do "ampliado". Na arquitetura, prédios muito grandes podem aparentar uma escala humana íntima, enquanto certas estruturas menores parecem colossais. Para o historiador Geoffrey Scott, certas igrejas barrocas de grandes proporções parecem ter dimensões íntimas porque as ondulações de suas paredes e da decoração imitam os movimentos do corpo humano, ao passo que o pequeno e imóvel Tempietto de Bramante se nos afigura tão grande e amplo quanto o Panteão que lhe serviu de modelo.[5] A mesma distinção entre tamanho e escala se aplica às máquinas; a máquina de hemodiálise é um grande replicante, os robôs comedores de atmosfera do gabinete de horrores do astrofísico Martin Rees são microrrobôs.

Na época do Iluminismo, quando começaram a ser construídos replicantes exatos, as máquinas pareciam inicialmente brinquedos benignos. Em 1738, uma loja parisiense exibiu um extraordinário autômato construído por Jacques de Vaucanson, um inventor mecânico de formação jesuítica. Seu *Flautista* era uma figura de tamanho natural, com 1,67 metro de altura. Mas a verdadeira maravilha estava na flauta por ele tocada, pois uma figura mecânica muito mais facilmente poderia tocar um cravo, precisando para isso apenas ferir uma tecla. O problema na flauta é que a sonoridade deriva não só da ação dos dedos, mas também da respiração. Pouco depois, Vaucanson criou um *Pato que Defeca*, criatura mecânica que parecia ingerir grãos pela boca e logo depois expeli-los pelo ânus. O pato revelou-se uma fraude (o ânus continha grãos), apesar de interessante; o *Flautista* era autêntico.[6]

Para que o flautista funcionasse, Vaucanson criou, na base da figura, um complicado sistema de nove rugidos que passavam para o peito do robô através de três tubos, que forneciam o fôlego; um conjunto de alavancas operava uma língua mecânica e um outro movimentava os lábios. Era uma pura maravilha mecânica. Voltaire evocaria o assombro causado referindo-se a Vaucanson como "o Prometeu moderno".

Mas esta máquina continuava sendo um replicante, pois o *Flautista* não era nenhum deus. O autômato de Vaucanson não tocava com mais rapidez que um flautista humano. Como artista, era limitado, produzindo apenas contrastes simples entre sons fortes e fracos e revelando-se incapaz do legato que dissolve uma nota na seguinte. Era, portanto, um replicante tranquilizador; seu funcionamento podia ser avaliado pelos padrões da musicalidade humana. O estímulo que proporcionava à imaginação dos visitantes da loja de Vaucanson estava na tentativa de entender o funcionamento da mímica: como era possível que nove rugidos presos a três tubos equivalessem à respiração humana?

Este replicante, infelizmente, deu origem a um robô. Luís XV, embora não tivesse inclinações científicas, pensou com seus botões que o talento de Vaucanson poderia ter melhor utilização que na fabricação de brinquedos intrigantes. Em 1741, incumbiu o inventor da manufatura francesa de sedas. A seda fabricada na França no início do século XVIII, especialmente em Lyon, não era de qualidade uniforme: as ferramentas eram medíocres, os tecelões, mal remunerados, frequentemente estavam em greve. Valendo-se da experiência adquirida com o replicante, Vaucanson tentou criar um robô que eliminasse o problema humano.

Transpôs então o conhecimento da tensão respiratória adquirido com o *Flautista* para as máquinas de tecelagem que deviam manter tensionados os fios. A ação de ir e vir da lançadeira de suas máquinas dava-se pela minuciosa e precisa mensuração da tensão, e portanto também da firmeza da fiação; até então, os trabalhadores agiam pela "percepção" e a inspeção visual. O tear, por sua vez, aumentou o número de fios coloridos de seda que podiam ser mantidos sob igual tensão no processo de tecelagem, em número muito maior que o até então manuseável por um ser humano.

Em Lyon, como em outras cidades, o investimento em máquinas dessa natureza tornou-se mais acessível que o investimento em mão-de-obra, além de resultar em um produto mais bem acabado. Gaby Woods mata a charada ao observar que, enquanto o *Flautista* "destinava-se ao entretenimento do homem", os teares de Vaucanson em Lyon "pretendiam mostrar ao homem que ele era dispensável".[7] Nas ruas de Lyon, Vaucanson era sistematicamente atacado pelos tecelões sempre que ousava dar as caras, nas décadas de 1740 e 1750. Irritou-os ainda mais ao conceber uma máquina para a tecelagem de intrincados padrões de flores e pássaros, sendo seu complexo tear movido por um burro.

Assim começava a clássica história da substituição do artífice pela máquina. As máquinas de Vaucanson parecem um germe econômico que adoeceu o moderno artesão; foi antes o robô que o replicante que contou essa negativa e ameaçadora história sobre os limites humanos. Que ferramentas-espelho mais amigáveis poderiam mostrar uma imagem mais positiva?

O artífice esclarecido

A Enciclopédia *de Diderot*

Para esclarecer esta questão, teremos de mergulhar na própria palavra *Iluminismo*, e podemos até nos afogar nesse empenho. Literalmente, *iluminismo* — *Aufklärung*, em alemão, *éclaircissement*, em francês — significa "lançar luz sobre"; a expressão francesa para designar historicamente o Iluminismo, *siècle des Lumières*, fala-nos do "século das Luzes". Entendido como processo de iluminação dos hábitos e costumes da sociedade pela razão, o Iluminismo virou jargão no século XVIII (mais ou menos como "identidade" hoje em dia), tornando-se a palavra de uso corrente em Paris na década de 1720 e chegando a Berlim uma geração depois. No meado do século, manifestaram-se um Iluminismo americano, tendo Benjamin Franklin como principal expoente, e um Iluminismo escocês formado por filósofos e economistas em busca de luzes mentais em meio à névoa de Edimburgo.

A maneira mais sucinta de entender a relação do "Iluminismo" com a cultura material, e especialmente com a máquina, será talvez viajar mentalmente até Berlim. Em dezembro de 1783, o teólogo Johann Zöllner convidou os leitores do *Berlinische Monatsschrift* a responder à seguinte pergunta: "Que é o Iluminismo?" O debate se alongaria por 12 anos no jornal. Muitos correspondentes respondiam à pergunta evocando o progresso e os aperfeiçoamentos. A energia do Iluminismo estava nessas palavras; o homem era capaz de assumir maior controle de sua situação material. O pastor Zöllner achou altamente perturbadoras essas respostas que celebravam a expansão, e não a limitação do poder humano. Seus párocos pareciam cheios de zelo quando ele lia na igreja as histórias da Bíblia sobre os pecados humanos; mas se mostravam apenas corteses quando lhes falava dos perigos enfrentados por suas almas imortais. A tolerância tornara-se uma prima polida da condescendência; de certa forma, a confiante razão era pior que as satânicas heresias cuspidas a fogo no passado.

Os principais escritores que responderam a sua pergunta tinham uma paixão: a capacidade do ser humano adulto de viver livre de dogmas. O mais vibrante manifesto dessa convicção apaixonada partiu de Immanuel Kant, escrevendo na edição de 30 de setembro de 1784 do *Berlinische Monatsschrift*: "O Iluminismo é a humanidade deixando para trás a imaturidade autoinfligida. *Imaturidade* é a incapacidade de se valer do próprio entendimento sem a orientação de um outro. Esta incapacidade é *autoinfligida* quando sua causa não se encontra na falta de entendimento, mas na falta de resolução e coragem de usá-lo sem a orientação de outra pessoa. *Sapere aude!* Tenha a coragem de usar seu próprio entendimento! é, portanto, o lema do iluminismo."[8] A ênfase, aqui, encontra-se no *ato* de raciocinar. A liberdade de raciocínio aperfeiçoa a mente descartando certezas infantis.

Esse tipo de raciocínio livre nada tem de mecânico. Considera-se às vezes que o século XVIII levou a sério demais a mecânica newtoniana. Foi o que fez Voltaire ao sustentar que a maquinaria da natureza explicada nas páginas de Newton, precisa e equilibrada com exatidão, devia servir de modelo para a ordem social, valendo a física como um padrão absoluto para a sociedade. Não era a maneira de raciocinar de Kant. Naturalmente, ele esperava que as superstições destrutivas perdessem ascendência sobre a mente adulta, mas não visualizava as rotinas maquinais como um substituto da oração. A mente livre sempre haverá de submeter suas regras e regulamentos à avaliação crítica, tratando portanto de mudá-los; a ênfase de Kant está no julgamento e na reflexão a respeito, e não no planejamento da ordem. Será então que a razão livre pode degradar-se na direção oposta da desordem? À medida que se enegreciam os horizontes da Revolução Francesa, até militantes políticos como Johann Adam Bergk se perguntavam se o livre raciocínio desencarnado não estaria desempenhando um papel no caos coletivo. Em 1796, o *Berlinische Monatsschrift* encerrou o debate.

As frases acima fazem alusão a um imenso mar em que as principais correntes são constituídas pela razão, a revolução e a tradição. Perdidas nessas correntes estão as páginas do debate travado no jornal em que era discutida a cultura de caráter mais material e quotidiano. A mais esclarecedora dessas discussões partiu de Moses Mendelssohn. Judeu de origem pobre que migrou para Berlim, pretendendo fazer-se rabino, Mendelssohn passaria a considerar demasiado acanhada e limitadora a formação talmúdica das sinagogas, tornando-se um filósofo versado em alemão, grego e latim. Em 1767, escreveu *Phaidon*, livro em que rompia com a fé dos antepassados para declarar sua crença numa religião da Natureza, num Iluminismo materialista. Sua contribuição para o debate sobre o Iluminismo no jornal desenvolvia esse pensamento materialista.

Mendelssohn montou uma equação: *Bildung = Kultur + Aufklärung.*[9] *Bildung* significa ao mesmo tempo educação, formação de valores e o comportamento pelo qual conduzimos nosso caminho nas relações sociais. *Aufklärung* é a razão livre de Kant. *Kultur*, explica Mendelssohn, denota o mundo prático das "coisas feitas e não feitas", e não apenas boas maneiras e gosto refinado.[10] O filósofo tinha uma visão ampla e generosa da cultura prática. Considerava que as "coisas feitas e não feitas" da esfera da vida comum valem tanto quanto qualquer abstração; refletindo sobre elas de maneira racional, podemos nos aperfeiçoar.

Bildung = Kultur + Aufklärung era uma destilação de leituras feitas por Mendelssohn num livro admirável:[11] a *Enciclopédia, ou Dicionário de artes e ofícios*, editada principalmente por Denis Diderot. Publicados entre 1751 e 1772, os 35 volumes da *Enciclopédia* transformaram-se num best-seller que interessou leitores tão diversos quanto Catarina a Grande da Rússia ou os comerciantes de Nova York.[12] Seus tomos descreviam exaustivamente, em palavras e imagens, como as coisas práticas são feitas, propondo maneiras de aperfeiçoá-las. Era grande a diferença de ênfase entre os *encyclopédistes* e os autores alemães: para os franceses, as práticas diárias do trabalho é que são o foco principal, e não o autoconhecimento kantiano ou a autoformação mendelssohniana. Desta ênfase é que derivou o credo da *Enciclopédia*, celebrando aqueles que se dedicam ao trabalho benfeito por si mesmo; o artífice se destacava como símbolo do Iluminismo. Sobre esses homens e mulheres exemplares, contudo, pairava o espectro dos robôs de Vaucanson, seus fantasmas newtonianos.

Para entender essa bíblia da habilidade artesanal precisamos entender as motivações dos autores. Diderot era um provinciano pobre que migrou para Paris, onde falava sem parar, tinha amigos demais e gastava o dinheiro dos outros.[13] Boa parte de sua vida foi gasta em trabalhos literários rotineiros para pagar as dívidas; inicialmente, a *Enciclopédia* pareceu-lhe apenas mais uma maneira de manter os credores a distância. O projeto teve início como uma tradução para o francês do *Dicionário universal de artes e ciências* (1728) do inglês Ephraim Chambers, coletânea encantadora e algo desorganizada de peças escritas por um "virtuose" das ciências — significando "virtuose" no meado do século XVIII um amador de grande curiosidade. Uma das ocupações do escrevinhador profissional consistia em alimentar a curiosidade do virtuose, fornecendo pedacinhos digeríveis de informação e quem sabe algumas frases bem tiradas que pudesse usar na conversa elegante como se fossem suas.

A perspectiva de traduzir várias centenas de páginas dessas trivialidades apetitosas muito justificadamente deixou deprimido um homem dos dotes de Diderot. Tendo posto mãos à obra, ele tratou de imprimir-lhe novo rumo. Logo o texto de Chambers seria deixado de lado; foram convocados colaboradores capazes de escrever artigos mais longos e profundos.[14] A *Enciclopédia* visava, é bem verdade, ao leitor comum, não pretendendo servir de manual técnico para especialistas. Diderot queria estimular o filósofo e não o virtuose que havia em seus leitores.

Globalmente, como poderia a *Enciclopédia* sustentar que o labor do artífice simbolizava o Iluminismo?

Acima de tudo, pondo as atividades manuais em pé de igualdade com o trabalho mental. A ideia global era contundente; a *Enciclopédia* demonstrava desprezo pelos membros das elites hereditárias que não trabalham e portanto em nada contribuem para a sociedade. Devolvendo ao trabalhador manual algo de seu arcaico prestígio grego, os enciclopedistas lançavam um desafio de força igual ao ataque de Kant contra os privilégios tradicionais, mas de caráter diferente: é antes o trabalho útil que a razão livre que desafia o passado. O próprio avanço do alfabeto contribuía para a convicção enciclopedista da equivalência ética entre o trabalho manual e atividades supostamente mais elevadas. Em francês, *roi* (rei) fica perto de *rôtisseur* (assador de carnes ou aves), assim como, em inglês, *knit* (tricotar) vem depois de *king* (rei). Como observa o historiador Robert Darnton, a *Enciclopédia* valeu-se dessas aproximações como algo mais que felizes coincidências: tornando prosaica a autoridade de um monarca, elas a rebaixam um pouco.

As páginas da *Enciclopédia* lançam então um olhar mais atento ao que é útil ou inútil. Numa de suas pranchas mais eloquentes, uma criada trabalha industriosamente no penteado da senhora. A criada irradia propósito e energia, enquanto a patroa se esvai em tédio; a hábil empregada e sua amofinada senhora compõem uma parábola de vitalidade e decadência. Diderot considerava o tédio o mais corrosivo dos sentimentos humanos, desagregador da vontade (Diderot exploraria pelo resto da vida a psicologia do tédio, culminando no romance *Jacques, o fatalista*). Na *Enciclopédia*, ele e seus colegas celebravam a vitalidade, em vez de se deterem no sofrimento dos que eram considerados socialmente inferiores. Era o vigor que interessava: os enciclopedistas queriam que os trabalhadores comuns fossem admirados, e não lastimados.

Essa ênfase no positivo escorava-se numa das pedras de toque éticas do século XVIII, a força da simpatia. Tal como entendida por nossos antepassados, a simpatia não se adequava exatamente à prescrição moral bíblica de "tratar o próximo como a si mesmo". Observaria Adam Smith na *Teoria dos sentimentos morais*: "Como não podemos ter a experiência direta do que outros homens sentem, não podemos ter ideia da maneira como são afetados imaginando como nos haveríamos de sentir em situação equivalente."[15] Para entrar na vida dos outros é necessário, portanto, um ato de *imaginação*. David Hume levantou a mesma tese em seu *Tratado da natureza humana*: "Estivesse eu presente em qualquer das mais terríveis operações cirúrgicas, é certo que antes mesmo de começar, a preparação dos instrumentos, a disposição dos curativos, o aquecimento dos ferros, com todos os sinais de ansiedade e preocupação no paciente e nos assistentes, teriam um grande efeito em minha mente, despertando os mais fortes sentimentos de piedade e terror."[16] Para ambos os filósofos, "empatia" significava imaginar-se no lugar do outro, em toda a sua diferença, em vez de simplesmente compará-lo a nós mesmos. Assim é que Smith invoca, na *Teoria dos sentimentos morais*, a figura do "espectador imparcial", que não julga os outros por seus próprios interesses, mas pelas impressões que nele causam. É antes esse trabalho imaginoso da simpatia, e não a razão, que primeiro nos esclarece sobre as pessoas.

Na Berlim de Mendelssohn, esse tipo de simpatia exteriorizada foi transformado num jogo de salão em voga nos ambientes burgueses. As pessoas passavam a noite encarnando um personagem famoso da literatura ou da história, tentando manter-se em sua personalidade ao longo da *soirée*. Estamos em Berlim, e não no carnaval de Veneza, onde talvez fosse apenas divertido ver a rainha renascentista Marie de' Medici, coberta de joias, beber uma taça de vinho na companhia de um Sócrates flácido e quase nu; em Berlim, estamos tentando imaginar como é ser outra pessoa, como ela pode pensar, sentir, comportar-se.[17] Em Paris, a *Enciclopédia* voltava sua atenção para camadas socialmente inferiores, e não convidava os leitores dos salões a imitar, mas a admirar as pessoas comuns entregues às tarefas do trabalho.

A *Enciclopédia* buscava arrancar os leitores de si mesmos e conduzi-los às vidas dos artífices artesanais para em seguida esclarecer a natureza do bom trabalho propriamente dito. Ao longo dos volumes, vemos a representação de pessoas envolvidas com trabalhos às vezes enfadonhos, às vezes perigosos, outras, complicados; nos rostos, a expressão tende a ser de serenidade. A respeito dessas ilustrações, o historiador Adriano Tilgher observa a "sensação de paz e tranquilidade que emana de todo trabalho disciplinado e bem organizado efetuado com espírito calmo e satisfeito".[18] As pranchas convidam o leitor a entrar num mundo em que reina a satisfação com as coisas comuns benfeitas.

No mundo antigo, as habilidades dos deuses eram glorificadas como armas numa eterna guerra pelo domínio. *Os trabalhos e os dias*, de Hesíodo, e as *Geórgicas* de Virgílio representam o labor humano como reflexo de algo dessa glória divina, surgindo o trabalho como uma luta heroica. Assim também, em nossa época, os guerreiros do trabalho aparecem na arte kitsch nazista e soviética como titãs da forja ou do arado. No meado do século XVIII, os filósofos tentaram romper essa maldição guerreira. O historiador da economia Albert Hirschmann considerava a contabilidade como universo capaz de aplacar o espírito guerreiro, substituindo o impulso violento pelo cálculo diligente.[19] A maldição estaria ainda mais fadada a ser rompida na oficina do artífice.

Diderot considerava os prazeres da habilidade artesanal mais próximos do sexo marital que das emoções de um caso extraconjugal. A serenidade encontrada na expressão dos insufladores de vidro e fabricantes de papel de Diderot também é irradiada nas naturezas-mortas de Jean-Baptiste-Siméon Chardin — uma tranquila e estável satisfação com os objetos materiais bem-feitos e bem dispostos.

❖

Este relato sumário das origens da *Enciclopédia* e de seus objetivos globais abre caminho para a investigação do que as pessoas aprendem ao tomar conhecimento de seus limites. A questão dos limites humanos apresentou-se a Diderot no momento em que, por assim dizer, ele decidiu levantar-se da poltrona. O método que adotou para descobrir como as pessoas trabalhavam foi semelhante ao de um moderno antropólogo: "Dirigimo-nos aos mais capacitados trabalhadores de Paris e do reino em geral. Tivemos o cuidado de visitar suas oficinas, interrogá-los, tomar nota do que ditavam, seguir suas ideias, definir, identificar os termos específicos de sua profissão."[20] Logo a investigação encontraria dificuldades, pois o conhecimento dos artífices é em grande medida tácito — as pessoas sabem como fazer algo mas não são capazes de descrevê-lo em palavras. Diderot observaria sobre suas investigações: "Num universo de mil, teremos sorte de encontrar uma dúzia que sejam capazes de explicar com alguma clareza as ferramentas ou a maquinaria que utilizam, assim como os objetos que produzem."

Por trás dessa observação deparamo-nos com um sério problema. Desarticulado não quer dizer burro; com efeito, o que somos capazes de dizer em palavras pode ser mais limitado que aquilo que fazemos com as coisas. O trabalho artesanal cria um mundo de habilidade e conhecimento que talvez não esteja ao alcance da capacidade verbal humana explicar; mesmo o mais profissional dos escritores teria dificuldade de descrever com precisão como atar um nó corrediço (o que certamente excede a minha capacidade). Aqui temos um limite, ou talvez mesmo *o* limite humano fundamental: a linguagem não é uma "ferramenta-espelho" adequada para os movimentos físicos do corpo humano. E no entanto estou escrevendo e você está lendo um livro sobre a prática física; Diderot e seus colaboradores compilaram a respeito volumes totalizando mais de 1,8 metro de espessura.

Uma solução para os limites da linguagem consiste em substituir a palavra pela imagem. As muitas pranchas, criadas por muitas mãos, que enriquecem a *Enciclopédia* compensavam a incapacidade dos trabalhadores de se explicar em palavras, e de determinada forma específica. Nas ilustrações de insuflação de vidro, por exemplo, cada etapa da formação de uma garrafa aparece numa imagem diferente; os detritos habituais numa oficina foram eliminados, e o leitor vê apenas o que as mãos e a boca precisam fazer nesse momento para transformar o líquido fundido numa garrafa. Em outras palavras, as imagens esclarecem ao mostrar e simplificar o movimento numa série de imagens claras, do tipo que o fotógrafo Henri Cartier-Bresson chamava de "momentos decisivos".

Talvez pudéssemos imaginar uma experiência de esclarecimento estritamente visual com base nesse procedimento fotográfico, permitindo que nossos olhos pensassem sobre os objetos materiais. No silêncio, como num mosteiro, a comunicação entre as pessoas seria reduzida ao mínimo, para contemplar como um objeto é feito. O zen-budismo segue esse caminho não verbal, tomando o artífice como figura emblemática que ilumina mostrando, e não dizendo. O zen sustenta que, para entender a arte do arco-e-flecha, não é preciso tornar-se um arqueiro, bastando conceber mentalmente em silêncio os seus momentos decisivos.

O Iluminismo ocidental seguiu ao mesmo tempo o procedimento fotográfico e um outro caminho para a compreensão. Os limites da linguagem podem ser transcendidos pelo envolvimento ativo numa prática. A solução de Diderot para os limites da linguagem foi tornar-se ele próprio um trabalhador: "Existem máquinas tão difíceis de descrever e habilidades tão fugidias que (...) frequentemente é necessário lançar mão dessas máquinas, fazê-las funcionar e pôr mãos à obra."[21] Um verdadeiro desafio para um homem habituado aos salões. Não sabemos ao certo que habilidades manuais Diderot buscou, embora, em suas circunstâncias profissionais, fossem provavelmente as da linotipia e da gravação. Apesar de inusitado, seu mergulho no trabalho manual era lógico para uma cultura em que o ethos da simpatia exortava as pessoas a sair de si mesmas, entrar na vida dos outros. Entretanto, o esclarecimento através da prática — ou, como preferem os educadores modernos, aprender fazendo — levanta a questão do talento de cada um e portanto da possibilidade de aprender pouco, por não ter a necessária inclinação para aquele trabalho.

Muitos dos colaboradores de Diderot eram cientistas que se pautavam pelo método de experimentação da tentativa e erro. Nicolas Malebranche, por exemplo, considerava que esse processo seguia um caminho que ia dos muitos erros para um número menor, num constante e progressivo aperfeiçoamento através da experiência. O "esclarecimento" vai surgindo à medida que diminui o erro. O comentário de Diderot a respeito de suas experiências em oficinas parece de início fazer eco a essa versão científica da correção do erro: "Faça-se aprendiz e produza maus resultados para tornar-se capaz de ensinar aos outros como produzir bons resultados." Os "maus resultados" induzirão as pessoas a raciocinar com mais afinco, e assim melhorar.

Mas a tentativa e erro pode levar a um resultado muito diferente quando o talento não se mostra suficiente para conduzir afinal ao domínio do ofício. E assim foi com Diderot, que constatou no mergulho na prática que muitos de seus erros e deficiências revelavam-se "irremediáveis". Expondo-nos à prática, ousando fazer, podemos ter de entender o *fracasso* e não propriamente o *erro*, reconhecer limites de capacitação a cujo respeito nada podemos fazer. Neste sentido, aprender fazendo, panaceia tão reconfortante da educação progressiva, pode ser na verdade cruel. A oficina do artífice é com efeito uma escola cruel se serve apenas para ativar nossa sensação de inadequação.

Para o filósofo social, a interseção da prática com o talento levanta uma questão sobre a iniciativa: acostumamo-nos a pensar que o engajamento é melhor que a passividade. A busca da qualidade também é uma questão de iniciativa, o motivo propulsor do artífice. Mas a iniciativa não ocorre num vazio social ou emocional, especialmente no caso do trabalho de boa qualidade. O desejo de fazer bem alguma coisa é um teste essencial do ponto de vista pessoal; a inadequação do desempenho pessoal dói de forma diferente das desigualdades de posição social ou das manifestações exteriores de riqueza: somos nós que estamos em questão. A iniciativa é sempre positiva, mas perseguir ativamente o bom trabalho e constatar que não podemos fazê-lo mina nossa identidade própria.

Nossos antepassados com demasiada frequência ignoravam este problema. Em seu progressismo, o século XVIII proclamava firmemente as virtudes das "carreiras abertas ao talento" — sendo o talento, e não a herança, a base justa da mobilidade social. Em seu empenho de acabar com os privilégios herdados, os adeptos dessa doutrina facilmente esqueciam o destino dos derrotados na competição baseada no talento. Diderot foi um dos raros a lhes dar atenção, desde seus primeiros livros até obras da maturidade como *O sobrinho de Rameau* e *Jacques, o fatalista*; neles, é antes a inadequação do talento que as circunstâncias sociais ou a sorte pura e simples que acarreta as formas mais opressivas de ruína. Ainda assim, é preciso fazer o esforço da exposição e do engajamento. Numa carta, Diderot observa que só os ricos podem dar-se ao luxo de ser burros; para os outros, a habilidade é imperativa, e não mera alternativa. O talento pode então empreender sua busca. É o esboço da tragédia, mas nas páginas de Diderot os derrotados também podem ganhar algo. O fracasso pode fortalecer-lhes a têmpera, ensinando uma humildade essencial, ainda que ao custo de grande dor.

O "fracasso salutar" já se manifestara anteriormente nos ensaios de Michel de Montaigne, páginas em que Deus disciplina a humanidade mostrando o que não podemos fazer. Para Diderot, como para Montesquieu e — curiosamente — Benjamin Franklin, a pura e simples mediocridade poderia suscitar o sentimento do fracasso salutar, de uma forma dramática.

Na *Enciclopédia* de Diderot, a máquina cria essa oportunidade dramática, tanto na realidade dos fatos quanto figuradamente. O replicante nada ensina sobre o fracasso salutar, mas o robô poderia fazê-lo. O replicante pode estimular o raciocínio sobre nós mesmos, sobre nossa máquina interna. O robô, mais poderoso, incansável, pode estabelecer os padrões frente aos quais fracassam todos os seres humanos. Deveríamos ficar deprimidos com este resultado?

A fabricação do papel parece indicar que não. Em sua manifestação "iluminista", esta arte aparece na *Enciclopédia* na forma de uma fábrica, a de L'Anglée, a cerca de 96 quilômetros de Paris, nas proximidades da cidade de Montargis. No século XVIII, a fabricação da polpa de papel era uma operação suja e malcheirosa, utilizando trapos frequentemente retirados de cadáveres e em seguida deixados apodrecendo durante dois meses em tonéis para romper as fibras. A chegada a L'Anglée mostra como o trabalho podia ser aperfeiçoado pela cooperação entre seres humanos e robôs.

Para começar, algo muito simples: fazendo justiça à típica obsessão do século XVIII com a higiene, os pisos estavam sempre imaculados. Depois, nenhum operário parece a ponto de vomitar, pois o ilustrador desenhou tonéis hermeticamente fechados — antecipando uma inovação que na verdade só adviria uma geração mais tarde. Mais adiante, no compartimento em que as fibras são trituradas até virar pasta — a parte mais suja da atividade —, não vemos seres humanos, apenas uma prensa funcionando sozinha, um robô que aos olhos modernos parece um autômato primitivo — mas um engenho que, mais uma vez, logo viria a ser concretizado pela máquina a vapor. Finalmente, no compartimento em que se dava a mais delicada divisão do trabalho, derramando-se a pasta dos tonéis em finas folhas sobre moldes em forma de bandeja, três artífices trabalham em coreográfica coordenação, com a expressão serena, apesar do caráter extenuante da operação; os trabalhadores organizaram a tarefa através da análise racional.

Essa descrição, em narrativa numa sequência de imagens fixas, é curiosa simplesmente por antecipar inovações realmente efetuadas em L'Anglée. A imaginação do redator e do gravador montou o processo de fabricação do papel de maneira que as ferramentas mecânicas eliminassem as tarefas mais "bestiais"; da mesma forma, eles mostram máquinas que dão destaque ao julgamento e à cooperação dos homens. O princípio geral da utilização da máquina, no caso, é que se o corpo humano é frágil, a máquina deve ajudá-lo ou suplantá-lo. O robô é um corpo estranho; essa prensa funciona de maneira inteiramente diferente do braço humano, estirando, prensando e compactando a polpa. Estranha, uma máquina superior a nós, mas não desumana.

Se uma máquina dessa natureza mostra como superar os limites humanos, ainda assim o resultado produtivo é um sucesso. Aqui, a relação entre o homem e a máquina é de relativa inadequação. Frente a este modelo de desigualdade esclarecida, a fabricação de papel com seus robôs amigos, a *Enciclopédia* investiga o artesanato da insuflação de vidro para avaliar melhor o fracasso salutar propriamente dito. Para entender a relação entre homem e máquina nesse contraste, precisamos saber um pouco da substância do vidro.

A fabricação de vidro é praticada há pelo menos 2 mil anos. As fórmulas antigas associavam areia e óxido de ferro, produzindo a tonalidade azul esverdeada de um vidro antes translúcido que transparente. Através dos processos de tentativa e erro, acabou-se chegando a um vidro mais transparente, pela adição de cinzas de samambaia, potassa, pedra calcária e manganês. Ainda assim, não era um vidro de boa qualidade, e a fabricação era penosa. Na Idade Média, as janelas eram feitas soprando-se o vidro fundido por uma haste e girando-o rapidamente para formar uma chapa; esta chapa quente era então pressionada numa pedra e cortada em pequenos quadrados. O processo era tão lento e oneroso, contudo, que se revelou antieconômico; dada a vital necessidade das vidraças, o duque de Northumberland mandava retirar as das janelas de seu castelo sempre que viajava. Na Idade Média, como na Antiguidade, geralmente se usava papel untado nas janelas, em vez de vidro, na maioria das construções comuns.

A busca de janelas claras e amplas foi movida pela necessidade de deixar entrar a luz nas casas, ao mesmo tempo protegendo-as do vento, da chuva e de odores nocivos das ruas. No fim do século XVII, os fabricantes franceses de vidro descobriram como produzir lâminas maiores; foi na fábrica de vidro de Saint-Germain, dirigida por Abraham Thévart, que em 1688 fabricou peças de 2,03 a 2,13 metros de altura por 1,01 a 1,19 metro de largura. Era, como lembra a historiadora Sabine Melchior-Bonnet, "um tamanho de que se ouvira falar apenas em contos de fadas", embora o vidro propriamente continuasse obedecendo à fórmula química medieval.[22] As alterações técnicas permitindo mudanças no tamanho do vidro se aceleraram: no início do século XVIII, os fornos usados para o aquecimento do vidro foram aperfeiçoados. Seguiu-se o advento de um labor artesanal mais refinado, nas técnicas de derramamento, aplanamento e cozimento do vidro. Quando o abade Pluche descreveu os resultados em seu *Espetáculo da natureza*, de 1746, a fabricação de grandes lâminas de vidro para janelas já se tornara economicamente viável; essas inovações francesas permitiram às oficinas de Saint-Gobain tomar a frente de seus antigos rivais de Veneza, os fabricantes de vidro da ilha de Murano.

Enquanto o tradicional fabricante de vidros do século XVIII vertia o vidro fundido em moldes, como na fabricação de tijolos, o produtor moderno queria fazê-lo rolar sobre lâminas. É o que a *Enciclopédia* tenta demonstrar, baseando-se em experiências da época em Paris. O ilustrador apresenta um estudo de contrastes. Inicialmente, mostra a maneira tradicional de girar e em seguida aplanar uma massa fundida numa vidraça; frente a ela, vemos outra imagem de um insuflador de vidro trabalhando com uma máquina de rolar, para aplanar o vidro. Este procedimento mecânico estabeleceu um padrão mais alto, para vidros perfeitamente lisos, do que jamais poderia ser alcançado por um insuflador trabalhando da maneira tradicional; os cilindros mecânicos deixavam o vidro uniformemente espesso.

Nesta última versão, a máquina estabelece os padrões de qualidade, elevando as condições a um nível que as mãos e os olhos humanos não alcançam. Pode ser útil, aqui, fazer uma comparação com o trabalho de ourivesaria apresentado no capítulo anterior, surgindo as guildas de ourives como centros de aprendizado prático da qualidade. O aprendiz de ourives absorvia o ofício imitando o mestre no trabalho; na nova maneira de fabricar lâminas de vidro, o vidraceiro não pode imitar a máquina. O cilindro não só funciona de forma diferente do olho como atinge padrões que o insuflador jamais poderia aspirar mediante inspeção visual.

O vidro surge, assim, como mais um material que os teares de Vaucanson e sua progenitura viriam a colonizar em nome do lucro, a expensas do artesão qualificado. Que poderia o insuflador de vidro — ou o leitor da *Enciclopédia* — encontrar de salutar na nova tecnologia?

Para responder a esta pergunta, divagaremos, como cabe ao filósofo, por uma observação genérica e depois por um tema aparentemente sem qualquer relação. A questão genérica diz respeito ao que imaginamos ser o objetivo de um modelo. Qualquer modelo mostra-nos como algo deve ser feito. O modelo exemplificado por uma máquina perfeita indica que o trabalho efetivamente pode ser realizado de forma imaculada; se o cilindro mecânico é mais "talentoso" que o olho humano, a carreira de fabricante de janelas deveria, com justiça, ser reservada exclusivamente à máquina. Mas este raciocínio confunde o verdadeiro propósito de um modelo. Um modelo é antes uma proposta que uma ordem. Sua excelência pode estimular-nos, não a imitar, mas a inovar.

Para conferir sentido a esta formulação, devemos deixar por um momento a oficina do século XVIII e entrar nas creches infantis. Uma das realizações do Iluminismo na esfera da vida quotidiana consistiu em mostrar que a criação dos filhos também é um artesanato. A *Enciclopédia* é apenas um entre centenas de livros que explicavam como alimentar e manter limpos os bebês, medicar crianças doentes, treinar os pequeninos na higiene pessoal e, acima de tudo, estimular e educar as crianças desde a mais tenra idade. Nessas questões, a sabedoria popular era considerada inadequada; como acontece com qualquer forma de conhecimento tradicional, ela parecia transmitir apenas preconceitos, particularmente prejudiciais no caso da criação dos filhos, pois os avanços da medicina permitiam aumentar o número de bebês capazes de sobreviver aos primeiros anos, desde que os pais alterassem seus hábitos e práticas. Uma geração depois da *Enciclopédia*, a inoculação tornou-se foco de um debate entre pais que rejeitavam esse progresso da ciência médica, invocando argumentos da tradição, e os que aceitavam a estrita programação de inoculações repetidas então imposta pela medicina.[23]

A questão do modelo manifestou-se no treinamento necessário para criar uma criança esclarecida. Nos escritos de Jean-Jacques Rousseau, especialmente seu romance *Julie: ou, la nouvelle Héloïse*, o "artesanato" dos pais ensinando o filho a ser livre é exemplificado no encorajamento da mãe para que a criança aja espontaneamente, com sentimentos naturais como a simpatia, e no estímulo do pai para que meninos e meninas igualmente pensem de forma racional, em vez de obedecer apenas à autoridade. O substrato do pensamento de Rousseau, contudo, é que cada um dos pais deve à sua maneira comportar-se como modelo exemplar: "Eu sou o adulto que você deve tornar-se." Imite-me.

Amiga de Diderot, Louise d'Épinay contestava essa interpretação da paternidade-modelo, nas cartas à neta reunidas nas *Conversations d'Émilie.*[24] Para começar, rejeitava a divisão do trabalho parental estabelecida por Rousseau. A mãe que confia exclusivamente nos próprios instintos não estará fazendo o suficiente para formar o caráter de uma criança; o pai que age como severo homem da razão pode compelir o filho a se voltar para dentro. De maior interesse para nós é o fato de ela recusar o modelo de pai ou mãe descrito por Rousseau. Considera que os adultos precisam aceitar o fato de serem pais "razoavelmente bons" e não "perfeitos" — como faria seu herdeiro, Benjamin Spock, autor do manual mais útil de criação de filhos da era moderna. Por simples questão de bom senso, os pais precisam aceitar suas próprias limitações — lição que, de qualquer maneira, lhes será ensinada por filhos de espírito independente. Mas a verdadeira questão é a autoimagem que os pais apresentam aos filhos: em vez de passar a mensagem "seja como eu", a orientação parental deve ser mais indireta. "Foi assim que vivi" convida a criança a raciocinar sobre o exemplo. Mas o conselho se exime de prosseguir com "Portanto, você deve..." Encontre seu próprio caminho; inove, em vez de imitar.

Não quero aqui atirar Madame d'Épinay nos braços da filosofia, mas seu esquecido livrinho tem grande poder provocador. Encerra toda a força da famosa imagem kantiana do "madeiro retorcido da humanidade", uma exortação a reconhecer e aceitar os limites. Voltando na direção da produção de vidro, a exortação é tão importante na oficina quanto na creche ou na biblioteca. Na oficina, o desafio consiste em encarar o modelo como algo que as pessoas possam utilizar em seus próprios termos, em função de seu nível de esclarecimento. O objeto mecânico, como o pai ou a mãe, faz uma proposta sobre como proceder em alguma coisa; e nós a examinamos, em vez de nos submeter a ela. O modelo torna-se um estímulo, e não uma ordem.

Foi a ilação feita por Voltaire, que contribuiu anonimamente para a *Enciclopédia*, embora de forma esporádica. O mesmo Voltaire que abraçava o universo mecânico de Newton duvidava que muitas das máquinas descritas e representadas em suas páginas pudessem por si mesmas levar ao

Progresso. É preciso primeiro que a Humanidade aceite suas falhas e sua tendência a estragar tudo; se as pessoas realmente se imbuírem dos próprios defeitos, a máquina perfeita ficará parecendo um remédio menos impressionante; na verdade, trataremos de buscar ativamente uma alternativa a ela. Este ponto de vista foi brilhantemente exposto por Voltaire em seu romance *Cândido*.

Em sua parábola, Voltaire conta uma atrás da outra histórias de estupro, tortura, escravidão e traição. A origem dessas calamidades é o dr. Pangloss, representação literária do filósofo G. W. Leibniz, numa caricatura do homem da razão que não quer saber de confusão. Como seu inspirador da vida real, contudo, Pangloss é um homem brilhante, um celebrante mecanicista da perfeição, com suas impecáveis explicações sobre o porquê de "estar tudo muito bem, no melhor dos mundos possíveis". O jovem Cândido, um Ulisses de calças curtas e peruca, é meio curto de entendimento, mas acaba se dando conta de que as panaceias do mestre são por demais perigosas. Na conclusão, que ficaria célebre, afirma: "*Il faut cultiver notre jardin*" — o trabalho simples é o melhor remédio para os castigados pela vida.

Cândido/Voltaire certamente estava certo ao recomendar a jardinagem no lugar das lamúrias. Mas a coisa não é tão simples. Naturalmente, nem Cândido nem Pangloss tinham qualquer probabilidade de saber como fertilizar um jardim ou mesmo segurar uma pá; também eram criaturas do salão; e o romance não é nenhum manual de treinamento vocacional. Ainda que fosse, a *Enciclopédia* já mostrara ao *salonier*, de qualquer maneira, que o trabalho manual é muito mais complicado que poderia parecer para quem olha pela janela do Palais Royal. A essência do conselho está em preferir aquilo que está ao nosso alcance, preferir o que é limitado e concreto, e portanto humano. O que Voltaire quer dizer é que só aquele que aceita que provavelmente ficará aquém da perfeição é que pode desenvolver julgamentos realistas sobre a vida, preferindo o que é limitado e concreto, e portanto humano.

Do espírito dessa recomendação é que a era de Voltaire começava a se compenetrar em seu encontro com as máquinas. No artigo sobre insuflação de vidros, a *Enciclopédia* sustenta que o vidro imperfeito da manufatura tem suas virtudes: a irregularidade, a distinção e o que o redator chama vagamente de "caráter". Desse modo, as duas séries de imagens sobre a insuflação de vidros são inseparáveis; só entendendo como alguma coisa pode ser executada à perfeição será possível perceber a alternativa, um objeto dotado de especificidade e caráter. A pequena bolha ou a superfície irregular de uma lâmina de vidro pode ser apreciada, ao passo que o padrão de perfeição não dá lugar à experimentação, à variação — e a busca da perfeição, garante Voltaire a seus colegas filósofos, pode levar os seres humanos antes ao sofrimento que ao progresso.

Ao sabor dos diferentes artigos, a *Enciclopédia* vai e vem entre os polos representados pela fábrica de papel e a oficina do vidraceiro, representando aquela a reconciliação entre o homem e o robô, esta, uma afirmação do trabalho que não é perfeito; o trabalho perfeito deve servir de contraste para um outro tipo de labor que objetive resultados diferentes. Desse modo, por um caminho muito diferente da celebração renascentista do gênio artístico, o artífice do Iluminismo podia ao mesmo tempo festejar e alcançar a individualidade. Para seguir este caminho, no entanto, o bom artífice tinha de se munir da cautela de Voltaire: precisava aceitar a imperfeição em si mesmo.

O primeiro encontro da modernidade com a força das máquinas gerou uma cultura densa e contraditória. As máquinas recheavam aquela cornucópia de produtos que começara a se formar tempos antes. Materialmente mais bem-dotado, o Iluminismo idealizava agora os seres humanos como capazes de se autoafirmar, a ponto de descartar a submissão à tradição; a promessa de que a humanidade teria condições de lançar por terra essas algemas surgiu nas páginas do *Berlinische Monatsschrift*. E se a máquina se revelasse um poder alternativo, igualmente exigindo submissão? E que tipos de máquinas viriam? As pessoas ficavam imaginando replicantes e temiam robôs, estranhas maquinações superiores aos corpos de seus inventores.

A *Enciclopédia* de Diderot mergulhou nessa questão reconhecendo desde o início os limites humanos mais fundamentais, os da linguagem quando se trata de abarcar o funcionamento do corpo humano, especialmente o corpo do artífice no trabalho. Nem o trabalhador nem o analista do trabalho podem efetivamente explicar o que acontece. Envolvendo-se no processo do trabalho artesanal para se informar, Diderot descobriu mais um limite, o do talento; não podia entender intelectualmente um trabalho que não fosse capaz de executar bem na prática. Entrara no perigoso covil do robô, onde os "talentos" da máquina fornecem um modelo de perfeição frente ao qual os seres humanos avaliam sua própria inadequação.

Uma geração apenas depois da publicação da *Enciclopédia*, Adam Smith concluía que as máquinas efetivamente poriam fim ao projeto do Iluminismo, declarando em *A riqueza das nações* que numa fábrica "o homem que passa a vida desempenhando algumas operações simples (...) geralmente se torna tão estúpido e ignorante quanto é possível para uma criatura humana".[25] O círculo de Diderot chegou a uma outra conclusão, que eu formularia da seguinte maneira:

A maneira esclarecida de usar uma máquina consiste em avaliar sua força, adaptar seu uso à luz de nossos próprios limites, e não do potencial da máquina. Não devemos competir com ela. Como qualquer modelo, uma máquina deve propor e não ordenar, e a humanidade certamente deve afastar-se das ordens de imitar a perfeição. Frente às pretensões de perfeição, podemos afirmar nossa individualidade, que confere um caráter próprio ao trabalho que fazemos. São necessárias modéstia e uma certa consciência de nossas inadequações para dar mostra desse tipo de caráter na habilidade artesanal.

O leitor se terá dado conta de que, como Diderot na oficina, falei em seu nome, e isto porque o pleno significado do Iluminismo talvez só tenha ficado claro dois séculos e meio depois. Uma sólida avaliação da maquinaria é necessária em qualquer boa prática artesanal. Fazer as coisas direito — seja na perfeição funcional ou mecânica — não deve ser uma alternativa quando não nos esclarecer sobre nós mesmos.

O artífice romântico

John Ruskin enfrenta o mundo moderno

No meado do século XIX, cristalizando-se o moderno sistema econômico, arrefeceu a expectativa iluminista de que os artesãos viessem a ocupar um lugar de honra na ordem industrial. A longa série de problemas da mão-de-obra com as máquinas ficou mais evidente nos Estados Unidos e na Grã-Bretanha, cujos governos desde cedo estimularam a experimentação mecânica em nome do desenvolvimento industrial. Nos dois países, o surgimento de novas maquinarias para a produção em larga escala foi aos poucos constituindo uma ameaça à posição da maioria dos trabalhadores qualificados, aumentando o número de trabalhadores não qualificados ou semiqualificados, pois as máquinas tendiam a substituir a mão-de-obra especializada e onerosa, em vez de buscar, como na fábrica iluminista de papel de L'Anglée, a eliminação das tarefas servis e sem qualificação.

Os metalúrgicos americanos representam bem a mudança que ocorreu em muitas outras indústrias de base. O aço é uma liga do ferro com agentes enrijecedores do carbono. O conversor Bessemer, inventado em 1855, permitia a produção em massa dessa liga, num novo tipo de gigantesca câmara oval de oxidação. Entre 1865 e 1900, os processos industriais começaram a ser concentrados em procedimentos técnicos como a substituição, por uma nova tecnologia de amostragem, das onerosas qualificações humanas que permitiam avaliar e regular a adição de materiais para a confecção do aço no fluxo da produção. Conceberam-se também máquinas de grande engenhosidade para substituir a avaliação humana por números absolutos na gestão do resfriamento do metal líquido.[26]

Na indústria siderúrgica novecentista, os artesãos qualificados enfrentavam dois possíveis horizontes, em virtude das mudanças tecnológicas: desqualificação ou demissão. A primeira pelo menos significava que manteriam o emprego. Pela altura de 1900, cerca de metade dos artesãos das usinas americanas se havia conformado com esse destino, enquanto a outra metade buscava seguir carreira em outros tipos de metalurgia. As capacitações necessárias na produção de aço não se "transferiam" com facilidade, contudo, para outras formas de trabalho de fundição — um fato da maior relevância para muitas indústrias de base, hoje como então.

As capacitações de alta especialização não representam apenas um verdadeiro rol de procedimentos, mas uma cultura formada ao redor dessas práticas. Em 1900, os operários metalúrgicos tinham desenvolvido toda uma série de acordos comunitários que permitiam a grandes grupos de trabalhadores atuar num ambiente ensurdecedoramente barulhento e mal iluminado. Essas práticas garantidoras da segurança no trabalho não se reproduziam em espaços pequenos e apertados, como uma oficina mecânica especializada, onde o trabalhador precisava estar mais atento ao próprio corpo. Era um tipo de problema diferente das dificuldades apresentadas pelas transferências de tecnologia vivenciadas pelos *luthiers* cremonenses do século XVIII. Na intimidade da oficina do *luthier*, a questão era a transmissão do talento individual; na fábrica de metais, era a adaptação de uma qualificação já estabelecida a uma nova cultura espacial. Como já pude documentar em outro contexto, um problema equivalente foi enfrentado em 1995 pelos programadores deslocados do trabalho em computadores centrais para computadores pessoais e equipamentos de jogo. A dificuldade da mudança estava antes nas normas do local de trabalho que na computação.[27]

Os trabalhadores artesanais têm enfrentado a mudança tecnológica em três frentes: os empregadores; os trabalhadores sem qualificação que tomam seus empregos; e as máquinas. Neste sentido, a Federação Americana do Trabalho (American Federation of Labor, AFL) tornou-se um verdadeiro símbolo do sindicalismo. No decorrer de sua longa vida, seus vários sindicatos sempre souberam enfrentar os patrões: muitos desses sindicatos chegaram a acordos com os trabalhadores sem qualificação, em grande parte imigrados, que gozavam da preferência dos empregadores. Mas na terceira frente eles não souberam enfrentar as máquinas. Os sindicatos representados pela AFL não foram capazes de investir em estratégias alternativas de concepção mecânica; os artífices não patrocinaram pesquisas nem conceberam eles próprios máquinas que sustentassem a necessidade de um grande número de trabalhadores qualificados. Em vez de partir do interior do próprio movimento trabalhista, a mudança mecânica veio de fora.

O fracasso nessa terceira frente agravou a ameaça simbólica da máquina. Na indústria moderna, os trabalhadores qualificados convivem com as máquinas e atuam através delas, mas raramente as criam. Desse modo, o progresso tecnológico fica parecendo inseparável da dominação pelos outros.

Nenhuma voz vitoriana protestou mais apaixonadamente contra essa dominação mecânica que o escritor inglês John Ruskin, que exortava seus leitores a zombar da própria ideia de uma civilização mecânica. Para ele, os trabalhadores manuais das guildas medievais levavam uma vida melhor, em instituições de mais alta qualidade, que os das fábricas modernas. O caráter radical da tese de Ruskin estava na afirmação de que a sociedade moderna como um todo poderia e deveria retornar ao passado pré-industrial.

Ruskin não parecia um campeão muito provável dos trabalhadores artesanais ou mesmo de qualquer outra atividade física. Nascido numa família próspera e unida, fora um menino introvertido; na vida adulta, revelou-se um homem sensível e vulnerável que encontrou refúgio nos claustros de Oxford, mas sem verdadeira paz interna. Em certa medida, os objetos físicos e o trabalho artesanal serviram-lhe de libertação pessoal, mas ele longe estava do estereótipo do esteta exigente. O grande biógrafo moderno de Ruskin, Tim Hilton, o apresenta como aquele que precocemente se antecipou à famosa sentença de E. M. Foster, "simplesmente se relacione" — o que, em seu caso, significou relacionar-se através das coisas manufaturadas.[28]

Em viagens à Itália na juventude, especialmente a Veneza, Ruskin surpreendeu-se com a beleza rústica das construções medievais. As gárgulas, os portões arqueados e as janelas entalhadas o interessaram mais que a geometria abstrata da arquitetura renascentista ou a perfeição da marcenaria do século XVIII. Desenhava esses objetos rústicos tal como se revelavam, evocando lindamente, em traço livre no papel, as irregularidades das pedras em Veneza; no desenho, ele descobriu os prazeres do toque.

Os escritos de Ruskin são intensamente pessoais, extraindo ideias e preceitos de suas sensações e experiências. A força de sua mensagem poderia ser resumida hoje assim: "Faça contato com seu corpo." Sua melhor prosa tem uma força tátil quase hipnótica, levando o leitor a sentir a umidade do musgo numa pedra ou ver a poeira em ruas ensolaradas. À medida que sua obra avançava, o contraste entre o passado e o presente tornava-se cada vez mais polêmico: catedrais italianas comparadas a fábricas britânicas, opondo o expressivo labor italiano à tediosa rotina industrial inglesa. Nas décadas de 1850 e 1860, em Oxford, Ruskin pôs em prática a palavra de ordem do "contato com o corpo". Nos subúrbios, comandou a construção de estradas à frente de equipes de jovens bem nascidos, em cujas mãos as calosidades e macerações simbolizavam essa ligação com a Vida Real.

Se o "ruskinismo" implicava uma valorização da beleza tosca e um certo matiz de erotismo na dureza da ação física, servia também para esclarecer uma certa apreensão que seus leitores só com dificuldade conseguiam identificar. A era industrial consumou a cornucópia, servindo a máquina para derramar essa cornucópia de roupas, utensílios domésticos, livros e jornais, máquinas de fazer outras máquinas. Como seus antepassados, os vitorianos ao mesmo tempo se maravilhavam com essa abundância material e se sentiam apreensivos. A máquina introduziu um novo elemento, na relação entre quantidade e qualidade. Pela primeira vez, a pura e simples quantidade de objetos uniformes gerava a preocupação de que a repetição embotasse os sentidos, isenta a uniforme perfeição dos bens mecanizados de qualquer empatia mais convidativa, de qualquer reação pessoal.

Essa inversão da relação entre quantidade e qualidade se manifestava no desperdício — problema com que as sociedades da escassez mal chegam a sonhar. Podemos remontar a esse problema através dos números que hoje em dia traduzem o desperdício, em produtos jogados fora muito antes de chegarem ao fim de sua vida útil. Uma estimativa nos dá conta de que 92% dos carros usados à venda na Grã-Bretanha em 2005 ainda tinham vida útil de pelo menos cinco anos; 86% dos compradores de computadores novos em 2004 utilizavam os mesmos programas usados nos computadores antigos. Uma das explicações desse desperdício é que os consumidores estão comprando a potência virtual dos novos objetos, mais que a efetivamente usada; o novo automóvel pode disparar a 160 quilômetros por hora, muito embora o motorista esteja mais frequentemente engarrafado no trânsito. Outra explicação do moderno desperdício é que os consumidores se empolgam mais com a expectativa do que com a operação; obter a coisa mais recente é mais importante que fazer dela uso durável.[29] Seja como for, essa facilidade de descartar as coisas nos dessensibiliza dos objetos que efetivamente temos em mãos.

Ruskin não foi o primeiro vitoriano a se dar conta de que a pura e simples quantidade poderia diminuir as qualidades táteis dos objetos materiais. O problema do desperdício apareceu pela primeira vez no romance *Sybil, ou as duas nações*, de Benjamin Disraeli, publicado em 1845. Criticando o estado de privação em que viviam as massas na Inglaterra, esse romance panfletário calcava a denúncia pintando uma imagem da riqueza como desperdício: pedaços de bife deixados pela metade, garrafas de vinho saboreadas numa taça e deixadas de lado, roupas usadas uma ou duas vezes na estação e relegadas ao armário. Muitos escritores vitorianos já se haviam detido na descrição dos horrores da pobreza propriamente dita. A voz própria de Disraeli manifesta-se, neste romance e nos dois outros desenvolvendo o personagem de Sybil, na maneira como descreve o desperdício como negligência do privilégio. Neste sentido é que Ruskin feriu uma nota sensível, num momento de superabundância; os ambientes em que gostava de se sentir eram, para a época, relativamente simples. Como bom vitoriano, ele tratou de formular uma moral desse despojamento estético: quanto menos coisas ostentamos, mais nos desvelamos por cada uma delas.

A quantidade não se mede só pelo número, mas pelo tamanho. Para a geração de Ruskin, o tamanho de grandes proporções veio a ser simbolizado por uma máquina apresentada na Grande Exposição de 1851, a celebração da cornucópia industrial no século XIX.

Concebida pelo príncipe regente, a própria exposição era uma impressionante exibição de maquinarias modernas e produtos industriais, instalada numa gigantesca estufa projetada e construída por Joseph Paxton. Tinha de tudo, de sofisticadas máquinas a vapor e ferramentas movidas a vapor a banheiros de porcelana e escovas de cabelo fabricadas mecanicamente. Encontravam-se também objetos feitos à mão, que se destacavam nas seções dedicadas ao artesanato das colônias britânicas. Os produtos fabricados na Grã-Bretanha ostentavam a variedade de formas que pode assumir um "modelo", por exemplo, de vaso sanitário, em formato de taça, de urna decorada ou (o meu favorito) de um elefante ajoelhado.[30] Nessa primeira e inebriante explosão de produção industrial para o consumo, não havia qualquer relação estrita entre a função e a forma.

Abrigando esse canto de louvor à máquina industrial, a imensa estufa de Paxton — impropriamente batizada de Palácio de Cristal — era em si mesma resultado das inovações na fabricação de vidros antecipadas nas páginas da *Enciclopédia*. Para produzir grandes lâminas de vidro suficientemente resistentes para uso na construção, seria necessário alterar as proporções de cal sodada do material e inventar roletes de ferro fundido capazes de suportar constantemente alto calor — exigências totalmente fora do alcance do cristal. Essas inovações finalmente surgiram na década de 1840.[31] As galerias de Paris construídas mais cedo tinham telhados de vidro, mas as lâminas das arcadas eram menores e os painéis no telhado, menos impermeáveis. Na exposição, tudo era de vidro — um vidro firmemente sustentado em molduras de metal. A construção exemplificava uma estética que só era possível pelo trabalho da máquina, uma estética de pura transparência, abolida a separação visual entre o interior e o exterior.

O objeto da Grande Exposição de 1851 que mais dramaticamente definia o domínio da máquina era um robô chamado Homem de Aço do Conde Dunin, nome de seu inventor, ocupando lugar de honra ao pé da tribuna do Palácio de Cristal. Sete mil peças de aço, forjado em chapas e molas, compunham a figura de um homem de metal com as formas do Apolo Belvedere estendendo a mão para cumprimentar. Girando-se uma manivela, a figura começava a se expandir, chapas ocultas sendo impulsionadas para fora pelas molas e rodas, de tal maneira que o robô, preservando a perfeição do Apolo Belvedere, adquiria as dimensões de um acolhedor Golias. Eram necessários apenas trinta segundos para que o Homem de Aço do Conde Dunin ganhasse o dobro do tamanho de um homem ou se reduzisse novamente à escala normal.[32]

Ao contrário dos replicantes parisienses de Vaucanson, o grego de metal não imitava qualquer função humana; ao contrário dos robôs lioneses de Vaucanson, o Homem de Aço nada produzia, senão uma impressão de poder. O ethos do automóvel de potência superdimensionada já se manifestava nesse robô vitoriano: grande, mas sem uma finalidade.

Contra essa impressão de puro poderio mecânico, justificativa da Grande Exposição, é que Ruskin se insurgia. Era este o contexto tenso e radical de sua nostalgia; mais que suspirar de desânimo, ele sentia raiva. Em seus escritos, lançava um grito de guerra contra a moderna cornucópia, pelo revigoramento da reação dos sentidos aos objetos. No mesmo movimento, exortava os artesãos a reafirmar seu direito ao respeito da sociedade.

No meado da década de 1850, Ruskin participou da fundação de um Colégio dos Trabalhadores, numa casa situada na Praça do Leão Vermelho, em Londres. Em carta à amiga Pauline Trevelyan, assim descrevia os alunos: "Quero dar breves palestras para cerca de 200 ao mesmo tempo, [para] decoradores de lojas — e mestres de composição escrita — e estofadores — e pedreiros — e tijoleiros, e insufladores de vidro e ceramistas." O objetivo dessas palestras era em parte escoimar os modelos de seus apêndices decorativos, conscientizar os alunos da essencial uniformidade da produção mecânica. "Quero explodir as artes gráficas; e a pólvora — as duas maiores maldições de nossa época — começo a pensar que essa abominável arte da impressão é a causa de todos os males — leva as pessoas a se acostumar a ter todas as coisas com a mesma forma." Ruskin queria despertar os sentidos

dos artífices com um espaço em que pudessem contemplar alguns objetos de autêntica individualidade produzidos no passado, "um ambiente em que qualquer um possa entrar a qualquer hora do dia e sempre encontrar apenas o que é bom".[33] Além de pinturas e esculturas do fim da Idade Média, ele queria que os alunos saboreassem as irregularidades de objetos manufaturados como os vidros do século XVIII.

Por trás do Colégio dos Trabalhadores encontramos uma concepção positiva da habilidade artesanal, numa visão ampla aplicável a pessoas que, tanto quanto as mãos, usam a cabeça. Esta concepção cristalizou-se no livro que deu fama a Ruskin, *The Seven Lamps of Architecture* [As sete lâmpadas da arquitetura], de 1849. A construção gótica em pedra, sustenta ele, é uma "gramática", uma gramática "esplendorosa", surgindo uma forma da outra, às vezes pela vontade do pedreiro, outras, simplesmente ao acaso; "esplendor" serve, aqui, de cognome para "experimentação". Em *The Stones of Venice* [As pedras de Veneza], de 1851-1853, esse mundo adquire configurações mais profundas. Ruskin passa aqui a contemplar, como vimos no caso dos programadores do Linux, a ligação íntima entre a solução e a detecção de problemas. Um trabalhador "esplendoroso", exuberante e empolgado, dispõe-se a correr o risco da perda de controle no trabalho: as máquinas se quebram ao perder o controle, ao passo que as pessoas fazem descobertas, deparam-se com acidentes propícios. A disposição de abrir mão do controle, pelo menos temporariamente, dá a Ruskin a receita da verdadeira perícia artesanal e da maneira como deve ser ensinada. Em *As pedras de Veneza*, ele inventa a figura do desenhista que perde temporariamente o controle do trabalho:

> Podemos ensinar a um homem como desenhar uma linha reta; como cunhar uma linha curva e cinzelá-la (...) com admirável rapidez e precisão; e veremos que seu trabalho é perfeito no gênero: mas se lhe for pedido que pense a respeito de qualquer dessas formas, que considere se não é capaz de encontrar melhor na própria cabeça, ele se detém; sua execução torna-se hesitante; ele pensa, e com quase toda probabilidade pensa errado; com qua-

> se toda probabilidade comete um erro no primeiro toque em seu trabalho como ser pensante. Mas apesar disso transformou-se num homem, pois antes era apenas uma máquina, uma ferramenta animada.[34]

O desenhista de Ruskin consegue se recuperar, e sua técnica terá melhorado em virtude da crise por que passou. Procedendo como o pedreiro, deixando tal qual os entalhes e erros, ou como o desenhista, recobrando a capacidade de traçar linhas retas e precisas, o artífice tornou-se autoconsciente. Seu caminho não é o do domínio sem esforço; ele enfrentou problemas e aprendeu com eles. O moderno artífice deve pautar-se por esse desenhista inquieto, e não pelo Homem de Aço do Conde Dunin.

Em suas *The Seven Lamps of Architecture*, Ruskin fornece sete orientações, ou "lâmpadas", ao artífice inquieto, orientações para todo aquele que trabalha diretamente com as coisas materiais.[35] São elas:

- "a lâmpada do sacrifício", referindo-se Ruskin, como venho fazendo eu mesmo, à disposição de fazer algo benfeito simplesmente pelo valor da coisa benfeita, dedicação;
- "a lâmpada da verdade", a verdade que "se quebra e fende a todo momento"; é Ruskin aceitando a dificuldade, a resistência e a ambiguidade;
- "a lâmpada do poder", um poder temperado, orientado por padrões outros que os da vontade cega;
- "a lâmpada da beleza", que para ele é encontrada com maior frequência no detalhe, no ornamento — a beleza de dimensões manuais — do que nos grandes traçados;
- "a lâmpada da vida", equivalendo vida a luta e energia, e morte, à perfeição mortal;
- "a lâmpada da memória", a orientação proporcionada na época anterior ao domínio da máquina; e
- "a lâmpada da obediência", que consiste em obediência ao exemplo dado pela prática de um mestre, e não a seus trabalhos específicos; dito de outra maneira, tentar equiparar-se a Stradivari, mas não copiar seus violinos.

Numa linha de pensamento radical, Ruskin rejeita o presente, volta-se para trás para olhar para a frente. Ele tentava inspirar aos artífices de todos os tipos o desejo e mesmo a necessidade de um espaço perdido de liberdade; seria um espaço livre no qual as pessoas pudessem experimentar, um espaço de apoio no qual poderiam pelo menos temporariamente perder o controle. É uma situação pela qual será necessário lutar na sociedade moderna. Ruskin considerava que a dureza da era industrial milita contra experiências de livre experimentação e fracasso salutar; se fosse contemporâneo de F. Scott Fitzgerald, teria apreciado seu comentário de que, nos Estados Unidos, ninguém tem uma segunda oportunidade. Para Ruskin, o artífice é um símbolo de todas as pessoas na própria necessidade de oportunidades de "hesitação (...) erros"; o artífice deve transcender o trabalho através da "lâmpada" da máquina, tornar-se, em suas hesitações, mais que uma "ferramenta animada".

Que pensaria Diderot das sete lâmpadas que orientam o artífice? O enciclopedista certamente teria apreciado a humanidade de Ruskin, mas insistiria em que a razão pode desempenhar papel mais importante nela, em que a máquina moderna, mesmo um robô, atende a uma finalidade no autoconhecimento do homem. Ruskin poderia responder que Diderot não conhecia a dura verdade do poder industrial. Diderot talvez retrucasse que as lâmpadas de Ruskin mostram como os artífices realizaram bem seu trabalho mas não orientam efetivamente quanto aos materiais que o artífice moderno tem ao alcance. Em termos modernos, poderíamos comparar Ruskin a Heidegger; Ruskin não queria fugir para uma cabana de sonhos; buscava, isto sim, um outro tipo de prática material e outro tipo de engajamento social.

❖

Na época de Ruskin, o artífice parecia uma figura romântica, e como tropo romântico serviu de contrapeso ao romantismo da ideia do artista como símbolo de virtuosismo técnico.

No início do século XVIII, um virtuose como Chambers, com uma ampla gama de interesses pessoais, orgulhava-se de seu amadorismo. Na época de Chambers, Antonio Stradivari não teria sido considerado um virtuose; seu gênio era canalizado por uma via única. Na Grã-Bretanha, o cavalheiro amador preservou certa aura de esnobismo, assim como seu oposto, o cavalheiro que ostenta domínio sem aparente esforço. Num caso de complexa cirurgia de câncer, ninguém desejaria confiar o próprio corpo a qualquer dos dois. Mas o virtuose especialista também tem uma relação perturbadora com a técnica.

Na música, o virtuose obcecado com a técnica subiu ao palco no meado do século XVIII. A pura destreza digital transformou-se em motivo de ostentação, pela qual o público pagava no recém-surgido universo dos concertos públicos; o ouvinte amador começou a aplaudir — como um inferior. Esta situação contrastava com as apresentações em cortes como a de Frederico o Grande, por exemplo, que tocava a flauta em composições por ele encomendadas aos músicos que tinha sob contrato, ou, mais para trás, a de Luís XIV, que frequentemente se destacava como principal dançarino em espetáculos montados em Versalhes. Os dois monarcas evidenciavam alto grau de capacitação nessas apresentações, mas nas cortes a linha divisória entre artista cênico e público, mestre técnico e amador, não era nítida. O romance *O sobrinho de Rameau*, de Diderot, assinala uma nova firmeza dessa linha, tal como começou a ser traçada na época. Em forma de diálogo, ele pergunta o que é o domínio técnico, e responde que vem a ser fruto de uma luta heroica, na batalha do homem com um instrumento. Levanta-se então a questão de saber se o esplendor técnico pode comprometer a integridade artística. Na história da música, a resposta tornou-se cada vez mais urgente, de Niccolò Paganini a Sigismond Thalberg e Franz Liszt, apresentando-se diante do público na primeira metade do século XIX. Eles dramatizavam o heroísmo da técnica, vindo Paganini e Thalberg, com isto, a reduzir as virtudes musicais da simplicidade e da modéstia.

Pela altura da década de 1850, o virtuose musical parecia alguém cuja capacitação técnica atingira tal perfeição que os músicos amadores no público, comparativamente, sentiam-se pequenos, quase sem valor. A ascensão do virtuose no palco coincidiu com o silêncio e a imobilidade na sala de concertos, o público rendendo preito de lealdade ao artista através da passividade. O virtuose choca e assombra. Em troca, desencadeava nos ouvintes paixões que não podiam mobilizar valendo-se das próprias capacitações.[36]

Ruskin detestava esse ethos do virtuose romântico. Os erros e hesitações do artífice nada têm em comum com esse tipo de desempenho; a exata analogia musical da celebração do artífice destilada por Ruskin seria a *hausmusik*, na qual os amadores aprendiam os clássicos em seus próprios termos. Mas Ruskin transpôs o cenário de apresentação do virtuose comprometido da sala de concertos para as obras de engenharia.

Engenheiros como Isambard Kingdom Brunel — que aparecerá mais demoradamente algumas páginas à frente — encarnavam para Ruskin os males da virtuosidade técnica. Especializado em embarcações de aço, pontes e viadutos de longo alcance, Brunel era um virtuose técnico cujo trabalho de certa maneira condizia com as "lâmpadas" de Ruskin: era experimental, e em grande medida as experimentações revelavam-se falhas. E Brunel era um artífice zeloso, para não dizer apaixonado, que poderia ter ganhado mais dinheiro mostrando-se mais prudente. Mas seu trabalho é uma celebração dos grandes feitos técnicos, o que parecia imperdoável a Ruskin. Esta recusa redundava numa espécie de mania religiosa: o virtuosismo empregando máquinas é invariavelmente desumano.

Ruskin, em suma, tentava afirmar os direitos de um trabalho que não fosse amadorístico nem virtuosístico. Esse meio-termo do trabalho é a perícia artesanal. E essa figura do artífice, como trabalhador ao mesmo tempo rebelde e condenado, foi legada a nossa época pela de Ruskin, embora a etiqueta "romântico" tenha desaparecido.

Uma década depois da morte de Ruskin em 1900, o sociólogo americano Thorstein Veblen celebrava as virtudes ruskinianas do manufaturado sobre o mecanizado em *The Spirit of Workmanship* [O espírito do artesanato], com seu típico estilo ornamentado: "As imperfeições visíveis da manufatura, sendo motivo de honra, constituem reputados sinais de superioridade, de utilidade ou ambas."[37] A Grande Exposição a que compareceu em Chicago, em 1893, parecia assinalar o fim do artífice; em sua maioria, os trabalhos de artesanato expostos vinham de lugares e povos a que Veblen se referia — dando-se conta da ironia — como "primitivos" ou "subdesenvolvidos". Os produtos civilizados dominavam, em quantidade profusa, uniforme e mecânica. Como não podia deixar de ser, tratando-se de um economista, Veblen associou a morte do artífice aos padrões de consumo; a Grande Exposição londrina de 1851 constituíra para ele uma antecipação do tipo de "consumo extravagante" facultado pela máquina, um primeiro exercício de publicidade de massa. O bom artífice é um mau vendedor, empenhado em fazer algo benfeito, incapaz de explicar o valor do que está fazendo.[38]

Para C. Wright Mills, herdeiro de Veblen, a máquina também é o instrumento da morte do artífice — apesar de profundamente realizado pelo trabalho, afeito à experimentação e à irregularidade, modesto nas intenções, cuidadoso e particular. "Esse modelo de habilidade artesanal", afirma Mills, "tornou-se um anacronismo."[39] Também aqui temos um pensamento ruskiniano. Talvez esse estado de espírito explique por que os próprios artífices, como os siderúrgicos americanos especializados, não se empenharam, através de seus sindicatos, na inovação tecnológica — mas talvez operários sob ameaça não possam lutar em todas as frentes. Ainda assim, essa história coloca uma questão fundamental. Entre as visões iluminista e romântica da habilidade artesanal, certamente deveríamos dar preferência, acredito, à do período anterior, quando o trabalho com as máquinas, em vez da luta contra elas, constituía o desafio verdadeiramente radical e libertador. O que ainda hoje é o caso.

CAPÍTULO 4

Consciência material

Na reunião da Associação Médica Britânica em 2006, quando as paixões de médicos e enfermeiros se inflamaram, um compartimento foi destinado de improviso aos jornalistas, membros da assistência, como eu, e médicos que não conseguiam ter acesso ao salão. Uma apresentação científica provavelmente tinha ocorrido no local, pois ainda se podia ver na gigantesca tela em frente aos assentos a imagem colorida de uma mão com luva de borracha erguendo uma parte do intestino grosso de um paciente durante uma operação cirúrgica. Os jornalistas que distraidamente deram com os olhos na enorme imagem logo trataram de desviá-los, como se fosse algo obsceno. Os médicos e enfermeiros presentes, contudo, pareciam voltar-lhe cada vez mais sua atenção, especialmente nos momentos em que os alto-falantes projetavam vozes de funcionários do governo destilando uma lengalenga sobre reformas.

Aquela intensa atenção no que a mão enluvada fazia com o intestino grosso é um exemplo de consciência material. É algo de que dispõem todos os artífices, mesmo os que praticam as artes mais herméticas. O pintor Edgar Degas teria comentado certa vez com Stéphane Mallarmé: "Tive uma ideia maravilhosa de poema, mas parece que não consigo desenvolvê-la", ao que Mallarmé replicou: "Meu caro Edgar, poemas não se fazem com ideias, mas com palavras."

Como se poderia imaginar, "consciência material" é uma expressão de fazer salivarem os filósofos. Nossa consciência das coisas seria independente delas? Teríamos consciência das palavras da mesma maneira como sentimos um intestino pelo toque? Em vez de nos perder nessa floresta filosófica, talvez seja melhor atentar para o que torna interessante um objeto. É o terreno consciente próprio do artífice; seus esforços no sentido de realizar um trabalho de boa qualidade dependem da curiosidade frente ao material de que dispõe.

Quero aqui fazer uma proposta simples a respeito dessa consciência material engajada: interessamo-nos particularmente pelas coisas que podemos modificar. A enorme imagem do intestino humano na tela era intrigante porque, segundo se ficaria sabendo, os cirurgiões estavam fazendo algo estranho com ele. As pessoas investem seu pensamento em coisas que podem modificar, e esse pensamento gira em torno de três questões básicas: metamorfose, presença e antropomorfose. A metamorfose pode ser algo tão direto quanto uma mudança de procedimento, como, por exemplo, quando os ceramistas deixam a modelagem da argila numa bandeja fixa para esculpi-la num disco giratório; os ceramistas que praticam as duas técnicas terão consciência da diferença. A presença pode ser registrada simplesmente pela marca do fabricante, como no caso do selo de um tijoleiro. A antropomorfose ocorre quando imputamos qualidades humanas a uma matéria bruta; as culturas supostamente primitivas imaginam que numa árvore podem viver espíritos, que portanto também habitarão uma lança talhada em sua madeira; os sofisticados personalizam os materiais quando usam palavras como *simples* ou *simpático* para se referir aos detalhes de acabamento de um armário.

Neste capítulo, investigarei mais profundamente cada uma dessas formas de consciência material, tratando dos artífices que trabalham com a argila.

Metamorfose

O conto do oleiro

A maneira mais simples de fazer um pote consiste em circundar a beira de um disco chato com um rolo de argila.[1] Uma pequena inovação vem a ser a colocação de uma cabaça cortada sob o disco, para que o pote possa girar com mais facilidade nas mãos do oleiro à medida que o rolo vai subindo em espiral pelos lados. Esta pequena inovação aponta para um passo muito maior, o da utilização de uma roda giratória.

Este passo foi dado por volta de 4000 a.C., em território hoje ocupado pelo Iraque, disseminando-se até o Mediterrâneo, em direção oeste, aproximadamente em 2500 a.C. As rodas dos oleiros gregos de aproximadamente 1000 a.C. em diante eram pesados discos de madeira ou pedra girando em torno de um suporte pontiagudo de pedra. Um ajudante firmava e girava a roda enquanto o oleiro moldava o barro com as duas mãos. O impulso da roda giratória apontava para um tipo inteiramente novo de modelagem da forma, em comparação com o rolo de argila; agora o oleiro podia erguer um bloco úmido de argila. Sendo pequeno, o pote consistia numa estrutura única. Os maiores podiam ser montados pela junção de tubos modelados na roda. Fossem pequenos ou grandes, o oleiro, tendo o objeto começado a secar, e ainda girando na roda, limava as sobras de argila com um estilete.

A cerâmica arcaica e antiga certamente adquiriu maior complexidade a partir de aproximadamente 800 a.C. Mas esta lógica não se explica apenas pela utilidade, pois a modelagem com rolo gerava objetos perfeitamente úteis, permitindo fabricar potes com mais rapidez que na roda giratória. Os critérios de utilidade tampouco explicariam por si sós as ideias decorativas que passaram a adornar a superfície dos potes.

Toda olaria pode ser decorada com a utilização de barro mole. Em diferentes cores, é uma argila muito fina que, uma vez seca, pode ser misturada, gerando cores mais fortes e sendo então pintada na superfície do pote. O barro mole da Antiguidade se diferencia da moderna cerâmica vidrada pela ausência de um alto teor de sílica. Os gregos, contudo, desenvolveram técnicas de controle do processo de ignição no forno, para que a superfície adquirisse um brilho vítreo. A ceramista Susanne Staubach reconstituiu em nossa época a maneira como o oleiro grego usava o forno como uma espécie de laboratório químico para atingir esse resultado de policromia. A temperatura dos fornos era levada a 900 graus Celsius para oxidar a argila. Jogava-se então serragem em seu interior para dar início ao processo de redução. Até este ponto apenas, contudo, o barro mole não adquiriria a coloração característica. O oleiro descobriu uma maneira de reoxidar a argila, abrindo o abafador do forno. O pote propriamente dito ficava vermelho, enquanto as figuras pintadas com barro mole permaneciam negras. O mesmo contraste surgia em sentido oposto quando o barro mole era pintado como fundo.[2]

As mudanças ocorridas na técnica do barro mole geraram novas possibilidades expressivas para os oleiros. O pote utilitário usado para armazenar e cozinhar, com decoração simples, podia agora ser pintado com cenas mostrando aos gregos a natureza de seus mitos e os acontecimentos mais importantes de sua história. Com a evolução da cerâmica grega, essas imagens pintadas tornaram-se mais que simples representações, acabando por funcionar como comentários sociais — os absurdos da luxúria na velhice, por exemplo, representados em homens gordos e carecas perseguindo, com seus genitais moles, jovens leves e musculosas.

A essas ornamentações não faltava valor econômico. O pote decorado tornou-se um "objeto pictórico que", como observa o classicista John Boardman, "podia entreter e mesmo instruir compradores nacionais e estrangeiros".[3] Com o tempo, a cerâmica tornou-se um importante elemento do comércio mediterrâneo. Os oleiros que séculos antes haviam experimentado o uso de uma pedra giratória no lugar de uma cabaça não podiam ter previsto seu valor.

Não dispomos de registros escritos do que os antigos oleiros pensavam a respeito da roda giratória, mas podemos deduzir que tinham consciência do que faziam, pois suas ferramentas e sua prática mudaram, e também porque os oleiros do início da era clássica usavam os dois procedimentos. Queremos chegar à conclusão de que sabiam o que estavam fazendo porque serve de advertência contra as histórias sobre lances "simples assim" que costumam aparecer em relatos sobre avanços tecnológicos.

Os relatos do "simples assim" pressupõem que a mudança tem de ocorrer de determinada maneira, cada passo levando implacavelmente ao seguinte; o fabricante não poderia ter agido e pensado de outra maneira — como na afirmação de que "a cunha de ponta única levou *inevitavelmente* à garra dupla de martelo". A explicação simples-assim é de natureza inteiramente retrospectiva. Voltando mais uma vez no tempo, parece perfeitamente lógico que a roda giratória provocasse uma mudança do rolo de argila para a modelagem vertical do pote, mas como poderia a primeira pessoa que substituiu a cabaça por uma pedra saber o que sabemos hoje? É possível que o oleiro ficasse perplexo, ou talvez exultante — que vêm a ser estados de consciência mais engajados que "simplesmente tinha de acontecer assim".

No capítulo sobre a oficina, o transcurso do tempo revelou-se uma maneira de separar artesanato e arte: a prática artesanal se alonga, a arte de características originais é um acontecimento mais imediato. O antigo oleiro vivia num tempo alongado; após o surgimento da roda giratória, passaram-se séculos até tornar-se rotineira a prática de modelagem vertical do barro. A consolidação de uma prática, transformando-se gradualmente os atos da mão em conhecimento tácito, explica essa *longue durée*. E ao mesmo tempo lança outro brado de advertência.

Certos seguidores de Adam Smith escoraram-se no fato de que a maioria das habilidades artesanais leva muito tempo para se consolidar para afirmar que os trabalhadores manuais de qualquer geração não são particularmente dados ao exercício da observação consciente, dando por descontados os procedimentos habituais e simplesmente indo em frente com o trabalho, tal como o conhecem. Em seus escritos, John Ruskin contestava esse panorama de entendimento embotado: seu senso da tradição está em que os erros, imperfeições e variações encontrados em qualquer prática são passados de geração em geração; a provocação mental dessas incertezas não é apagada pelo tempo. Por volta de 600 a.C., constatavam-se grandes diferenças na qualidade da olaria produzida ao redor do mar Egeu. Ruskin considerava que os próprios artífices teriam observado e dado valor a essas diferenças. A mudança dos discos fixos para as rodas giratórias parece indicar igual foco de atenção. Como o tempo de trabalho do artífice era lento, não podia haver clareza a qualquer momento sobre o alcance das variações que ocorreriam na forma e na prática da argila. Expresso num princípio, significa isto dizer que a metamorfose estimula a mente.

A metamorfose era uma preocupação da mitologia antiga. O mundo antigo, escreve o historiador E. R. Dodds, associava mudanças de forma ao irracional.[4] A magia aumenta o peso dos acontecimentos imprevistos, confere às mudanças de forma uma irresistível capacidade de suscitar assombro e medo. Escreve Ovídio no início das *Metamorfoses*: "Meu objetivo é falar de corpos que foram transformados em formas de outro tipo." Ele alcançou sua meta na famosa história de Acteão, que desrespeitou as leis divinas ao ver uma deusa nua, sendo subitamente transformado pelos deuses num cervo e dilacerado pelos próprios cães. Assombro e medo governavam o mito de Pandora, como no caso do perfume que, liberado da jarra, transforma-se em praga. É o estímulo através da mágica.

Mas a metamorfose dos antigos não era um processo completamente irracional. Os mitos derivavam da física. Antigos materialistas como Heráclito e Parmênides acreditavam que toda realidade física é uma infindável recombinação, uma incessante metamorfose dos quatro elementos básicos da natureza: fogo, água, terra e ar. Ao contrário do que acontece na moderna ciência da evolução, na qual a flecha da mudança zune para uma complexidade sempre maior, para os antigos todo processo natural parece mover-se na direção da entropia, da decadência da forma de volta a seus quatro elementos mais simples, água a água, argila a argila, a partir dos quais novas combinações do estado primal, novas metamorfoses ocorreriam.[5]

O desafio cultural consistia em saber como resistir a esse ciclo natural da metamorfose — como combater a decadência. Platão encontrou uma solução filosófica na famosa imagem da "linha dividida" da *República*, uma linha de conhecimento que se torna cada vez mais estável; embora os objetos físicos decaiam, sua forma ou ideia perdura.[6] Respondendo aos contemporâneos sobre o fluxo material, Platão afirmava que uma fórmula matemática é uma ideia, independente da tinta usada para anotá-la.[7] Pelo mesmo motivo, sustentava Aristóteles, a expressão verbal não é limitada por sons vocabulares específicos — e é por isto que podemos traduzir de uma língua a outra.

O desejo de algo mais duradouro que as matérias que se decompõem é uma das explicações, na civilização ocidental, da suposta superioridade da cabeça sobre a mão, considerando-se o teórico melhor que o artífice porque as ideias perduram. Esta convicção deixa felizes os filósofos, mas não deveria. A palavra grega *theoria* tem a mesma raiz que *theatron*, teatro, significando literalmente "lugar para ver".[8] No teatro das ideias, o filósofo pode pagar pelas ideias duráveis um preço que o artífice não paga na oficina.

No teatro arcaico não era muito marcada a linha divisória entre espectador e ator, entre ver e fazer; as pessoas dançavam e falavam e em seguida sentavam-se num assento de pedra para ver os outros dançar e declamar. Na época de Aristóteles, os atores e dançarinos se haviam tornado uma casta com habilidades específicas na fala, na expressão corporal e na vestimenta. O público ficava fora do palco, passando a desenvolver sua própria habilidade de interpretação como espectadores. Na qualidade de críticos, os membros do público tentavam então especular sobre o que os personagens no palco não entendiam a seu próprio respeito (embora o coro, também no palco, assumisse às vezes esse papel de esclarecimento). O classicista Myles Burnyeat considera que é aqui, no teatro clássico, que se origina a expressão "ver com os olhos da mente".[9] O que significa o entendimento separado da ação, sendo os "olhos da mente" antes os de alguém que observa que os de alguém que faz.

O artífice, engajado num constante diálogo com os materiais, não sofre dessa divisão. Seu estímulo é mais completo. Em certa medida, a grande ambivalência de Platão em relação aos artífices decorre do fato de que o sabia. O mesmo filósofo para o qual uma ideia transcende a tinta em que é escrita fazia o elogio dos artífices como *demioergoi*; eles estavam engajados ao mesmo tempo com as coisas materiais e uns com os outros. A oficina tem seus direitos frente ao teatro; a prática, frente à teoria. Ainda assim, como poderia o artífice preservar-se da decadência? A argila, material filosófico entre todos, mostra três maneiras bem diferentes pelas quais os artífices poderiam orientar a metamorfose de seu ofício.

A metamorfose ordeira pode ocorrer, primeiro que tudo, pela evolução de uma forma-tipo. "Forma-tipo" é *tecnologês* para designar uma categoria genérica de objeto; a mudança verifica-se pela elaboração de sua espécie. Uma vez desenvolvida a antiga técnica do barro mole, por exemplo, os potes podiam ser fabricados com fundo vermelho *ou* negro. Cada forma-tipo pode gerar espécies complicadas. Podemos pensar em certos exemplos modernos. O sociólogo Harvey Molotch cita o exemplo do PT Cruiser, um automóvel em que a tecnologia do século XXI se adapta a uma carroceria *retrô*, estilo década de 1950.[10] No espaço arquitetônico da Grã-Bretanha, a aldeia de Poundbury é uma forma-tipo de configuração equivalente, com casas de infraestrutura moderna alojadas em imitações do estilo medieval, elizabethano ou georgiano. Uma evolução de forma-tipo ainda mais complicada ocorre quando uma nova condição material sugere nova utilização para uma nova ferramenta: no caso da cerâmica antiga, o aumento da temperatura no forno apontou na direção de uma forma diferente de operar o abafador.

O historiador da tecnologia Henry Petroski insiste justificadamente na importância do fracasso salutar para a metamorfose interna da forma-tipo. Quando um objeto simples como um pote racha ou um objeto complicado como uma ponte oscila, a primeira referência para o analista são os detalhes, as pequenas partes. Eles imediatamente solicitam a atenção, o que pode permitir a mudança e a evolução de certas partes da forma-tipo. Essa microdestreza parece a maneira mais indicada de lidar com o fracasso ou a tentativa e erro, e para Petroski a destreza revela uma consciência saudável. Muito pouco se aprende perdendo a calma, o que significaria considerar equivocado o projeto todo porque uma parte não funciona. (Um exemplo de perda da calma foi a reação da opinião pública britânica à Ponte do Milênio, uma passarela de pedestres sobre o Tâmisa projetada por Ove Arup e Foster Partners. Em dado momento, ela se inclinou, e se temeu que viesse a cair, o que não seria possível; uma alteração no sistema de amortecimento corrigiu a inclinação.) Sua observação nos faz dar mais um passo nas ideias de Madame d'Épinay sobre os modelos. O fracasso pode aparentemente impor uma reconfiguração orgânica, servindo a menor mudança para recompor a relação mútua de todas as partes, mas os ajustes tecnológicos funcionam assim: não há necessidade de mudar a forma-tipo inteira. À medida que evoluem, as partes da espécie podem efetivamente tornar cada vez mais viável o tipo genérico.[11] Uma observação muito simples resume essa durabilidade: os potes antigos incorporaram outras práticas visuais, mas continuaram sendo potes, em vez de se metamorfosearem em esculturas.

Um segundo tipo de metamorfose de origem humana ocorre quando dois ou mais elementos distintos são unidos, como na combinação das tecnologias do rádio com as do telefone fixo. Neste caso, o artífice precisa decidir conscientemente se a combinação funcionará melhor como um composto, em que o todo se torna diferente das partes, ou uma mistura, na qual os elementos seguem em coexistência independente. Nos ofícios artesanais até aqui examinados, a ourivesaria enfatizava a importância da mistura, pois na fundição e na prova o ourives buscava separar o ouro dos materiais inferiores a que costumava misturar-se; o ourives honesto desconfiava da charlatanice das sínteses alquímicas. A fabricação de vidro, em contraste, exigiu maior receptividade à síntese. Para clarear o sombreado do vidro medieval, o insuflador teve de introduzir matérias-primas, como o manganês e a pedra calcária, que transformaram a fórmula química básica da substância; a síntese seria então testada na prática pela clareza do vidro. O antigo oleiro tinha de decidir entre esses dois procedimentos na mistura da vidragem. Nos potes antigos, encontramos muitas tonalidades de preto: alguns eram produzidos com composto químico, outros, pela sobreposição de camadas, assando-se umas sobre as outras para gerar o negro.

A metamorfose que mais desafia o fabricante a manter conscientemente a forma será talvez a "mudança de domínio". Esta expressão — de minha lavra — remete à maneira como determinada ferramenta, utilizada inicialmente para certa finalidade, pode ser aplicada em outra tarefa, ou como o princípio que orienta uma prática pode ser aplicado a outra atividade completamente diferente. As formas-tipo desenvolvem-se por assim dizer no interior de um país; as mudanças de domínio atravessam as fronteiras. A experiência de metamorfose do antigo oleiro repousa no desenvolvimento interno de uma forma-tipo; podemos compará-la com a tecelagem, o artesanato inicialmente celebrado no hino a Hefesto; este era um ofício que atravessava domínios.

O tear doméstico arcaico consistia simplesmente em duas hastes sobre as quais repousava uma trave. Os fios, mantidos unidos por pesos, eram pendurados nessa trave; o tecelão trabalhava de lado a lado, começando de cima e constantemente empurrando os fios horizontais para cima, para retesar o tecido. "Tece bem justo; faz um bom tecido, com muitas tramas numa curta urdidura", recomendava o historiador Hesíodo.[12] O tecido, bem firme perpendicularmente, terá então uma boa aparência.

Da combinação de trama e urdidura no tecido, operou-se uma transferência de domínio para a articulação macho-fêmea na construção naval. Nesse tipo de articulação, duas peças de madeira são encaixadas, inserindo-se a extremidade de uma no interior da outra, sendo as duas às vezes presas por pinos, às vezes cortadas obliquamente para dispensá-los. A articulação macho-fêmea permite tecer em madeira; tanto o tecelão quanto o carpinteiro se concentram na obtenção de juntas perpendiculares firmes. Até onde sabemos, os carpinteiros arcaicos há muito dispunham dos cinzéis para fazer juntas assim, mas não os usavam com esta finalidade. A mudança se deu à medida que as cidades gregas começaram a colonizar em terras distantes. As juntas sem esquadria das embarcações antigas, recobertas de alcatrão, se desgastavam nessas longas viagens marítimas e, no século VI a.C., os carpinteiros começaram a usar juntas macho-fêmea para enfrentar o problema dos cascos com vazamento.

Essa metamorfose teve prosseguimento em outro domínio, a partir do momento em que as juntas octogonais travadas dos tecidos e da madeira pareceram indicar uma nova forma de traçado para as ruas. As plantas mais antigas em forma quadriculada permitiam ligar os prédios individualmente, mas a cidade grega de Selinous, por exemplo, fundada em 627 a.C. na Sicília, era pura trama e urdidura; a esquina passou a ser considerada o principal elemento da concepção urbana. A imagem de um "tecido urbano" não era, no caso, uma simples metáfora, mas uma descrição pura e simples; da mesma forma, Selinous exibia a solidez e a firmeza de um navio.

Como na cerâmica, essas permutas em matéria de tecelagem ocorreram lentamente, destiladas pela prática, e não ditadas pela teoria. O que perdura, o que não decai é a técnica de centrar a atenção no ângulo reto. Expostas de uma forma crua, as mudanças de domínio podem parecer absurdas: à primeira vista, talvez não faça sentido comparar um navio a um tecido. Mas o lento avanço do trabalho do artífice forja a lógica e mantém a forma. Muitas ideias que parecem absurdas não o são; simplesmente *ainda* não conhecemos suas correlações. Mourejar no trabalho artesanal é uma forma de descobri-las.

As mudanças de domínio são as metamorfoses que mais impressionaram o antropólogo Claude Lévi-Strauss, o Ovídio da moderna antropologia, que se manteve atento por toda a vida ao tema da metamorfose. Para ele, o artesanato fundador é a cozinha, e não a olaria, a tecelagem ou a carpintaria, mas em sua visão a lógica da mudança aplica-se a todos os ofícios. Ele apresenta a mudança como um triângulo culinário — em suas próprias palavras, um "campo semântico triangular cujas pontas correspondem respectivamente às categorias do cru, do cozido e do podre".[13] O cru é o mundo da natureza, tal como encontrada pelos seres humanos; o ato de cozinhar gera o mundo da cultura, a natureza metamorfoseada. Na produção cultural, afirma Lévi-Strauss em passagem famosa, a comida é ao mesmo tempo boa para comer (*bonne à manger*) e boa para pensar (*bonne à penser*). E no sentido literal: cozinhar alimentos transmite a ideia de aquecimento para outras finalidades também; as pessoas que partilham pedaços de um cervo cozido começam a pensar que também podem compartilhar partes de uma casa aquecida; a abstração "ele é uma pessoa calorosa" (no sentido de "sociável") torna-se, assim, concebível.[14] São mudanças de domínio.

Lévi-Strauss também se poderia ter valido da argila; como a carne, ela é boa para pensar. Na cerâmica, a argila bruta é "cozida" tanto pelas ferramentas que lhe conferem a forma de um pote quanto pelo forno, que efetua o trabalho literal de cozimento. A argila cozida serve de meio para a produção de imagens que, num pote, criam uma narrativa à medida que ele vai sendo girado. Essa narrativa pode viajar, podendo ser comercializada ou vendida como artefato cultural. Lévi-Strauss insiste em que o valor simbólico é inseparável da consciência da condição material de um objeto; seus criadores pensavam as duas coisas ao mesmo tempo.

Em suma, a metamorfose provoca a consciência material de três maneiras: através da evolução interna de uma forma-tipo, na avaliação entre mistura e síntese e no raciocínio envolvido numa mudança de domínio. Para dizer qual dessas três formas manteve tão interessado o pessoal médico seria necessário um conhecimento profissional do intestino grosso que infelizmente me falta, mas suspeito de que se tratava de uma mudança de domínio, com base no comentário de uma vizinha que disse estar vendo algo "inusitado". Ela reconheceu que era algo estranho, mas podia acompanhar e aprender com a situação porque já tinha uma habilitação capaz de orientá-la nesse terreno desconhecido.

Presença

O conto do tijoleiro

O selo de um fabricante no metal, na madeira e na argila traz à baila uma segunda categoria de consciência material. O fabricante deixa uma marca pessoal de sua presença no objeto. Na história das habilidades artesanais, essas marcas do fabricante geralmente se apresentam isentas de um conteúdo político como o que pode oferecer uma pixação num muro, representando apenas a declaração que trabalhadores anônimos imprimiram a materiais inertes, *fecit*: "Eu fiz isto", "Estou aqui, neste trabalho", o que redunda em dizer: "Eu existo." A filósofa Anne Philips não rejeitaria esta afirmação no contexto de sua "política da presença", e tampouco a rejeitaram os historiadores dos trabalhos e marcas de fabricação dos escravos americanos. As marcas impressas nos tijolos antigos também transmitem essa mensagem primal, mas para entender tudo isso precisamos também entender em algum detalhe os próprios tijolos.

Os tijolos de lama são utilizados na construção há quase dez mil anos. Os arqueólogos encontraram tijolos de argila pura dessa era na cidade de Jericó, cidade em que também foram encontrados tijolos de adobe — barro misturado com palha ou estrume — datando de aproximadamente 7600 a.C. É rápido e barato fazer tijolos curtidos em moldes ao sol, que no entanto ficam à mercê do tempo, não raro se decompondo sob chuva prolongada. A invenção do tijolo cozido, por volta de 3500 a.C., assinalou uma virada na fabricação, gerando blocos mais fortes em qualquer estação, passíveis de utilização em diferentes climas.

A invenção do tijolo cozido é inseparável da invenção do forno; há indicações de que os mesmos recintos foram inicialmente usados para cozinhar e construir. No cozimento de tijolos, as paredes do forno exercem uma ação que não estaria ao alcance de uma fogueira ao ar livre. Mesmo nos fornos mais antigos de que temos conhecimento, as temperaturas podiam chegar muito acima de 1.000 graus Celsius. No caso de tijolos compostos por 50% de argila, são necessárias oito a 15 horas de calor nessa temperatura e um igual período para esfriar lentamente, assim evitando rachaduras.

O tipo de tijolo varia de acordo com a quantidade de argila. Os tijolos de lama não cozidos em geral são compostos de menos de 30% de argila; na outra extremidade do processo de cozimento, o tijolo de terracota geralmente é constituído de 75% de argila. Areia, palha e água aumentam o volume da argila, mas na fabricação do tijolo cozido a pedra deve ser excluída ou esmagada na mistura, pois pode explodir no calor elevado do forno.[15]

Pequeno e portátil, o tijolo influenciou radicalmente a forma e a textura dos prédios de maiores proporções. Desde pelo menos 3000 a.C. os egípcios construíam arcadas e abóbadas com tijolo cozido, dotando de curvas o sistema de traves e lintéis das estruturas mais primitivas, até então caracterizado pelos ângulos retos. Os mesopotâmios tornaram-se mestres na vitrificação e pintura de tijolos, permitindo paredes coloridas em caráter permanente.

Os gregos não foram grandes inovadores na construção com tijolos empilhados verticalmente. A disponibilidade e durabilidade de pedra para construção talvez expliquem o fato de, apesar de a maioria das construções residenciais ser por demais acanhada para o uso desse material, os gregos quererem nos prédios públicos a plasticidade da pedra entalhada. A contribuição grega para a construção com materiais de argila está na fabricação de telhas horizontais. Os telhados com telhas de terracota começaram a ser fabricados em algum momento depois de 2600 a.C. na região de Argos, daí decorrendo três sistemas diferentes de sobreposição das telhas.

Em Roma, os tijolos eram em geral finos, embora variando muito em formato e tamanho. Os romanos eram mestres no cozimento de tijolos, e essa mestria permitiu-lhes um dos grandes feitos em matéria de formas arquitetônicas, o arco de aduelas. Até então, na construção de arcos e abóbadas, a argamassa que preenchia o espaço entre os tijolos retangulares era afunilada, para recurvar a estrutura; mas o cimento afunilado pode degradar-se, pondo em risco a estrutura. Os romanos desenvolveram modos de fabricação de tijolos em forma de cunha, inovação que permitiu aos construtores erguer arcos de aduelas estáveis, forma que se disseminou na engenharia romana, dos aquedutos às residências. Os tijolos em forma de cunha requeriam fôrmas mais complexas, não podendo ser cozidos tão mecanicamente quanto os blocos de tamanho uniforme. Para cozer por igual, o fabricante precisava como que fritar levemente o tijolo já quase cozido.

A construção com tijolos em Roma não pode ser separada de um avanço técnico paralelo, o aperfeiçoamento do concreto. As formas primitivas de concreto não passavam de um cimento fraco feito com cal e água. Os romanos transformaram esse cimento tradicional em concreto, adicionando a cinza vulcânica conhecida como pozolana (da região de Pozzuoli, perto do monte Vesúvio), que aumentava a resistência pela interação com a cal. Com essa pasta era possível erguer paredes grossas de pedregulhos, servindo o concreto para colar com segurança a pedra.

Por volta do século III a.C., a tecnologia do concreto lançado permitia, em princípio, um tipo completamente novo de construção. O enorme armazém conhecido como Porticus Aemilia (iniciado em torno de 193 a.C.) evidenciava a força do concreto: nele, um gigantesco espaço era literalmente lançado. Às vezes o tijolo e o concreto cooperavam, como nos casos em que uma estrutura de tijolos era recoberta de concreto moldado em formas imitando pedra talhada ou duas paredes paralelas de tijolos passavam a enfeixar uma argamassa de concreto. Nas cidades, os dois materiais andavam com mais frequência separados, sendo o tijolo usado na infraestrutura viária, em aquedutos e casas modestas, enquanto o concreto lançado era flagrantemente o material preferido para construções majestosas e oficiais. O revestimento, como observa Frank Brown, frequentemente era preparado de modo a sugerir que os prédios eram todos de mármore ou alabastro. A construção parecia feita de um material que em substância não era o seu; disfarçava-se sua materialidade.[16]

Assim que as legiões romanas ocupavam um território, os engenheiros começavam a construir uma cidade inspirada na cidade-mãe. Os romanos construíram esse império com tijolos, usados em vias, pontes e aquedutos, assim como em prédios. A criação de um lugar ou de um prédio romano era vazada em profundo simbolismo religioso, como demonstrou o historiador Joseph Rykwert. Até as construções mais triviais, como os celeiros, eram revestidas de uma camada de significados remetendo às origens e aos deuses de Roma; a tecnologia era inseparável da religião.[17] E também do Estado: todo prédio tinha um significado político; a política e os políticos não ignoravam sequer as favelas de Roma, onde as casas acumulavam precariamente andar sobre andar, por cima de alicerces instáveis.

Eram estas as condições que determinavam o ofício do operário romano. No reinado do imperador Adriano, um século depois de Cristo, o arquiteto romano já desenvolvera traçados complexos e detalhados — o germe da futura planta arquitetônica — e maquetes de terracota ou gesso para mostrar em três dimensões como seria uma estrutura.[18] Daí em diante, os trabalhos eram confiados a guildas de artífices, variando das equipes de demolição a pedreiros e carpinteiros (que faziam os moldes nos quais era armado o concreto), pintores e estucadores. Essas guildas eram por sua vez como miniestados no estabelecimento das normas de trabalho, determinando com precisão quem deveria fazer o quê. Muitos desses tijoleiros e pedreiros eram escravos.

O historiador Keith Hopkins lembra-nos que os romanos privilegiados tinham uma visão seletiva dos que estavam abaixo deles na escala social. Os privilegiados tinham com efeito profunda consciência do tipo de vida levado pelos soldados, e a pura e simples proximidade também os mantinha atentos aos empregados domésticos, fossem livres ou escravos.[19] Os artesãos, especialmente quando escravizados, viviam num espaço anônimo entre a guerra e a prestação de serviços pessoais.

Os romanos recorreram à distinção grega entre teoria e prática para legitimar essa dominação. Aristóteles volta a aparecer no manual de Vitrúvio quando o grande arquiteto romano afirma: "As várias artes são compostas de duas coisas: perícia artesanal e teoria." (Em latim, temos aqui *ex opera* versus *eius rationatione*.) Ele acrescenta: "A perícia artesanal pertence [apenas] àqueles que foram treinados (...) no trabalho; a teoria é partilhada por todas as pessoas educadas. Todas as coisas são comuns em matéria de teoria (...) enquanto o trabalho benfeito à mão ou por meios técnicos pertence àqueles que foram especialmente treinados numa única atividade."[20] Esta visão, na qual o generalista educado domina o especialista artesanal, refletia uma clara estrutura hierárquica no Estado romano. Os *Dez livros de arquitetura* de Vitrúvio (c. 20-30 a.C.), o texto fundamental da construção em Roma, pelo menos continham seções sobre a construção com tijolo;[21] outros influentes teóricos romanos da arquitetura, como Frontino, Faventino e Palladio, simplesmente ignoravam este material, de que o Império Romano era literalmente feito.[22] "Quem fez isto?" era talvez uma pergunta a ser preferivelmente deixada sem resposta.

De qualquer maneira, os artífices encontraram maneiras de deixar sua marca no trabalho. Isto foi possível, em parte, porque na construção romana havia uma defasagem entre o comando e a execução. Como acontece com as modernas equipes médicas do Serviço Nacional de Saúde britânico, havia muita improvisação em campo. Muitos "erros" tinham de ser cometidos, do ponto de vista formal, para o pleno uso e funcionamento de casas, vias e esgotos. O raciocínio dos trabalhadores subalternos implicava correção e adaptação — e era um tipo de raciocínio perigoso, pois muitos mestres de guilda tratavam essas necessárias variações como manifestações de insubordinação. Certas formas de improvisação eram necessárias simplesmente porque muitos escravos eram estrangeiros e não possuíam imagens mentais dos modelos romanos: o chicote do senhor não bastava para que soubessem o que deviam fazer.

A marca de um fabricante é um sinal peculiar. No caso dos gregos, ela apareceu especialmente depois que os oleiros tiveram condições de pintar cenas mais trabalhadas; eles começaram então a assinar seus produtos, às vezes com o nome. A assinatura podia aumentar o valor de troca. As marcas impressas pelo construtor romano escravizado davam testemunho apenas de sua presença. Em certos prédios romanos do interior da Gália, as marcas — raramente um nome, com maior frequência um símbolo identificando o lugar de origem do fabricante ou a tribo a que pertencia — são tão densas no tijolo quanto as marcas do pedreiro no Taj Mahal, onde os selos moguls criam uma enorme superfície decorativa. Muitas das irregularidades com que se foi fazendo o processo de adaptação nas obras romanas com tijolo modularam na direção de decorações expressivas, minúsculos floreios como uma telha adornada com figuras, cimentada para disfarçar uma junta imperfeita por trás da fachada. Elas também podem ser consideradas como uma marca do fabricante.

A história desses tijolos antigos estabelece um vínculo especial entre o artesanato e a política. "Presença", na maneira moderna de pensar, parece autorreferencial, dando ênfase à palavra "eu". O antigo trabalho em tijolos estabelecia presença através de pequenos detalhes que "o" marcavam: o próprio detalhe. À modesta maneira do artífice romano, anonimato e presença podiam combinar. O tijoleiro escravizado não estava preocupado com a expressão no sentido moderno; seu universo tampouco era como o do pedreiro medieval de Ruskin, em cujo trabalho a irregularidade simbolizava a livre atuação do artífice.

O tamanho do tijolo também tinha sua importância na mensagem. O grande historiador dos tijolos Alec Clifton-Taylor observa que o mais importante neles é o tamanho reduzido, que se adapta perfeitamente à mão do homem. Uma parede de tijolos, esclarece ele, "é portanto uma agregação de pequenos efeitos, o que implica uma qualidade humana e de intimidade que não encontramos no mesmo grau na arquitetura de pedra". Clifton-Taylor observa ainda que o trabalho com tijolo impõe "um certo comedimento (...) o tijolo é antimonumental (...) a pequenez do tijolo não estava de acordo com as (...) aspirações mais grandiosas do Classicista".[23] Os tijoleiros que trabalhavam nos projetos mais grandiosos do império clássico ainda tinham nas mãos um material de implicações físicas muito diferentes, e foi com esse material que o anônimo tijoleiro ou pedreiro escravizado tornou conhecida sua presença. O historiador Moses Finlay muito sabiamente adverte contra o emprego de padrões de referência modernos na leitura de sinais de desafio nas marcas dos fabricantes antigos; o que eles declaram é antes "eu existo" que "eu resisto". Mas "eu existo" talvez seja a sinalização mais urgente que um escravo pode mandar.[24]

Antropomorfose

A descoberta da virtude no material

Um terceiro tipo de consciência do material investe de qualidades humanas as coisas inanimadas. "Está funcionando muito bem", diz-me o mecânico do carro, referindo-se a um conserto da transmissão que custou mil dólares.

Os tijolos constituem um caso exemplar da maneira como acontece a antropomorfose; em dado momento da história, seus fabricantes começaram a investir os blocos cozidos de argila de qualidades éticas — como no caso da "honestidade" do tijolo ou da "receptividade" de certas paredes de tijolos. Essa linguagem humanizadora deu origem, por sua vez, a um dos grandes dualismos da moderna consciência dos materiais: o contraste entre a naturalidade e o artificialismo.

Para entender essa mudança antropomórfica, eu pediria ao leitor que dê um dos saltos mentais no tempo propostos por Maynard Smith. Os romanos apuseram seu selo nos tijolos por toda parte onde acamparam na Grã-Bretanha. Quando o império chegou ao fim e os romanos partiram, a fabricação de tijolos na Inglaterra entrou em declínio por quase mil anos. Nesse milênio, os construtores britânicos derrubavam florestas e lavravam pedra, e só na década de 1400 algo parecido com a sofisticação tecnológica da construção romana com tijolos voltaria a se manifestar. O ressurgimento do artesanato tornou-se uma necessidade quando, em 1666, o Grande Incêndio de Londres consumiu a maior parte das construções de madeira da cidade; ao dar início à tarefa de reconstrução, Christopher Wren transformou em prioridade urgente a ampliação da produção de tijolos.

No fim do século XVII, os tijoleiros ingleses tornaram-se peritos na fabricação de grandes quantidades de tijolos a baixo custo, mas não em Londres. O desenvolvimento ocorreu em grande medida graças ao "forno caseiro", as pequenas fábricas de tijolos montadas no quintal de aldeões, em comunidades com abundância de argila disponível. A fabricação de tijolos era uma habilidade corrente na vida do campo. Os fornos caseiros haviam proporcionado um novo atributo estético aos tijolos: a cor. Na Inglaterra dos séculos XVI e XVII, os tijolos eram essencialmente vermelhos, mas em tonalidades diferentes de vermelho, dependendo da procedência da argila e das variantes das práticas de cozimento, de uma fábrica caseira a outra.

Foi aqui que começou o antropomorfismo; a cor lançou o primeiro convite a pensar nos tijolos como detentores de qualidades humanas. Os prédios de estilo Tudor e Stuart, observa Clifton-Taylor, evocavam em suas fachadas de tijolos "a paleta dos pintores impressionistas", fazendo a sutil variação nas tonalidades do vermelho com que as paredes reluzissem.[25] Essas qualidades pictóricas eram interpretadas pelos contemporâneos, no século XVIII, como a "reluzente cabeleira" dos prédios ou sua "pele de vários matizes". As construções mais antigas, em que os tons de vermelho dos tijolos descambavam para o marrom ou o negro, eram "o rosto carcomido de um velho".

Nada há de notável nessas descrições, como linguagem. Elas ativam os poderes da metáfora, assim como "dedos rosados da aurora", uma metáfora antropomorfizadora, exatamente como a palavra *calor* quando se refere a um traço de personalidade, e não à febre de uma pessoa. O puritano que zombasse desses tropos, submetendo cada adjetivo ou advérbio a um exame desconfiado, estaria empobrecendo radicalmente a linguagem. Ainda assim, uma expressão como "dedos rosados da aurora" revela pouco sobre o equilíbrio entre reflexo e absorção da luz que determina a coloração da névoa. A atribuição de qualidades da ética humana — honestidade, modéstia, virtude — a materiais não tem por objetivo explicar; ele consiste em aumentar nossa consciência dos próprios materiais e assim levar-nos a pensar sobre seu valor.

Esse tipo de riqueza metafórica impregnava a linguagem do ofício de fabricação de tijolos na Inglaterra do século XVIII, no momento em que o livro impresso chegava ao mundo do artífice: a disseminação da alfabetização gerou um público leitor entre os praticantes. Livros de cozinha foram escritos por cozinheiros praticantes; no século XVII, as guildas londrinas já haviam publicado tomos profissionais. Estes reuniam saberes coletivamente destilados, embora em alguns poucos casos os autores-artífices se identificassem.[26] Todos continham muito mais conhecimento técnico que a *Enciclopédia* de Chambers, de nível tão técnico quanto o de certos volumes de Diderot, mas sem a filosofia. No caso da fabricação de tijolos, esses novos livros profissionais estabeleciam padrões, explicavam procedimentos e avaliavam os méritos dos tijolos produzidos em diferentes fornos provinciais.

Foi na tentativa de avaliar a qualidade dos tijolos e sua utilização que começaram a se manifestar metáforas de caráter ético: essencialmente, o tijolo "honesto" é aquele em que não houve adição de coloração artificial à argila.[27] O ourives medieval também buscava o ouro "honesto", mas no caso mais antigo o padrão de referência era diferente; a palavra aplicava-se estritamente a uma propriedade química, à simples pureza da substância. No século XVIII, a referência a um tijolo "honesto" certamente remete à composição e à maneira como os tijolos são usados na construção. O trabalho "honesto" com tijolos é aquele em que todos os tijolos dispostos, por exemplo, num aparelho flamengo provêm do mesmo forno; mais ainda, "honestidade" remete a uma fachada em que os tijolos ficam expostos, em vez de serem recobertos: nada de cosméticos, nada de "rouge da prostituta" em seu rosto. Um dos motivos dessa mudança foi o fato de os pedreiros começarem a se conscientizar e a se envolver nos debates sobre o significado da naturalidade, em oposição ao artifício — a grande preocupação do Iluminismo com a natureza trazida à esfera do uso apropriado de um material natural.

O trabalho efetuado por essas metáforas nos tijolos pode ser entendido através das atitudes que hoje cultivamos em relação aos alimentos orgânicos. Em termos estritos, a expressão alimentos orgânicos designa pureza de substância e mínima manipulação na produção. Assim, a galinha caipira pode ser descrita, sem antropomorfização, como um pássaro saudável e até feliz, pois livre do estresse dos galinheiros de condicionamento tecnológico para a produção de ovos. Damos mais um passo na direção da descrição do que não é humano como humano ao pensar mais à maneira de Ruskin. Tomemos, por exemplo, o caso de um tomate irregular, com a pele danificada por algum verme, o tipo de legume vendido a preços altos a consumidores que não gostam de tomates industrializados, perfeitamente uniformes e reluzentes, do tipo Better Boy. Ruskin considera que estamos expressando algo a nosso próprio respeito ao preferir um legume de aparência feia, irregular;

o tomate orgânico reflete os valores do "lar" para nós. (O Better Boy, na verdade, é um tomate saboroso.)

Em 1756, o virtuose Isaac Ware publicou *The Complete Body of Architecture* [O Corpo completo da arquitetura], livro em que tenta entender a naturalidade, que vem a ser, para ele, a proposta de que um prédio tenha exteriormente a aparência dos materiais de que é feito internamente, o que o torna honesto — e, mais uma vez, de aparência tosca e irregular. Ware gostava da sensual provocação das cores surgindo do ambiente plebeu dos fornos caseiros. No Parque Wrotham que projetou em 1754, a casa era simples, de tijolos vermelhos (o estuque que recobre atualmente o prédio data do século XIX), e em Londres ele admirava o "tijolo honesto" que passou a caracterizar as construções dos pobres. Mas esse árbitro do gosto no século XIX também considerava, contraditoriamente, que o tijolo tinha uma aparência plebeia, devendo portanto ser ocultado; Ware adverte ao "arquiteto judicioso" que não utilize tijolo na fachada de prédios "nobres". Ele entendia o sentido do artifício no estuque, material contrastante com o tijolo.

O estuque é uma mistura de cal e areia bem peneirada conhecida desde a época dos romanos. Em 1677, os construtores britânicos começaram a usar o "*glassis*", mistura passível de polimento, e, a partir de 1773, o "cimento de Liardet", comportando uma superfície ainda mais lustrosa; na década de 1770, surgiu também a pedra Coade, de composição semelhante à da terracota mas capaz de adquirir a aparência do mármore. Em todas as variantes, o estuque é um material flexível, capaz de simular muitas coisas: colunas de imitação, estátuas, urnas, entalhes de madeira... a imaginação do construtor podia criar praticamente qualquer construção desejada pelo cliente.

Isaac Ware antecipava a aversão do historiador moderno John Summerson pelo estuque, "material falsificado", mas *O Corpo completo da arquitetura* tratava detalhadamente questões como a montagem de cupidos de *glassis* sobre o portal de um quarto; a maneira mais barata de simular uma gruta cheia de golfinhos e ninfas, mediante aplicação de pintura sobre estuque à prova d'água; ou como pintar e dotar de veios a esquadria de estuque polido de uma janela, para ficar parecendo mármore de Carrara.

Cabe aqui lembrar que o estuque era o material preferido do britânico em processo de ascensão social. Permitia construções grandiosas rápidas e baratas. Mais tarde, as imitações da Roma imperial em estuque tornar-se-iam uma tirania na classe média. No século XIX, no Regent's Park, por exemplo, os contratos dos prédios estabeleciam que "a cor desse estuque não deve ser alterada ou variada em momento algum, devendo sempre imitar a pedra de Bath".[28]

E no entanto a ética da dinâmica material do estuque é a do jogo e da fantasia; sua ética é a da liberdade — ou pelo menos assim era para os artífices. A *Revista do Construtor*, ao mesmo tempo invocando as virtudes do "honesto" tijolo, mostrava como os artifícios do estuque podiam dar aos artífices mais liberdade para experimentar no trabalho. Produzindo falsas colunas internas numa construção, o operário do estuque devia começar com formas de modelagem nas quais o estuque fosse despejado. Uma vez removidos os moldes, o operário pode adicionar manualmente toda sorte de variações. Os operários peritos nesse processo tornavam-se admirados artesãos do ofício; Jean André Rouquet empregava a expressão francesa *jeu de main*, "golpe de mão", para descrever esse tipo de habilidade artesanal que suscitava a admiração dos pares.

O leitor atento terá percebido que, embora "tijolo honesto" seja uma formulação antropomórfica, a coluna de estuque simulando pedra talhada não tem essa pretensão. Trata-se simplesmente de uma coluna artificial. Poucos clientes interessados em instalar uma gruta no quintal supunham que seus convidados se deixassem enganar; o prazer derivaria precisamente da consciência do artificialismo da coisa toda. Nas mãos do artífice, a naturalidade podia ser uma experiência mais decepcionante, como uma construção engenhosa que ocultasse sua arte.

No jardim inglês do século XVIII, por exemplo, plantas aparentemente amontoadas eram na verdade dispostas de maneira a ser vistas do melhor ângulo pelo olho humano; os caminhos eram cuidadosamente organizados para compor uma narrativa de surpresas para o visitante; a *ha-ha*, uma cerca mergulhada em profundidade num canal cavado no chão separava os animais dos observadores que percorriam o jardim, mas criava a ilusão de que as vacas e os carneiros pastavam livremente perto do visitante: o bravio jardim inglês nada tinha de bravio. Era, por assim dizer, esculpido no estuque.

No mundo do tijolo, o grande debate moderno sobre as virtudes da naturalidade e as liberdades opostas do artifício e da fantasia cristalizaram-se como duas versões diferentes do ofício. Na época de Ware, o tijolo parecia um material de construção mais adequado na busca da autenticidade, por aparecer nos escritos políticos de Rousseau. O tijolo simbolizava o desejo do Iluminismo de viver em harmonia com as coisas simples, desejo representado na pintura por Chardin, e de que cada um se mostrasse como realmente é, evidenciado nos reveladores vestidos de musselina usados em casa pelas mulheres. Como no jardim, o pintor e a costureira tentavam ocultar a própria presença. A roupa do corpo é que talvez melhor demonstre o que queremos expor. O século XVIII foi uma época de perucas usadas em público pelos mesmos homens que preferiam em casa as roupas simples e "honestas". Essas roupas caseiras nada tinham de andrajos; eram talhadas com arte, de maneira a destacar as melhores características físicas do tecelão, com uma arte comparável à das miniaturas de navios britânicos e franceses que as mulheres usavam nos chapéus em público, para marcar a vitória nacional sobre um inimigo em combate — sendo os cabelos cobertos de brilhantina e tingidos de azul para evocar as águas ondulantes do mar.[29]

Filósofos das mais variadas tendências há muito sustentam que a separação entre natureza e cultura representa uma falsa distinção. Nossa breve incursão pela história do tijolo parece indicar que este argumento se equivoca. A distinção pode ser formulada literalmente, e a questão está em como fazê-lo. Nas mãos do artífice, a argila cozida tornou-se um símbolo da integridade natural; uma virtude natural antes feita que encontrada. Assim como a *Enciclopédia* francesa precisou estabelecer um paralelo entre as técnicas de fabricação de vidro, assim também, nos materiais humanizantes, foi necessário aproximar a honestidade e a fantasia, o tijolo e o estuque, que faziam contrapeso um ao outro. O século XVIII nos oferece uma técnica de antropomorfização, que pode ser encontrada em muitas outras culturas em diferentes momentos históricos. Quando o natural e o artificial são apresentados como opostos, a virtude humana pode ser associada ao primeiro e a liberdade, ao segundo. As habilidades artesanais são necessárias para estabelecer essas ligações e assim aumentar o valor consciente dos objetos. Em meio à grande quantidade de tijolos fabricados em autênticos fornos caseiros que chegavam a Londres, Ware, o construtor exigente, selecionava rigorosamente os melhores, em função de seus valores. O artífice que fabrica um objeto aparentemente simples e honesto é tão cuidadoso — ou talvez engenhoso — quanto o artífice que elabora uma fantasia.

Para enriquecer essa história, poderíamos acrescentar algumas palavras sobre a fabricação de tijolos desde a época de Isaac Ware. Na era industrial, esses modestos objetos se viram envolvidos nos debates sobre a simulação. A simulação seria desonesta? Seria destrutiva? — e não é uma pergunta abstrata; como demonstram as experiências dos projetistas que se valem do computador, a simulação pode ser sinônimo de "design".

Já no século XVIII ficou evidente que os objetos produzidos com a ajuda de máquinas podiam ser programados para parecer feitos tradicionalmente, à mão. A *Enciclopédia* de Diderot registra o fenômeno da simulação, maravilhando-se com os teares que reproduziam industrialmente tapeçarias antigas, mas se tratava de reproduções especiais e caras. Na fabricação de tijolos, logo ficou claro que as máquinas podiam simular certas qualidades do "tijolo honesto" a baixo custo, em enormes quantidades. A entrada em cena da máquina prolongaria até nossa época o debate sobre a integridade desse material.

A pura e simples quantidade de tijolos mecanicamente fabricados parecia, por um lado, pôr fim a qualquer debate ético em torno das propriedades naturais do tijolo. Um século depois de Ware, fabricavam-se tijolos cuja uniformidade não deixava transparecer a menor indicação de variações decorrentes da cor local. As variações de cor eram "corrigidas" com a adição de corantes minerais antes da homogeneização da argila bruta em trituradoras. A consistência do tijolo seria ainda mais facilitada com a introdução do forno Hoffmann em 1858; nele, o calor podia ser mantido em temperatura constante, 24 horas por dia, e essa regularidade permitiu aumentar enormemente a quantidade de tijolos fabricados na operação ininterrupta. Os vitorianos foram inundados por uma avalanche desses monótonos tijolos manufaturados, detestados por Ruskin, entre muitos outros.

Mas os mesmos progressos técnicos podiam ser usados para a simulação: era possível adicionar cor, alterar as proporções de argila e areia para imitar a composição dos tijolos tradicionais de diferentes procedências. O fabricante de tijolos pré-industrial não era totalmente inocente; uma das formas tradicionais de fazer com que os novos tijolos parecessem velhos consistia em recobri-los, depois de dispostos, com estrume de porco. Nas fábricas, esse efeito podia ser obtido antes do fornecimento dos tijolos ao usuário: era rápido e não havia necessidade de porcos. Os intelectuais acham que o "simulacro" é um produto da "pós-modernidade", mas o fato é que os fabricantes de tijolos já precisavam lidar com simulacros muito antes. O artífice tradicional só podia defender seu campo na fabricação de tijolos dizendo-se capaz de distinguir a diferença entre o real e o simulado, mas a questão ficava entre colegas e conhecedores. Na verdade, ficou ainda mais difícil distinguir as diferenças depois dos avanços da industrialização na fabricação de tijolos. Tal como acontece nas fábricas industriais que hoje em dia misturam, amassam e assam o pão orgânico.

É possível que o maior prédio moderno de tijolos comprometido com a verdade dos materiais, seguindo a filosofia de Isaac Ware, seja a Baker House, a hospedagem estudantil construída entre 1946 e 1949 no Massachusetts Institute of Technology (MIT) por Alvar Aalto. Numa construção de forma alongada e ondulante, os quartos dos alunos oferecem vistas diferentes mas sempre interessantes do rio Charles. As paredes curvas são feitas de tijolos, num estudado estilo "primitivo". Eis aqui como Aalto descreve seu método de construção: "Os tijolos foram feitos de argila extraída da crosta do solo exposto ao sol. Foram cozidos em pirâmides montadas à mão, usando exclusivamente carvalho como combustível. Erguida a parede, os tijolos eram aprovados sem serem separados, e em consequência a coloração muda do preto para um amarelo canário, embora o matiz predominante seja um vermelho vivo."[30] Esta maneira artificialmente tradicional de fabricar tijolos parece fechar o círculo em nossa história. Aalto frisa bem a "honestidade" de seu trabalho imprimindo uma marca na superfície da parede: a certos intervalos, aparecem tijolos retorcidos ou escurecidos por excesso de cozimento, levando o observador a ver de uma nova maneira os tijolos normais; o contraste ressalta o caráter de ambos. Somos, assim, levados a pensar sobre o que é o tijolo — uma reflexão a respeito do material que talvez não nos ocorresse se todos os tijolos fossem uniforme e imperturbavelmente perfeitos.

A simulação continua sendo, no mundo do artífice, exatamente a mesma provocação que era no século XVIII: o negativo de que precisamos para imprimir um positivo "real". O simulacro industrializado nos leva a pensar melhor sobre a natureza. A cópia positiva de Aalto era o tijolo imperfeito como símbolo da virtude. A natureza e a virtude que temos em mente dizem respeito a nós mesmos.

A longa história do trabalho com a argila mostra três maneiras de despertar a consciência para os materiais, através da alteração, da marcação, ou da identificação desses materiais com nós mesmos. Cada um desses atos apresenta uma rica estrutura interna: a metamorfose pode ocorrer através do desenvolvimento da forma-tipo, da combinação de formas ou da mudança de domínio. A marcação de um objeto pode ser um ato político, não no sentido programático, mas do ponto de vista mais fundamental do estabelecimento objetivo da presença do indivíduo. A antropomorfose revela a força da metáfora e uma técnica de manufatura de símbolos. Na história dos artefatos de argila, nenhum dos três processos revelou-se tão simples quanto poderiam fazer crer essas etiquetas simplificadoras. O trabalhador na argila lentamente se adaptava às mudanças técnicas, à opressão política que o tornava invisível e ao confronto dos atributos humanos. É claro que poderíamos tratar a argila simplesmente como um material necessário para cozinhar ou construir casas. Nesse espírito utilitário, contudo, estaríamos eliminando boa parte do que conferiu relevância cultural a essa substância.

Um resumo da Parte Um

Pode ser interessante, a essa altura, dar uma olhada no caminho percorrido na Parte Um.

O artífice representa uma categoria mais abrangente que a do artesão; ele simboliza, em cada um de nós, o desejo de realizar bem um trabalho, concretamente, pelo prazer da coisa benfeita. Os avanços da alta tecnologia refletem um antigo modelo de habilidade artesanal, mas a realidade concreta é que aqueles que aspiram ser bons artífices são desvalorizados, ignorados ou mal compreendidos pelas instituições sociais. Tudo isso é complicado porque poucas instituições querem sair por aí produzindo trabalhadores infelizes. Os indivíduos buscam refúgio na introspecção quando o envolvimento material revela-se vão; a antecipação mental é privilegiada em detrimento do contato concreto; os padrões de qualidade no trabalho separam a concepção da execução.

A história dos artesãos tem algo a nos dizer sobre esses problemas mais genéricos. Começamos na oficina medieval, onde estavam intimamente associados elementos desiguais: o mestre e o aprendiz. A separação entre arte e artesanato no Renascimento alterou essa relação social; a oficina veio a mudar ainda mais à medida que as capacitações nela exercidas se transformavam em práticas originais. Era uma história na qual a individuação no interior da oficina gerava apenas mais dependência na sociedade como um todo, num longo movimento de mudança que perturbou a transmissão das habilidades e a transferência de tecnologia. Assim foi que o espaço social da oficina fragmentou-se; o conceito de autoridade tornou-se problemático.

No meado do século XVIII, os espíritos progressistas queriam emendar essas fissuras. Para isto, tinham de lidar com uma ferramenta caracteristicamente moderna, a máquina industrial. Buscavam ao mesmo tempo um entendimento humano da máquina e uma visão igualmente esclarecida de si mesmos, em comparação com os poderes da máquina. Um século depois, a máquina aparentemente já não comportava essa humanidade; parecia dramatizar o simples fato da dominação; havia quem considerasse que a maneira mais radical de contestar a maquinaria era dar as costas à própria modernidade. Esse gesto romântico tinha a virtude do heroísmo, mas condenava o artesão, incapaz de entender como poderia evitar tornar-se vítima da máquina.

Desde as origens da civilização clássica, os artífices são incompreendidos. O que lhes permitiu ir em frente do ponto de vista humano foi a fé no trabalho e o envolvimento com seus materiais. A consciência material foi assumindo, com o tempo, as três formas analisadas neste capítulo, uma consciência que dava sustentação ao trabalho, embora não enriquecesse o trabalhador.

Talvez o caminho que percorremos leve logicamente à declaração feita na década de 1930 pelo poeta William Carlos Williams, de que não deveria haver "ideias, senão nas coisas". O poeta não aguentava mais ouvir falar da alma; mais valia tratar das "coisas tocadas pelas mãos durante o dia".[31] Era esse o credo do artífice no passado. Na Parte Dois, passamos a tratar das maneiras como o artífice adquire e desenvolve habilidades físicas específicas para fazê-lo.

PARTE DOIS **Artesanato**

CAPÍTULO 5

A mão

A técnica tem má fama; pode parecer destituída de alma. Mas não é assim que é vista pelas pessoas que adquirem nas mãos um alto grau de capacitação. Para elas, a técnica estará sempre intimamente ligada à expressão. Neste capítulo, damos um primeiro passo na investigação desse vínculo.

Dois séculos atrás, Immanuel Kant fez um comentário sem maiores pretensões: "A mão é a janela que dá para a mente."[1] A ciência moderna tem procurado justificar a observação. De todos os membros do corpo humano, é ela dotada da maior variedade de movimentos, que podem ser controlados como bem queremos. A ciência tenta demonstrar como esses movimentos, aliados ao tato e às diferentes maneiras de segurar com as mãos, afetam nossa maneira de pensar. Explorarei esse vínculo entre a mão e a cabeça em três tipos de artífices que adquirem alto grau de capacitação nas mãos: os músicos, os cozinheiros e os insufladores de vidro. As técnicas manuais avançadas por eles desenvolvidas constituem uma condição humana especializada, que no entanto tem implicações na experiência mais comum.

A mão inteligente

Como a mão tornou-se humana

Segurar e tocar

A imagem da "mão inteligente" surgiu nas ciências já em 1833, uma geração antes de Darwin, quando Charles Bell publicou *A mão*.[2] Católico devoto, Bell acreditava que a mão nos fora dada por Deus o Criador numa concepção perfeita, membro absolutamente adequado às finalidades a que se destinava, como todas as suas obras. Bell conferia à mão uma posição privilegiada na criação, tendo efetuado várias experiências para sustentar que o cérebro recebe do toque da mão informações mais confiáveis que as imagens do olho — cedendo este com muita frequência a aparências falsas e enganosas. Darwin acabou com a crença de Bell de que a forma e a função da mão seriam atemporais. Na evolução, conjeturava Darwin, o cérebro do macaco tornou-se maior à medida que os braços e mãos passaram a ser usados para outras finalidades além de firmar o corpo em movimento.[3] Dotados de maior capacidade cerebral, nossos antepassados humanos aprenderam a segurar as coisas nas mãos, a pensar sobre o que seguravam e afinal a dar forma às coisas; os homens-macacos eram capazes de fabricar ferramentas, os seres humanos produzem cultura.

Até recentemente, os evolucionistas consideravam que foram os *usos* da mão, e não as alterações em sua estrutura, que acompanharam o aumento do tamanho do cérebro. Assim, há meio século, Frederick Wood Jones escrevia que "não é a mão que é perfeita, mas todo o mecanismo neurológico através do qual os movimentos da mão são inspirados, coordenados e controlados", o que permitiu o desenvolvimento do *Homo sapiens*.[4] Hoje sabemos que, na história próxima de nossa espécie, a própria estrutura física da mão evoluiu. O filósofo moderno Raymond Tallis, médico de formação, explica em parte essa mudança comparando as possibilidades de movimentação do polegar na articulação trapézio-metacárpica do chimpanzé e do homem: "Como nos chimpanzés, a articulação é composta de superfícies côncavas e convexas engatadas que formam uma sela. A diferença entre nós e os chimpanzés é que, neles, a sela está mais engatada, o que restringe os movimentos, impedindo, em particular, a oposição do polegar aos outros dedos."[5] Pesquisas realizadas por John Napier e outros demonstraram como, na evolução do *Homo sapiens*, a oposição física entre o polegar e os dedos foi-se tornando cada vez mais articulada, associando-se a sutis mudanças ocorridas nos ossos que apoiam e fortalecem o dedo indicador.[6]

Essas mudanças estruturais facultaram a nossa espécie uma experiência absolutamente própria do ato de pegar. Pegar é um ato voluntário, uma decisão, em contraste com movimentos involuntários como piscar. A etnóloga Mary Marzke estabeleceu uma útil diferenciação entre as três principais maneiras como pegamos as coisas. Primeiro, podemos pinçar pequenos objetos entre a ponta do polegar e a borda do indicador. Segundo, podemos suster um objeto na palma da mão e mexê-lo com movimentos de impulso e fricção entre o polegar e os dedos. (Embora os primatas avançados tenham esses dois tipos de pegada, não os executam tão bem quanto nós.) Em terceiro lugar, temos a pegada côncava — quando, com a mão arredondada, seguramos uma bola ou algum outro objeto um pouco maior entre o polegar e o dedo indicador —, ainda mais desenvolvida em nossa espécie. A pegada côncava permite-nos segurar um objeto com segurança numa das mãos para trabalhar nele com a outra.

Quando um animal como nós é capaz de segurar bem dessas três formas, dá-se a evolução cultural. Markze situa o aparecimento do *Homo faber* no momento em que, por assim dizer, alguém foi capaz de segurar as coisas com segurança para trabalhar nelas: "A maioria das características singulares da mão humana na era moderna, inclusive o polegar, tem relação com (...) o esforço que teria ocorrido na utilização dessas pegadas para manipular ferramentas de pedra."[7] Passou-se então a pensar sobre a natureza do que se tinha nas mãos. Na gíria americana, podemos "*get a grip*"; falamos também de "*come to grips*" com alguma questão.* As duas expressões refletem o diálogo evolutivo entre a mão e o cérebro.

*"*To grip*": pegar, segurar. "*Get a grip*": entender, sacar. "Come to grips": atracar-se com alguém; enfrentar; começar a entender algo. (*N. do T.*)

Existe, contudo, um problema em relação às pegadas, especialmente relevante no caso de pessoas que desenvolvem uma técnica manual avançada. E o problema é saber soltar. Na música, por exemplo, só se pode tocar com rapidez e precisão aprendendo a soltar as teclas do piano ou afastar os dedos das cordas ou pistons. Da mesma forma, precisamos nos desligar de um problema, em geral temporariamente, para entender melhor do que se trata e em seguida apreendê-lo de uma nova forma. Hoje, os neuropsicólogos acreditam que a aptidão física e cognitiva de uma pessoa para liberar é que está por trás da capacidade de se livrar de um medo ou obsessão. O ato de liberar também está cheio de implicações éticas, como naqueles momentos em que somos capazes de abrir mão do controle — da pegada — sobre os outros.

Um dos mitos que envolvem a técnica é o de que, para desenvolvê-la em alto grau, as pessoas precisam antes de mais nada de um corpo privilegiado. No que diz respeito à mão, não é exatamente verdade. A título de exemplo, sabemos que todo corpo humano encerra, no trato piramidal do cérebro, a capacidade de movimentar muito rapidamente os dedos. Devidamente treinadas, nossas mãos podem ser alongadas de maneira a que o polegar forme um ângulo reto com o dedo indicador. Sendo uma necessidade para os violoncelistas, a superação dessa limitação também pode ser trabalhada por pianistas com mãos pequenas.[8] Outras atividades físicas de alto grau de exigência, como a cirurgia, não requerem necessariamente mãos especiais: Darwin observou há muito tempo que a capacitação física é um ponto de partida, e não um fim, no comportamento de qualquer organismo. O que certamente se aplica à técnica manual no homem. As pegadas se desenvolvem nos indivíduos exatamente como se desenvolveram em nossa espécie.

O toque coloca questões diferentes no que diz respeito à mão inteligente. Na história da medicina, como na filosofia, é antigo o debate para saber se o toque transmite ao cérebro informações sensoriais diferentes das que chegam pelo olho. Tinha-se a impressão de que o toque fornece dados invasivos, "descontrolados", enquanto o olho proporciona imagens contidas numa moldura. Quando tocamos um fogão quente, todo o nosso corpo sofre um súbito trauma, ao passo que uma visão dolorosa pode ser imediatamente neutralizada fechando-se os olhos. Um século atrás, o biólogo Charles Sherrington imprimiu nova orientação ao debate, explorando o que chamava de "toque ativo", designação da intenção consciente que orienta a ponta do dedo; segundo ele, o toque seria tão proativo quanto reativo.[9]

Passado um século, a pesquisa de Sherrington tomou nova direção. Os dedos podem sondar de maneira proativa pelo tato sem intenção consciente, como nos momentos em que buscam determinado ponto específico num objeto para estimular o cérebro a começar a pensar; é o chamado toque "localizado". Dele já vimos um exemplo, pois é assim que o ourives medieval fazia sua prova; sua avaliação era orientada pelas pontas dos dedos, revolvendo e pressionando a "terra" metálica até encontrar material aparentemente impuro. A partir desse dado sensorial concreto e localizado, o ourives era levado de volta, pelo raciocínio, à natureza do material.

Os calos adquiridos pelas pessoas que usam as mãos profissionalmente constituem um caso particular de toque localizado. Em princípio, a camada mais espessa de pele deveria amortecer o tato; na prática, é o contrário que acontece. Protegendo as terminações nervosas da mão, o calo torna menos hesitante a sondagem. Embora a fisiologia desse processo ainda não seja bem conhecida, o resultado o é: o calo ao mesmo tempo sensibiliza a mão para minúsculos espaços físicos e estimula a sensação nas pontas dos dedos. Podemos supor que o calo representa para a mão o mesmo que a lente zoom para uma câmera.

Quanto aos poderes animais da mão, Charles Bell considerava que os diferentes membros ou órgãos dos sentidos eram ligados ao cérebro por canais neurais separados, podendo os sentidos ser isolados uns dos outros. A ciência hoje mostra que assim não é; pelo contrário, uma rede neural envolvendo os olhos, o cérebro e as mãos permite que a visão, o tato e o ato de pegar funcionem em harmonia. As informações armazenadas sobre o ato de segurar uma bola, por exemplo, ajudam o cérebro a conferir sentido a uma fotografia bidimensional de uma bola: a curva da mão e a percepção, nela, do peso da bola ajudam o cérebro a pensar em três dimensões ao ver em relevo, no papel, um objeto chato.

Preensão

Agarrar algo

Dizer que "agarramos algo" significa que fazemos fisicamente o movimento de alcançar. No banal gesto físico de pegar um copo, a mão assume uma forma arredondada, adequada para cingi-lo, antes de efetivamente tocar sua superfície. O corpo prepara-se para segurar antes mesmo de saber se aquilo que vai segurar está gelado ou fervendo. Os movimentos em que o corpo antecipa e age na frente dos dados sensoriais são os da *preensão*.

Mentalmente, "agarramos algo" quando entendemos o conceito, por exemplo, de uma equação como $a / d = b + c$, em vez de simplesmente efetuar as operações. A preensão confere determinada configuração ao entendimento mental, assim como à ação física: não esperamos para pensar até que todas as informações estejam à mão, antecipamos o significado. A preensão indica um estado de alerta, envolvimento e disposição para o risco no mesmo ato de olhar à frente; é, em nosso espírito, o exato oposto do contador prudente que não movimenta um só músculo mental até dispor de todos os números.

Os seres humanos recém-nascidos começam a praticar a preensão já na segunda semana de vida, tentando alcançar bugigangas à sua frente. Como o olho e a mão agem em harmonia, a preensão aumenta quando o bebê consegue levantar a cabeça; controlando melhor o pescoço, o recém-nascido vê melhor aquilo que tenta pegar. Nos cinco primeiros meses de vida, os braços do bebê desenvolvem a capacidade neuromuscular de se mover independentemente em direção ao que o olho vê. Nos cinco meses seguintes, as mãos desenvolvem a capacidade neuromuscular de assumir diferentes posições para agarrar. As duas capacidades estão ligadas ao desenvolvimento, no cérebro, do trato piramidal, que estabelece a ligação entre a região motora primordial do córtex e a medula espinhal. No fim do primeiro ano, explica Frank Wilson, "a mão está pronta para uma vida inteira de exploração física".[10]

Os resultados verbais da preensão são ilustrados numa experiência do filósofo Thomas Hobbes com as crianças da família Cavendish, de que era tutor. Hobbes introduziu os pequenos Cavendish num compartimento escuro onde colocara todo tipo de objetos estranhos. Depois de passarem ali algum tempo tateando, pediu-lhes que deixassem o compartimento e descrevessem o que tinham "visto" com as mãos. Observou então que as crianças valiam-se de uma linguagem mais afiada e precisa que as palavras utilizadas quando podiam ver num espaço iluminado. Sua explicação foi que elas em certa medida "tentavam agarrar o sentido" no escuro, estímulo que as ajudava posteriormente a falar bem, de volta à luz, quando as sensações imediatas "decaíam".[11]

Tentar agarrar algo, na forma preensiva, estabelece os fatos concretos. É o que acontece, por exemplo, quando um maestro faz gestos manuais de direção instantes antes do som. Se a marcação do início do compasso com o gesto da batuta de cima para baixo coincidisse com o momento exato, o regente não estaria regendo, pois o som já teria acontecido. No jogo de críquete, o rebatedor tem a mesma recomendação: "antecipar-se à tacada". Em seu notável livro de memórias, *West through the Night*, Beryl Markham nos dá um outro exemplo. Na época em que os pilotos não dispunham de instrumentos muito precisos de orientação, ela atravessou voando a noite africana imaginando que já tinha efetuado o movimento ascendente ou a volta que estava para efetuar.[12] Todas essas proezas técnicas baseiam-se naquilo que qualquer um faz ao esticar a mão para apanhar um copo.

Raymond Tallis fez a descrição mais completa de que até hoje dispomos da preensão. Ele organiza o fenômeno em quatro dimensões: antecipação, como a que determina a forma assumida pela mão ao tentar pegar o copo; contato, quando o cérebro recebe dados sensoriais através do tato; cognição linguística, no ato de dar nome àquilo que seguramos; e por fim reflexão sobre o que fizemos.[13] Tallis não insiste em que essas dimensões devam configurar um movimento de autoconsciência. Nossa orientação pode continuar voltada para o objeto; o que a mão sabe é o que a mão faz. Mas eu acrescentaria um quinto elemento: os valores desenvolvidos por mãos altamente capacitadas.

Virtudes manuais

Na ponta dos dedos

Compromisso com a verdade

Aprendendo a tocar um instrumento de cordas, as crianças pequenas não sabem inicialmente onde posicionar os dedos no braço do instrumento para extrair as notas na altura certa. O método Suzuki, do nome do educador musical japonês Suzuki Shin'ichi, resolve o problema instantaneamente, introduzindo finas tiras de plástico no braço do instrumento. O pequeno violinista posiciona o dedo numa tira colorida, produzindo uma nota perfeitamente na altura. O método desde o início dá ênfase à beleza da sonoridade, a que Suzuki deu o nome de "tonalização", sem se deter nas dificuldades da produção desse belo som. A movimentação da mão é determinada pelo destino prefixado da ponta do dedo.[14]

É um método confortável que inspira imediata confiança. Na quarta aula, a criança pode tocar como um virtuose a canção de ninar "Brilha, brilha, estrelinha", também conhecida na versão *Ah, vous dirais-je, Maman*, de Mozart. E o método Suzuki também favorece a confiança da sociabilidade: toda uma orquestra de crianças de 7 anos é capaz de executar "Brilha, brilha, estrelinha", pois a mão de cada uma delas sabe exatamente o que fazer. Toda essa propícia confiança se esvai, contudo, quando as tiras são removidas.

Em princípio, o hábito deveria inculcar precisão. Caberia supor que os dedos simplesmente se dirigiriam aos mesmos pontos do braço do instrumento onde se encontravam as fitas. Na verdade, esse tipo de hábito mecânico não funciona, e por um motivo físico. O método Suzuki permitiu alongar lateralmente as mãozinhas, nos nós dos dedos, mas não sensibilizou as pontas, que efetivamente pressionam as cordas. Como a ponta do dedo não conhece o braço do instrumento, as notas fora de tom aparecem assim que as fitas são retiradas. Assim no amor, assim também na técnica: a confiança inocente não vai muito longe. A coisa se complica ainda mais se o instrumentista olha para o braço do instrumento, tentando ver aonde deveria dirigir-se a ponta do dedo. O olho não encontrará resposta nessa superfície. Assim, ao tocar pela primeira vez sem as fitas, uma orquestra infantil fica parecendo uma matilha uivando.

Temos aqui um caso de falsa segurança. O problema da criança aprendendo a tocar lembra a advertência de Victor Weisskopf aos técnicos científicos, segundo a qual "o computador entende a resposta, mas não creio que você a tenha entendido". Outra analogia adulta para o fenômeno das fitas nos instrumentos seriam as funções de "verificação gramatical" dos programas de processamento de texto, que não proporcionam ao apertador de botões qualquer noção do motivo da preferência por uma construção gramatical sobre outras.

Suzuki percebeu bem o problema da falsa segurança. Recomendava remover as fitas assim que a criança começar a sentir prazer em fazer música. Músico autodidata (ele se interessou pelo violino, no fim da década de 1940, ao ouvir uma gravação de Mischa Elman tocando a "Ave Maria" de Franz Schubert), Suzuki sabia por suas experiências que a verdade está na ponta dos dedos: o tato é o árbitro da tonalidade musical. Também podemos estabelecer aqui um paralelo com a prova do ourives, o lento e tateante manuseio de materiais nas pontas dos dedos, bem longe de uma falsa e instantânea segurança.

Queremos descobrir que verdade é esta que descarta a falsa segurança.

Na música, o ouvido age em conjunto com a ponta dos dedos no movimento de sondagem. Resumindo esquematicamente, o músico toca as cordas de diferentes maneiras, ouve toda uma variedade de efeitos e tenta encontrar maneiras de repetir e reproduzir a sonoridade que busca. Na verdade, pode ser uma difícil e angustiante busca de respostas para as perguntas "Que foi exatamente que eu fiz? Como poderei fazê-lo de novo?" Em vez de usar a ponta dos dedos como mero criado, esse tipo de toque faz um caminho inverso, da sensação para o procedimento. O princípio, aqui, consiste em raciocinar retroativamente, da consequência para a causa.

Que se segue para alguém que aja de acordo com este princípio? Imaginemos um menino sem a orientação das tiras para tocar na boa afinação. Ele acerta na mosca numa determinada nota, mas o ouvido lhe diz que a nota que tocou em seguida nessa posição saiu desafinada. O problema tem um motivo físico: nos instrumentos de cordas, quando a corda pressionada é encurtada, o espaço entre os dedos também deve diminuir; o feedback proveniente do ouvido dá o sinal de que é necessário um ajuste lateral nos nós dos dedos (um famoso exercício dos *Études* de Jean-Pierre Duport explora a interação entre a diminuição do espaço lateral e a manutenção do arredondamento da mão enquanto o violoncelista percorre todo o comprimento das cordas). Por tentativa e erro, o neófito privado de tiras poderia aprender a contrair nos nós dos dedos, mas ainda assim não haveria solução à vista. Ele pode ter posicionado a mão sobre o braço do instrumento no ângulo certo. Talvez ele pudesse agora tentar inclinar a palma para um lado, subindo na direção da cravelha, o que efetivamente ajuda. Pode extrair um som preciso, assim, porque a inclinação equaliza a relação entre o primeiro e o segundo dedos, de comprimento desigual. (Além disso, um ataque em ângulo reto sobre a corda tensiona o segundo dedo, mais longo.) Esta nova posição, no entanto, desorganiza completamente a questão da lateralidade dos nós dos dedos, que ele julgava ter resolvido. E assim vai a coisa. Cada nova questão de afinação o leva a repensar soluções já alcançadas.

Que poderia motivar uma criança a percorrer um caminho tão trabalhoso? Uma escola de psicologia afirma que a motivação se encontra numa experiência fundamental para todo desenvolvimento humano: o episódio primal da separação pode ensinar a curiosidade ao jovem ser humano. No meado do século XX, essa pesquisa está ligada a D. W. Winnicott e John Bowlby, psicólogos que se interessaram pelas mais precoces experiências humanas de apego e separação, começando pelo afastamento da criança de colo do seio da mãe.[15] Na psicologia popular, a perda desse vínculo gera ansiedade e luto; os psicólogos britânicos tentaram demonstrar por que se trata na verdade de um episódio muito mais rico.

Winnicott postulou que, deixando de ser um com o corpo materno, o bebê recebe novos estímulos, voltados para fora. Bowlby foi ao berçário estudar os efeitos da separação na maneira como as crianças pequenas tocam e seguram objetos inanimados ou os giram ao seu redor. Observou atentamente atividades diurnas que até então eram consideradas sem importância. Para nós, um dos aspectos dessa pesquisa é particularmente valioso.

Os dois psicólogos enfatizaram as energias que as crianças investem em "objetos transicionais" — jargão técnico para designar a capacidade humana de se interessar por pessoas ou coisas que mudam. No trabalho psicoterápico, essa escola de psicologia procurava ajudar pacientes adultos que pareciam fixados em traumas infantis de segurança a se adaptar mais facilmente às oscilações nos relacionamentos humanos. Mas o conceito de "objeto transicional" designa, mais genericamente, o que pode efetivamente atrair a curiosidade: uma experiência incerta ou instável. Seja como for, a criança que enfrenta as incertezas da produção de sonoridades musicais ou mesmo qualquer atividade manual de alto nível de exigência constitui um caso especial: sente-se diante de um processo que pode parecer infindavelmente viscoso, levando apenas a soluções provisórias que não dão ao músico a sensação de estar aumentando seu controle nem uma vivência emocional de alguma segurança.

A coisa só não se torna pior ainda porque o músico tem um padrão objetivo a observar: a afinação. Como no caso dos seguidores fanáticos de regras encontrados no capítulo 1, seria possível argumentar que os mais altos níveis de capacitação técnica só podem ser atingidos por pessoas com padrões objetivos de verdade predeterminados. Em termos musicais, devemos apenas observar que *acreditar* na correção suscita o aperfeiçoamento técnico; a curiosidade a respeito dos objetos transicionais evolui para definições daquilo que deveriam ser. A qualidade do som é um desses padrões de correção — mesmo no caso do método Suzuki. Por isto é que ele começa pela tonalização. Na esfera técnica, a crença na correção e sua busca geram expressão. Em música, essa passagem se dá quando os padrões modulam de fatos físicos, como tocar com afinação, para a avaliação mais estética, por exemplo, de uma frase bem enunciada. Naturalmente, as descobertas espontâneas e os acidentes propícios contribuem para determinar como deve soar uma peça musical. Mas o compositor e o intérprete devem contar com um critério para dar sentido a esses acidentes e selecionar os que forem efetivamente mais propícios. No desenvolvimento da técnica, transformamos os objetos transicionais em definições, tomando decisões com base nelas.

Costuma-se dizer que compositores e intérpretes ouvem com o "ouvido interno", mas essa metáfora imaterial é enganosa — especialmente, como se sabe, no caso de compositores como Arnold Schönberg, que ficava chocado com as sonoridades reais do que havia escrito na pauta, como também no do intérprete para o qual o estudo da partitura constitui uma preparação necessária mas não suficiente para levar o arco à corda ou os lábios à palheta. O som é em si mesmo o momento da verdade.

É também, portanto, o momento em que o erro fica claro para o músico. Como intérprete, faço na ponta dos dedos a experiência do erro — um erro que procurarei corrigir. Tenho um padrão de referência que me diz o que estou buscando, mas meu compromisso com a verdade reside no simples reconhecimento de que cometo erros. No debate científico, às vezes, esse reconhecimento é reduzido ao clichê "aprender com os próprios erros". A técnica musical mostra que a questão não é tão simples. Devo dispor-me a cometer erros, tocar notas erradas, para eventualmente acertar. É este o compromisso com a verdade que o jovem músico aborda ao retirar as tiras Suzuki.

Na prática musical, a relação retroativa entre a ponta dos dedos e a palma da mão tem uma curiosa consequência: constitui um sólido alicerce para o desenvolvimento da segurança física. A prática que se mostra atenta ao erro momentâneo na ponta dos dedos efetivamente contribui para aumentar a confiança: sendo capaz de fazer algo corretamente mais de uma vez, o músico já não se sente aterrorizado por aquele erro. Por outro lado, fazendo alguma coisa acontecer mais de uma vez, temos um objeto de reflexão; as variações nesse ato propiciador permitem explorar a uniformidade e a diferença; a prática deixa de ser mera repetição digital para se transformar numa narrativa; movimentos adquiridos com dificuldade ficam cada vez mais impregnados no corpo; o instrumentista avança em direção a maior habilidade. Na condição de dependência às tiras, em compensação, a prática musical torna-se tediosa, repetindo-se infindavelmente a mesma coisa. Nessas condições, não surpreende que a habilidade manual tenda a se degradar.

Diminuir o medo de cometer erros é de vital importância em nossa arte, pois o músico no palco não pode interromper-se, paralisado, se cometer um erro. A confiança na capacidade de superar um erro durante uma apresentação não é um traço de personalidade, mas uma capacitação que se aprende. A técnica desenvolve-se, assim, numa dialética entre a maneira correta de fazer algo e a disposição de experimentar através do erro. Os dois lados não podem ser separados. Se o jovem músico aprende apenas a maneira correta, estará às voltas com uma falsa sensação de segurança. Se se deleitar na curiosidade, entregando-se ao fluxo do objeto transicional, não poderá aprimorar-se.

Este diálogo enfoca uma das palavras de ordem da questão da habilidade artesanal, a utilização de procedimentos ou ferramentas "de endereço certo". O endereço certo tem o objetivo de eliminar procedimentos que não atendam a um fim predeterminado. A ideia se traduzia nas pranchas de Diderot sobre L'Anglée, dos quais estavam ausentes quaisquer resíduos ou sobras de papel; os programadores de hoje falam de sistemas sem "soluços"; a tira Suzuki é um dispositivo de endereço certo. Devemos pensar no endereço certo como uma consecução, e não como um ponto de partida. Para atingir essa meta, o processo de trabalho precisa fazer algo que desagrada à mente muito organizada: conviver temporariamente com a bagunça — passos em falso, começos errados, becos sem saída. Na verdade, na tecnologia como na arte, o artífice que sonda não se limita a conviver com a bagunça, criando-a para entender os procedimentos de trabalho.

As ações de endereço certo criam o contexto para a preensão. Esta parece preparar a mão para estar apta, mas isto não é tudo. Na atividade musical, nós certamente nos preparamos, mas não podemos recuar quando nossa mão não atende às metas e objetivos; para corrigir, temos de aceitar — mais que isto, desejar — permanecer um pouco mais de tempo no erro para entender plenamente o que havia de errado na preparação inicial. O desenrolar completo das sessões de prática que aumentam a capacitação é, portanto, este: preparar, conviver com os erros e recuperar a forma. Nessa narrativa, o endereço certo é antes alcançado que preconcebido.

Os dois polegares

Da coordenação. Cooperação

Uma das virtudes habituais dos artífices manifesta-se na imagística social da oficina. Diderot idealizava a cooperação nas imagens da fabricação de papel em L'Anglée, com os empregados trabalhando juntos em harmonia. Haveria algum fundamento corporal para o trabalho cooperativo? Nas ciências sociais, a questão tem sido abordada mais recentemente, e com mais frequência, nos debates sobre o altruísmo. A principal preocupação tem sido tentar estabelecer se o altruísmo está programado nos genes humanos. Gostaria, aqui, de apontar numa outra direção: Que nos podem sugerir as experiências de coordenação física a respeito da cooperação social? A questão pode ser tornada concreta na exploração da maneira como as duas mãos se coordenam e cooperam uma como a outra.

Os dedos das mãos têm comprimento e flexibilidade desiguais, impedindo a perfeita coordenação. Isto se aplica inclusive aos dois polegares, cujas habilitações dependem de ser a pessoa destra ou canhota. Atingindo as habilidades manuais um nível elevado, essas desigualdades podem ser compensadas; os dedos e os polegares executam as ações que outros dedos não são capazes de executar. A expressão coloquial "dar uma mão" reflete essa experiência visceral. O trabalho compensatório das mãos sugere — e talvez não passe mesmo de uma sugestão — que a cooperação fraterna não depende de uma equivalente capacitação. Vou recorrer mais uma vez à música como veículo para explorar a coordenação e a cooperação entre membros desiguais, passando, no entanto, dos instrumentos de cordas para o piano.

A independência das mãos é uma questão importante na arte do piano, assim como a independência dos dedos. A música para piano mais simples muitas vezes atribui o estrelato melódico ao dedo anular e ao mínimo, os mais fracos da mão direita, e a função harmônica de base aos dois equivalentes da mão esquerda, igualmente os mais fracos. Esses dedos precisam ser fortalecidos, e o polegar, o mais forte das duas mãos, precisa aprender a trabalhar com eles, contendo sua força. Aqueles que se iniciam na música muito provavelmente atribuirão à mão direita um papel mais importante que à esquerda. Desse modo, já de início, a coordenação das mãos do pianista depara-se com o problema da harmonização de desigualdades.

Na música de jazz para piano, esse desafio físico torna-se ainda maior. Hoje em dia, o jazz moderno no piano raramente separa a melodia e a harmonia entre as duas mãos, como acontecia no blues. No jazz moderno para piano, os ritmos muitas vezes são marcados pela mão direita, e não, como outrora, pela esquerda. Ao começar a tocar jazz, o pianista e filósofo David Sudnow descobriu como podiam ser espinhosos os problemas de coordenação daí decorrentes. Em seu notável livro *Ways of the Hand* [Os caminhos da mão], Sudnow, músico de formação clássica, relata como começou a se transformar num pianista de jazz. E o começo se deu tomando um caminho lógico, mas errado.[16]

No jazz para piano, a mão esquerda quase sempre tem de abrir-se em amplos intervalos ou comprimir os dedos para produzir as harmonias típicas dessa arte. Sudnow começou, de maneira perfeitamente lógica, pelo sequenciamento dos movimentos opostos de estirar a palma da mão e juntar os dedos. Paralelamente, trabalhava a rápida movimentação da mão direita em amplas extensões do teclado, no saltitante "galope" do jazz tradicional; no jazz mais moderno, subir rapidamente até os registros mais altos do piano permite manter a pulsação rítmica no agudo.

A fragmentação dos problemas técnicos em diferentes partes revelou-se contraproducente. Sua separação não contribuiu muito para ajudá-lo a comprimir os dedos na mão esquerda e ao mesmo tempo galopar na direita. Pior ainda, ele exagerou na preparação das práticas separadas, o que pode ser fatal para a improvisação. Num nível mais sutil, o trabalho separado nas duas mãos gerou um problema para os polegares. São os dedos mais importantes para o pianista de jazz, suas âncoras no teclado. Agora, no entanto, ancorando por assim dizer navios de calados diferentes, cada um numa rota própria, os polegares não conseguiam atuar juntos.

O momento eureca deu-se quando ele descobriu que "uma única nota bastaria perfeitamente" para orientá-lo. "Eu podia tocar uma nota por toda a duração de um acorde e uma outra, ao lado, no acorde seguinte, podendo assim enunciar as melodias."[17] Em termos técnicos, quer isto dizer que todos os dedos começam a funcionar como os polegares, e os polegares começam a interagir, assumindo um o papel do outro quando necessário.

Depois desse momento eureca, Sudnow mudou de procedimento. Passou a utilizar todos os dedos como autênticos parceiros. Se um deles se revelava muito fraco ou muito forte, ele mobilizava outro para entrar em ação. As fotografias em que Sudnow aparece tocando deixam horrorizados os professores de piano convencionais: ele parece contorcer-se. Ouvindo-o, no entanto, percebemos com que facilidade toca. E é capaz de fazê-lo porque a certa altura decidira fazer da coordenação seu objetivo, sempre que se exercitava.

Existe uma explicação biológica para o funcionamento da coordenação entre membros desiguais. O corpus callosum do cérebro é uma via de comunicação ligando o córtex motor direito ao esquerdo. Essa via conduz de um lado a outro informações sobre o controle dos movimentos corporais. As práticas que dividem o trabalho manual em partes enfraquecem essa transferência neural.[18]

A compensação também tem uma explicação biológica. Já se disse que o *Homo sapiens* é um "macaco assimétrico".[19] A preensão física é assimétrica. Usamos mais uma mão que a outra para tentar alcançar as coisas — na maioria dos seres humanos, recai na direita esse papel. Na pegada com a mão côncava descrita por Mary Marzke, a mão mais fraca segura o objeto no qual trabalha a mais forte. O psicólogo francês Yves Guiard estudou as maneiras de reagir à assimetria, com resultados surpreendentes.[20] Em certa medida, como poderíamos esperar, o importante é fortalecer o membro mais fraco, mas os exercícios voltados exclusivamente nessa direção não são capazes de aumentar a destreza da mão mais fraca. A mão mais forte precisa recalibrar sua força para permitir o desenvolvimento da destreza na mais fraca. O mesmo se aplica aos dedos. O indicador precisa por assim dizer pensar como o anular, para "dar uma força". E é também o caso com os polegares: ouvimos os dois polegares de Sudnow trabalhando juntos como um só, mas, fisiologicamente, o mais forte retém parte de sua força. Isto é ainda mais necessário quando o polegar ajuda o débil anular, passando a se comportar como ele. Tocar um arpejo em que o forte polegar esquerdo se mobilize para ajudar o fraquinho mínimo direito é talvez o procedimento físico mais difícil na coordenação cooperativa.

A coordenação manual chama a atenção para um grande equívoco sobre os processos de capacitação. Consiste ele em imaginar que adquirimos controle técnico partindo da parte para o todo, aprofundando o trabalho em cada parte separadamente e em seguida unindo as partes — como se a competência técnica se assemelhasse à produção industrial em uma linha de montagem. A coordenação manual não funciona bem se for organizada dessa maneira. Em vez de resultar da combinação de atividades distintas, separadas e individualizadas, a coordenação funciona muito melhor se as duas mãos operarem juntas desde o início.

O arpejo também nos dá uma pista sobre o tipo de fraternidade idealizado por Diderot e, depois dele, Saint-Simon, Fourier e Robert Owen, a fraternidade daqueles que compartilham a mesma habilidade. O verdadeiro teste desse vínculo manifesta-se quando eles reconhecem que a compartilham em graus desiguais. A "mão fraterna" representa esse tipo de contenção digital por parte dos dedos mais fortes que Yves Guiard considera a essência da coordenação física; haverá aí algum reflexo social? Essa pista pode ser mais explorada se entendermos melhor o papel da força mínima no desenvolvimento das habilidades manuais.

Mão-punho-antebraço

A lição da força mínima

Para entender a força mínima, examinemos outro tipo de trabalho manual especializado, o do chef de cozinha.

Os arqueólogos encontraram pedras afiadas usadas para cortar 2,5 milhões de anos atrás; as facas de bronze remontam a pelo menos 6 mil anos, e o ferro batido, a pelo menos 3.500.[21] A fundição do ferro bruto era mais simples que a do bronze, representando um aperfeiçoamento na fabricação de facas porque era afiado com mais facilidade. As modernas facas de aço temperado levam à consumação essa primitiva busca de acuidade. A faca, observa o sociólogo Norbert Elias, sempre representou "um instrumento perigoso (...) uma arma de ataque", cercada de tabus em todas as culturas em tempos de paz, especialmente quando usadas para finalidades domésticas.[22] Assim é que, pondo a mesa, dispomos a faca com a parte cortante voltada para dentro, para que não ameace o vizinho.

Em vista do perigo que pode oferecer, a faca e seu uso foram simbolicamente associados durante muito tempo ao autocontrole. Em seu tratado *Civilité*, por exemplo, C. Calviac, escrevendo em 1560, recomenda que um jovem "corte a carne em pedaços bem pequenos na tábua de cortar", levando-a em seguida à boca "com a mão direita (...) usando apenas três dedos". Este comportamento tomava o lugar de um uso anterior em que a faca era utilizada como se fosse um arpão, fisgando enormes nacos de comida para levá-los à boca de uma vez. Calviac criticava essa maneira de comer não só porque sumos podiam escorrer pelo queixo ou se corria o risco de inalar muco e fluidos do nariz, mas também porque passava uma imagem de total ausência de autocontrole.[23]

Na mesa chinesa, os palitos há milênios substituíram a faca como símbolo de paz; sua utilização permite comer pedaços pequenos, da maneira higiênica e disciplinada recomendada há apenas quinhentos anos por Calviac. O problema do artífice chinês era como fornecer alimentos que pudessem ser consumidos com os pacíficos pauzinhos, e não com a bárbara faca. A solução está em parte no fato de que, como instrumento de morte, a ponta afiada de uma faca é importante; como instrumento de cozinha, o fio da lâmina é mais útil. Quando a China entrou na era do ferro batido, durante a dinastia Chou, surgiram facas especificamente destinadas à cozinha, especialmente o cutelo, com seu fio muito afiado e a ponta quadrada.

Na China, da dinastia Chou até épocas recentes, o chef que utilizava o cutelo se orgulhava de empregá-lo como ferramenta de uso geral, cortando a carne em pedaços, fatias ou picadinho (*hsiao*, *tsu* ou *hui*), ao passo que os cozinheiros menos sofisticados recorriam a diferentes facas. Um dos primeiros textos do taoismo, o *Chuang-tzu*, celebrava o cozinheiro Ting, que fazia uso do cutelo para chegar às "falhas nas juntas", numa dissecção minuciosa permitindo que toda a carne comestível num animal chegue aos dentes humanos.[24] O chef que fazia uso do cutelo buscava a precisão no talho de peixes e no picar de legumes, aumentando o aproveitamento dos alimentos; a faca trabalhava com tamanhos mais regulares de pedaços de animais e vegetais, para permitir cozinhá-los mais uniformemente numa única panela. O segredo que permite perseguir esses objetivos é o cálculo da força mínima, através da técnica de queda e liberação.

A antiga técnica do cutelo derivava dos mesmos tipos de alternativas que se apresentam hoje a um carpinteiro que precisa decidir como martelar um prego na madeira. Uma das possibilidades consiste em posicionar o polegar ao lado do cabo do martelo para guiar a ferramenta; a força do golpe virá toda do punho. Outra alternativa é circundar o cabo com o polegar, provindo então a força de todo o antebraço. Optando por esta, o carpinteiro aumentará a força bruta do golpe, mas também se arriscará a perder na precisão. Na utilização do cutelo, o antigo chef chinês optava pela segunda posição, mas desenvolvia uma maneira diferente de coordenar os movimentos de antebraço, mão e cutelo no talho preciso dos alimentos. Em vez de martelar um golpe, ele orientava a partir do cotovelo o conjunto formado pelo antebraço, a mão e o cutelo, de tal maneira que a aresta cortante *caísse* no alimento; no momento em que a lâmina fazia contato, os músculos do antebraço se contraíam para *liberar* mais pressão.

Cabe lembrar que o chef segura o cutelo com o polegar em torno do cabo; o antebraço funciona como extensão do cabo e o cotovelo, como eixo. No padrão mínimo, a força era proveniente exclusivamente do peso do cutelo caindo, o que permitia talhar alimentos macios sem esmagá-los — como se o chef estivesse tocando *pianissimo*. Mas os alimentos crus podem ser mais resistentes, e o cozinheiro deve nesses casos, por assim dizer, tocar mais alto, fazendo mais pressão com o cotovelo para criar um *forte* culinário. De qualquer maneira, seja picando alimentos ou fazendo soar acordes, o ponto de partida do controle físico, seu parâmetro de referência, está no cálculo e aplicação da força mínima. O cozinheiro antes diminui que aumenta a pressão; a própria preocupação do chef em não danificar os materiais o treinou para isto. Um legume esmagado não tem mais uso, mas um pedaço de carne que ainda não foi cortado pode ser recuperado mediante repetidos golpes ligeiramente mais fortes.

A ideia da força mínima como parâmetro de referência do autocontrole se traduz nessa recomendação, apócrifa mas perfeitamente lógica, feita na antiga cozinha chinesa: o bom cozinheiro deve aprender primeiro a talhar um grão de arroz cozido.

Antes de trazer à tona as implicações dessa regra artesanal, precisamos entender melhor um corolário físico da força mínima. Trata-se da liberação. Quando o cozinheiro ou carpinteiro mantém o cutelo ou martelo abaixado depois de desferir o golpe, está militando contra o ricochete da ferramenta. Será gerada tensão em toda a extensão do antebraço. Por motivos fisiológicos que ainda não são bem conhecidos, a capacidade de retirar força no microssegundo que se segue à sua aplicação também torna o próprio gesto mais preciso, melhorando a pontaria. Assim, na prática do piano, a liberação de uma tecla é parte integrante do mesmo movimento em que é pressionada, devendo a pressão cessar no momento do contato, para que os dedos se movimentem com facilidade e rapidez para outras teclas. No caso dos instrumentos de cordas, no momento de passar a uma nova nota, nossa mão só pode fazer o movimento com fluidez soltando, um microssegundo antes, a corda anteriormente pressionada. Para a mão musical, por este motivo, é mais difícil produzir um som claro e suave do que projetar notas altas e estridentes. No críquete ou no beisebol, a rebatida requer a mesma habilidade na liberação.

Na movimentação da mão-punho-antebraço, a preensão desempenha um papel importante na liberação. O conjunto do braço deve proceder ao mesmo tipo de antecipação do movimento para alcançar um copo, só que em sentido inverso. Já no momento em que o golpe está para ocorrer, o conjunto do braço se prepara para o próximo passo, no microssegundo anterior ao contato — como se estivesse fazendo um movimento para alcançar a liberação. A compreensão dos objetos descrita por Raymond Tallis se efetua dessa maneira, passando o conjunto do braço a desfazer a tensão mobilizada no ato de pegar, para segurar com menos firmeza o martelo ou o cutelo.

"Talhar um grão de arroz" tem a ver, assim, com duas regras corporais intimamente ligadas: estabelecer um padrão de referência da mínima força necessária e aprender a soltar. Tecnicamente, a principal questão envolvida nessa relação é o controle do movimento, mas efetivamente existem muitas implicações humanas — com as quais também estavam sintonizados os autores dos textos da antiga culinária chinesa. O *Chuang-tzu* recomenda ao cozinheiro que não se comporte como um guerreiro, e daí o taoismo deriva uma ética mais genérica para o *Homo faber*: um tratamento agressivo e antagônico dos materiais naturais é contraproducente. No Japão, mais tarde, o zen-budismo haveria de se abeberar nesse legado para explorar a ética do soltar, exemplificada no tiro com arco. Fisicamente, esse esporte está centrado na liberação da tensão para soltar a corda do arco. Os autores da filosofia zen falam da ausência de agressividade física, do espírito de tranquilidade que deve prevalecer nesse momento; esse estado de ânimo é necessário para que o arqueiro atinja o alvo com precisão.[25]

Nas sociedades ocidentais, o uso da faca também tem servido de símbolo cultural da agressividade mínima. Norbert Elias constatou que, no início da Idade Média, os europeus encaravam de maneira pragmática os perigos oferecidos pela faca. O "processo civilizatório" por ele descrito teve início ao assumir a faca um valor mais simbólico, evocando na mentalidade coletiva tanto os males quanto os remédios da violência espontânea. "A sociedade, que começava nessa época (...) a limitar os perigos reais que ameaçavam as pessoas (...) instalou uma barreira ao redor dos símbolos também", observa Elias. "Aumentaram, assim, as restrições e proibições sobre a faca, juntamente com os limites impostos aos indivíduos."[26] Com isto, ele queria dizer, por exemplo, que em 1400 talvez fossem habituais lutas com facas numa ceia festiva, mas em 1600 tais manifestações eram desaprovadas. Ou então que, em 1600, um homem que encontrasse um estranho na rua não levava automaticamente a mão ao punho da espada.

Uma pessoa "bem educada" disciplinava o corpo nas mais elementares necessidades biológicas — ao contrário dos broncos, caipiras e camponeses considerados "cascas-grossas" na gíria, peidando sem-cerimônia ou limpando o nariz com a manga da camisa. Uma das consequências desse autocontrole era liberar as pessoas da tensão agressiva. O ato de picar alimentos do chef torna mais compreensível essa quixotesca pretensão: o autocontrole anda de mãos dadas com a tranquilidade.

Analisando o surgimento da sociedade cortesã no século XVII, Elias ficou impressionado com a maneira como essa conexão passara a definir o aristocrata elegante, confortável na relação com os outros e no pleno controle de si mesmo; comer adequadamente era uma das qualificações sociais do aristocrata. Este sinal de boas maneiras à mesa tornou-se possível somente porque os riscos de violência física diminuíam na sociedade polida, refluindo as habilidades perigosas associadas à faca. No advento da vida burguesa no século XVIII, o código desceu um grau na hierarquia das classes sociais, mudando novamente de caráter; o tranquilo autocontrole passou a ser um sinal da "naturalidade" celebrada pelos *philosophes*. A mesa e suas maneiras continuavam contribuindo para a distinção social. A classe média, por exemplo, observava a regra de que só se deve cortar com faca os alimentos que não podem ser fatiados ou perfurados com as extremidades menos cortantes de um garfo, torcendo o nariz para as ordens inferiores por usarem a faca como lança.

Elias é um historiador admirável, mas se equivoca, em minha opinião, como analista da vida social que tão vividamente descreve. Trata a civilidade como um verniz sob o qual se encontra uma experiência mais sólida, mais pessoal: a vergonha — o verdadeiro catalisador da autodisciplina. Todas as suas histórias de narizes assoados, peidos e mijadas em público se originam, como no caso da evolução das maneiras à mesa, na vergonha das funções corporais naturais, de sua expressão espontânea; o "processo civilizatório" inibe a espontaneidade. Para Elias, a vergonha é uma emoção introspectiva: "A ansiedade que chamamos de 'vergonha' é estritamente ocultada dos outros (...) jamais expressa diretamente em gestos ruidosos. (...) É um conflito no interior de sua própria personalidade; ele se reconhece como inferior."[27]

Não parece verdadeiro no caso dos aristocratas, mas soa mais autêntico no que diz respeito aos costumes da classe média. Ainda assim, não chega a ser uma explicação aplicável à fluência ou ao autocontrole buscado pelo artífice; a vergonha não é uma motivação do artífice que aprende a força mínima e a liberação. Do ponto de vista meramente físico, ele não é induzido nessa direção. Existe, com efeito, uma fisiologia da vergonha, que pode ser avaliada pela tensão muscular na barriga e nos braços — vergonha, ansiedade e tensão muscular constituem uma nada santíssima trindade no organismo humano. A fisiologia da vergonha incapacitaria a liberdade de movimentos físicos de que precisa um artífice para trabalhar. A tensão muscular é fatal para o controle físico. Em termos positivos, à medida que os músculos se desenvolvem, em volume e definição, os reflexos que os levam a se tensionar tornam-se menos pronunciados; a atividade física torna-se mais estável, menos espasmódica. Por isto é que as pessoas de corpos fisicamente mais fortes são mais capazes de calibrar a força mínima que as pessoas de corpos fracos; desenvolveram um gradiente de força muscular. Os músculos bem desenvolvidos também são mais capazes de liberação. Mantêm a forma mesmo quando soltam. Mentalmente, o artífice das palavras não mais poderia explorá-los e usá-los bem se estivesse tomado de ansiedade.

Para fazer justiça a Elias, poderíamos supor que o autocontrole tem duas dimensões: uma delas, uma superfície social por baixo da qual encontramos a angústia pessoal, e a outra, uma realidade de bem consigo mesma, tanto física quanto mentalmente, uma realidade que contribui para o desenvolvimento da habilidade do artífice. Esta segunda dimensão tem suas próprias implicações sociais.

A estratégia militar e diplomática deve estar constantemente avaliando os graus de força bruta. Os estrategistas que recorreram à bomba atômica decidiram que uma força esmagadora era necessária para forçar a rendição japonesa. Na atual estratégia militar americana, a "doutrina Powell" preconiza a arregimentação em campo de uma quantidade de soldados capaz de intimidar, ao passo que a doutrina do "choque e assombro" substitui os homens pela tecnologia — uma quantidade maciça de mísseis teleguiados e bombas guiadas a laser atirada de uma só vez contra um inimigo.[28] Uma abordagem inversa foi proposta pelo cientista político e diplomata Joseph Nye, que lhe deu o nome de "poder suave"; ela está mais próxima da maneira como trabalharia um artífice especializado. Na coordenação das mãos, a questão está centrada nas desigualdades de força; as mãos de força desigual que trabalham juntas corrigem a fraqueza. Associada à liberação, a força contida do tipo da que é empregada pelo artífice dá mais um passo. A combinação proporciona autocontrole ao corpo do artífice, facultando a precisão dos gestos; no trabalho manual, a força bruta e cega é contraproducente. Todos esses ingredientes — cooperação com a força fraca e contida, liberação após o ataque — estão presentes no "poder suave"; também esta doutrina procura transcender a força cega contraproducente. É o artesanato na política.

Mão e olho

O ritmo da concentração

O "distúrbio do déficit de atenção" preocupa atualmente muitos pais e professores, levantando a questão de saber se as crianças são capazes de focalizar a atenção por períodos mais prolongados, em vez de voltar-se apenas para o que é passageiro. Os desequilíbrios hormonais explicam algumas causas do déficit de atenção, enquanto outras têm origem em fatores culturais. Na esfera destes, o sociólogo Neil Postman produziu alentadas pesquisas sobre os efeitos negativos da televisão nas crianças.[29] Os estudiosos das formas de aquisição e desenvolvimento da perícia, contudo, frequentemente definem a capacidade de concentração em termos que talvez não pareçam realmente úteis na abordagem dessas preocupações dos adultos.

Como dissemos no início deste livro, o tempo necessário para que alguém se torne um especialista costuma ser estimado em 10 mil horas. Nos estudos sobre "compositores, jogadores de basquete, ficcionistas, patinadores no gelo (...) e grandes criminosos", observa o psicólogo Daniel Levitin, "essa estimativa aparece a toda hora".[30] Esse lapso de tempo aparentemente enorme é o que os pesquisadores estimam necessário para que as habilidades mais complexas fiquem gravadas tão profundamente que se transformem em conhecimento tácito e prontamente acessível. À parte o caso do grande criminoso, a estimativa não é realmente absurda. A regra das 10 mil horas traduz-se numa prática diária de três horas durante dez anos, que vem a ser efetivamente um padrão habitual na formação de jovens esportistas. Os sete anos de aprendizado numa ourivesaria medieval representam pouco menos de cinco horas de trabalho diário na bancada, o que vai ao encontro do que sabemos a respeito dessas oficinas. Nas duras condições da residência médica, as 10 mil horas podem ser condensadas em três anos ou menos.

Em contraste, a preocupação dos adultos com o déficit de atenção se manifesta em escala muito menor: como poderá uma criança concentrar-se nem que seja por uma hora. Os educadores frequentemente procuram interessar as crianças mental e emocionalmente em determinados temas, para desenvolver sua capacidade de concentração. A teoria que lhes serve de base é a de que um envolvimento substantivo favorece a concentração. O desenvolvimento de longo prazo das habilidades manuais mostra o inverso dessa teoria. Vem primeiro a capacidade de se concentrar por longos períodos; só quando for capaz disto a pessoa poderá envolver-se emocional ou intelectualmente. A capacidade de concentração física segue regras próprias, baseadas na maneira como as pessoas aprendem a praticar, a repetir e a aprender com a repetição. A concentração, vale dizer, tem uma lógica interna; e acredito que essa lógica tanto pode ser aplicada num trabalho regular durante uma hora quanto por vários anos.

Para tentar entender a lógica, podemos explorar mais as relações entre a mão e o olho. As relações entre esses dois órgãos são suscetíveis de organizar o processo da prática de maneira sustentável. E não poderia haver melhor guia que Erin O'Connor quando se trata de descobrir como a mão e o olho aprendem juntos como se concentrar.[31] Insufladora de vidro de pendor filosófico, ela explorou a questão do desenvolvimento da atenção de longo curso enquanto trabalhava na criação de um tipo específico de taça de vinho. Nas páginas de uma venerável publicação científica, ela explica que há muito é apreciadora dos vinhos italianos Barolo, e resolveu se empenhar na fabricação de uma taça suficientemente grande e arredondada para dar vazão a seu aroma. Para isto, precisava estender do curto para o longo prazo seu poder de concentração.

O contexto desse aprendizado foi aquele momento crítico do ofício em que o vidro derretido é acumulado na extremidade de um tubo estreito e alongado. Em estado viscoso, o vidro perde a firmeza se o tubo não for constantemente revolvido. Para conseguir um filete boleado uniforme, as mãos precisam efetuar um movimento semelhante ao de girar uma colher de chá num pote de mel. Todo o corpo se envolve nesse empenho. Para evitar tensão nas costas durante o movimento giratório do tubo, o insuflador deve inclinar-se para a frente a partir da zona inferior do tronco, e não da superior, como o remador no gesto inicial da remada. Essa postura também contribuiu para firmar o artífice ao retirar o vidro derretido da fornalha. De importância crítica, contudo, é a relação entre a mão e o olho.

Aprendendo a fazer uma taça digna do Barolo, O'Connor passou por etapas semelhantes às vivenciadas por músicos e cozinheiros. Para tentar entender onde estava errando, ela teve de "remover as tiras" dos hábitos adquiridos ao insuflar peças mais simples, descobrindo, por exemplo, que, no procedimento fácil a que se acostumara, projetava uma ampola muito pequena de vidro derretido na extremidade do tubo por onde soprava. Precisou adquirir maior consciência do próprio corpo na relação com o líquido viscoso, como se houvesse uma continuidade entre a carne e o vidro. Pode parecer poético, mas a poesia provavelmente desaparecia com os gritos com que seu mentor comentava o andamento dos trabalhos: "Mais devagar, vaqueira, segura firme!" O'Connor por acaso é uma mulher baixinha e recatada, e muito sabiamente não se ofendia. Sua coordenação melhorou.

Agora ela estava em melhores condições de fazer uso da tríade da "mão inteligente", na coordenação entre a mão, o olho e o cérebro. Seu preparador recomendou: "Não tire os olhos do vidro! Ela [a massa derretida na extremidade do tubo] está começando a sair!" Isto fez com que ela liberasse um pouco a força com que segurava o tubo. Segurando-o mais relaxadamente, como faria um chef com seu cutelo, ela obteve mais controle. Mas ainda precisava aprender a prolongar sua concentração.

Esse prolongamento ocorreu em duas fases. Primeiro, ela abriu mão da consciência do contato do corpo *com* o vidro quente, deixando-se absorver completamente pelo material, como fim em si mesmo: "A consciência do peso do tubo na palma da mão recuou, avançando em seu lugar a sensação da saliência da beira da parte intermediária do tubo, seguida do peso do vidro se acumulando na extremidade, e finalmente dessa concentração se transformando na taça."[32] O filósofo Maurice Merleau-Ponty refere-se à experiência por ela vivida como "o ser como coisa".[33] O filósofo Michael Polanyi fala de "consciência focal", recorrendo ao ato de martelar um prego: "Quando baixamos o martelo, não sentimos que seu cabo golpeou a palma da nossa mão, mas que sua cabeça golpeou o prego. (...) Tenho uma consciência subsidiária da sensação na palma da mão, que se mistura a minha consciência focal de estar impelindo o prego."[34] Para formular de uma outra maneira, estamos já agora absortos *em* alguma coisa, e não mais conscientes de nós mesmos, ou nem sequer de nosso self corpóreo. Tornamo-nos aquilo em que trabalhamos.

Essa absorta concentração precisava agora ser estendida. O desafio enfrentado por O'Connor decorria de um outro fracasso. Embora seu eu, bem posicionado, tranquilo e absorto, conseguisse fazer o vidro convergir para uma bolha, transformando-a na pretendida forma adequada ao vinho Barolo, a taça, esfriando, revelou-se "assimétrica e pesadona".

O problema, como viria a dar-se conta, estava em insistir naquele momento de "ser como coisa". Para trabalhar melhor, percebeu, ela precisava prever aquilo em que o material deveria transformar-se em sua próxima etapa evolutiva, ainda não manifestada. Seu instrutor referia-se a esse momento simplesmente como "manter-se nos trilhos"; ela, com suas inclinações mais filosóficas, entendeu que entrara num processo de "antecipação corpórea", sempre um passo à frente da matéria-prima, sucessivamente vidro derretido, bolha, depois bolha com haste e haste com pé. Ela tinha de transformar essa preensão num estado de espírito permanente, e aprendeu a fazê-lo soprando a taça repetidas vezes, fosse bem-sucedida ou não. Ainda que por sorte alcançasse êxito na primeira vez, teria continuado praticando, para se apoderar plenamente dos atos de juntar o vidro, soprar e revirar o tubo com as próprias mãos. É a repetição pela repetição: como as braçadas de um nadador, o puro e simples movimento repetido torna-se um prazer em si mesmo.

Como Adam Smith descrevendo o trabalho industrial, poderíamos considerar a rotina como algo maquinal, supor que uma pessoa repetindo sempre alguma coisa se perde mentalmente; poderíamos estabelecer uma equivalência entre rotina e tédio. Assim não é, todavia, para as pessoas que desenvolvem habilidades manuais sofisticadas. Fazer algo repetidas vezes é estimulante quando se está olhando para a frente. A substância da rotina pode mudar, metamorfosear-se, melhorar, mas a recompensa emocional é a experiência de fazer de novo. Nada há de estranho nessa experiência. Todos nós a conhecemos; ela se chama *ritmo*. Encravado nas contrações do coração humano, o ritmo foi estendido pelo artífice especializado à mão e ao olho.

O ritmo tem dois componentes: o acento de uma batida e o andamento, a velocidade de uma ação. Na música, alterar o andamento de uma peça é uma maneira de olhar para a frente e antecipar. As indicações *ritardando* e *accelerando* obrigam o músico a preparar uma mudança; essas grandes alterações do andamento o mantêm alerta. O mesmo se aplica ao ritmo em miniatura. Quando tocamos uma valsa estritamente no compasso, usando um metrônomo, sentimos dificuldade cada vez maior de suster a atenção; o ato de marcar regularmente uma cadência requer micropausas e microímpetos. Nos termos da discussão do capítulo anterior, a acentuação repetida de uma cadência estabelece a forma-tipo. As alterações de andamento são como as diferentes espécies que se manifestam dentro dessa rubrica genérica. A preensão está focalizada no andamento; o músico se concentra de maneira produtiva.

O ritmo que mantinha O'Connor alerta estava no olho ocupado em disciplinar a mão, constantemente rastreando e avaliando, ajustando os atos da mão e marcando o tempo. A complexidade aqui deriva do fato de que ela já não estava consciente das próprias mãos, deixara de pensar no que estavam fazendo: sua consciência estava voltada para o que ela via; os movimentos manuais de que se impregnara já faziam parte do ato de enxergar à frente. Aos olhos do músico, o regente parece ligeiramente à frente, indicando o som, enquanto o executante registra novamente o sinal no microssegundo anterior à produção desse som.

Receio que minha capacidade descritiva tenha chegado ao limite na descrição do ritmo envolvido na concentração, e certamente fiz a experiência parecer mais abstrata do que é. Os sinais de uma pessoa que se concentra na prática são bastante concretos. Uma pessoa que tenha aprendido a se concentrar bem não conta o número de vezes que repete um movimento por comando do ouvido ou do olho. Quando estou mergulhado na prática do violoncelo, quero repetir um gesto físico numerosas vezes para aperfeiçoá-lo, mas também aperfeiçoá-lo para poder voltar a fazê-lo. O mesmo no caso de Erin O'Connor. Ela não está preocupada em contar o número de vezes; quer repetir o ato de insuflar pelo tubo, de segurá-lo e revirá-lo nas mãos. Mas o seu olho estabelece o andamento. Quando os dois elementos do ritmo convergem na prática, uma pessoa é capaz de se manter alerta por longos períodos e progredir.

E a substância daquilo que se pratica? Será que se pratica uma invenção em três partes de J. S. Bach melhor que um exercício de Ignaz Moscheles só porque a música é melhor? Minha experiência diz que não; o ritmo da prática, equilibrando repetição e antecipação, é em si mesmo envolvente. Quem quer que tenha aprendido latim ou grego na infância pode chegar à mesma conclusão. Esse aprendizado de línguas era em grande medida "maquinal", sua substância, remota. Só aos poucos os procedimentos rotineiros que nos permitiam aprender a língua grega contribuíam para nos interessar por uma cultura estrangeira há muito desaparecida. Como no caso de outros aprendizes que ainda não apreenderam bem o conteúdo de algo, aprender a se concentrar tem de vir primeiro. Praticar alguma coisa é uma atividade de estrutura própria e interesse intrínseco.

O interesse prático desse trabalho manual avançado para as pessoas que lidam com o distúrbio de déficit de atenção consiste em centrar a atenção na maneira como se organizam as sessões de prática. O aprendizado mecânico não é em si mesmo o inimigo. As sessões de prática podem tornar-se interessantes quando dotadas de um ritmo interno, por curto que seja; é possível simplificar os complicados atos de um insuflador de vidro ou de um violoncelista sofisticado preservando a mesma estruturação do tempo. Estamos prestando um desserviço aos que sofrem do distúrbio de déficit de atenção quando tentamos fazê-los entender antes de agir.

A visão da boa prática pode parecer menoscabar a importância do comprometimento, mas o próprio comprometimento se manifesta de duas formas, como decisão e como obrigação. Numa, avaliamos se determinado ato vale a pena ou se uma pessoa merece que lhe dediquemos nosso tempo; na outra, submetemo-nos ao cumprimento do dever, a um costume ou à necessidade de outra pessoa, independentemente da nossa vontade. O segundo tipo de comprometimento é organizado pelo ritmo; aprendemos a nos desincumbir de uma obrigação repetidas vezes. Como assinalam há muito tempo os teólogos, os rituais religiosos precisam ser repetidos para se tornarem convincentes, dia após dia, mês após mês, ano após ano. As repetições são estabilizadoras, mas na prática religiosa não se tornam rotineiras; a cada vez, o celebrante prevê que algo importante está por acontecer.

Toco nesse ponto em parte porque a prática que se verifica na repetição de uma frase musical, no ato de picar a carne ou de soprar o vidro de uma taça tem algo do caráter de um ritual. Treinamos nossa mão com a repetição; sentimo-nos antes alerta que entediados porque desenvolvemos a capacidade da antecipação. Da mesma forma, contudo, a pessoa capaz de cumprir uma obrigação repetidas vezes adquiriu uma habilidade técnica, a habilidade rítmica de um artífice, quaisquer que sejam o deus ou os deuses que venera.

Neste capítulo, expusemos detidamente a ideia da unidade entre a cabeça e a mão. Essa unidade inspirou os ideais do Iluminismo no século XVIII, deu sustentação à defesa do trabalho manual por Ruskin no século XIX. Não seguimos exatamente o mesmo caminho, pois estivemos mapeando formas de compreensão mental que decorrem do desenvolvimento de habilidades manuais especializadas e refinadas, sejam elas tocar na afinação exata, talhar um grão de arroz ou realizar um difícil trabalho de modelagem em vidro. Mas até mesmo essas habilidades virtuosísticas baseiam-se em elementos essenciais do corpo humano.

A concentração consuma uma certa linha de desenvolvimento técnico na mão. As mãos já tiveram anteriormente de experimentar através do tato, mas de acordo com um padrão objetivo; aprenderam a coordenar a desigualdade; aprenderam a aplicação da força mínima e da liberação. Desse modo, vão acumulando um repertório de gestos adquiridos. Esses gestos podem ser ainda mais refinados ou revistos no contexto do processo rítmico que ocorre na prática e a sustém. A preensão preside cada avanço técnico, e cada avanço está cheio de implicações éticas.

CAPÍTULO 6

Instruções expressivas

O princípio da instrução

Mostre em vez de dizer

Este é um breve capítulo sobre um tema ingrato. Diderot considerava os impressores e tipógrafos incapacitados para se expressar adequadamente ao explicar o que faziam; eu mesmo senti-me incapaz de expor claramente em palavras como a mão e o olho entram em coordenação. A linguagem encontra dificuldade para descrever as ações físicas, o que fica mais claro no caso da linguagem destinada a nos dizer o que fazer. Quem quer que tenha tentado montar uma estante pronta-para-armar seguindo um manual de instruções conhece o problema. Quando a paciência começa a desaparecer, percebemos a enorme defasagem que pode haver entre a linguagem instrutiva e o corpo.

Na oficina ou no laboratório, a palavra falada parece mais eficaz que as instruções escritas. Quando um procedimento torna-se difícil, pode-se imediatamente consultar alguém a respeito, discutindo a questão enquanto for necessário, ao passo que, lendo uma página impressa, podemos debater interiormente o que estamos lendo, mas não temos o feedback de alguém. Mas simplesmente privilegiar a palavra falada, frente a frente, é uma solução incompleta. É necessário que as duas pessoas estejam no mesmo lugar;

o aprendizado torna-se local. Além disso, os diálogos improvisados muitas vezes são confusos e vagos. Em vez de se livrar da palavra impressa, o desafio consiste em fazer com que as instruções escritas efetivamente se comuniquem — em outras palavras, criar instruções realmente expressivas.

O problema tem um aspecto biológico, revelado em estudos que relacionam as atividades das mãos aos usos da linguagem. O mais útil desses estudos, para nós, trata da coordenação das instruções em palavras e os gestos da mão. Os pesquisadores investigaram essa relação estudando as ligações entre a apraxia e a afasia. A apraxia (perda da coordenação dos movimentos) diz respeito às dificuldades que as pessoas podem encontrar em atos como abotoar uma camisa. Da mesma forma, a afasia (perda da capacidade de usar ou compreender palavras) pode fazer com que uma pessoa deixe de entender a instrução verbal de abotoar a camisa. O neurologista Frank Wilson trabalhou com pacientes acometidos dos dois distúrbios. Ele considera que tratar antes a apraxia os ajuda a lidar com a afasia; ou seja, recuperar uma habilidade física ajuda as pessoas a entender a linguagem, especialmente a linguagem das instruções.[1] Como demonstrou Sheila Hale em suas comoventes memórias, *The Man Who Lost His Language* [O homem que perdeu a linguagem], a afasia propriamente pode assumir muitas formas, mas todas elas tornam-se particularmente desgastantes quando um afásico for solicitado a fazer algo físico.[2]

A descoberta terapêutica de Wilson indica, de forma mais genérica, que os movimentos corporais constituem a base da linguagem. Esta indicação interessa a muitos dos pesquisadores que colaboraram no influente volume *Gesture and the Nature of Language* [O gesto e a natureza da linguagem].[3] Sua ideia-mestra é que as próprias categorias da linguagem são geradas por ações manuais intencionais, de tal maneira que os verbos derivam de movimentos da mão, os substantivos "seguram" coisas como nomes e os advérbios e adjetivos, como ferramentas manuais, modificam os movimentos e os objetos. O interesse, aqui, volta-se particularmente para as maneiras como as experiências de tocar e segurar, tal como apresentadas no capítulo anterior, conferem à linguagem sua força direcional.

O neurologista Oliver Sacks seguiu um caminho diferente na análise das instruções fornecidas pelos gestos manuais. Seu fascinante estudo *Vendo vozes* explora a atuação dos "sinalizadores" para surdos.[4] Ele ficou impressionado com a maneira como os movimentos das mãos dos sinalizadores frequentemente ilustram um conceito verbal em gestos, em vez de fazer um sinal abstrato, como, por exemplo, quando fazemos o sinal de "tome cuidado" apontando o indicador, com os outros dedos enroscados na palma da mão. Os procedimentos por ele descritos no caso dos surdos evocam a arte da mímica, tal como desenvolvida na *commedia dell'arte* no Renascimento, ou na utilização da mímica no balé no século XIX. Como os mímicos, os sinalizadores para surdos envolvem-se na atividade física da demonstração.

A demonstração traduz-se numa orientação artesanal que costuma ser dada aos jovens escritores: "Mostre em vez de dizer!" Na criação de um romance, isto significa evitar declarações como "Ela estava deprimida", optando por escrever algo como "Ela se arrastou até o pote de café, o copo pesando na mão". Assim, podemos ver o que é a depressão. A demonstração física expressa mais que a etiqueta classificatória. O princípio de mostrar em vez de dizer ocorre nas oficinas quando o mestre demonstra em atos o procedimento acertado; sua demonstração serve de orientação. Mas esse tipo de mímica tem um segredo.

Frequentemente se espera que o aprendiz absorva a lição do mestre por osmose; a demonstração do mestre apresenta um ato bem-sucedido, e o aprendiz tem de descobrir o que foi que fez a chave girar na fechadura. O aprendizado através da demonstração joga a responsabilidade nos ombros do aprendiz; e também parte do princípio de que é possível a imitação direta. É bem verdade que o processo frequentemente dá certo, mas com a mesma frequência falha. Nos conservatórios de música, por exemplo, o mestre muitas vezes encontra dificuldade para se colocar novamente na situação de despreparo do aluno, incapaz de mostrar o erro, conseguindo apenas demonstrar a maneira certa. Sacks observa que os surdos aprendendo a sinalização têm de se esforçar muito para entender com precisão o que devem absorver do que o instrutor efetivamente fez.

Na forma escrita, a linguagem de orientação pode tornar mais concreto e claro o processo de osmose. Existem na oficina do escritor ferramentas específicas capazes de tornar expressivas as instruções. Neste capítulo, mostrarei como elas podem ser usadas eficazmente e como suas lições são concretamente absorvidas, examinando uma orientação escrita que todo leitor já tentou seguir alguma vez: a receita culinária. A receita que escolhi não é fácil — preparar uma galinha recheada —, mas esse misterioso desafio abre as portas para a ampla e difícil questão do papel da imaginação no artesanato.

A receita escrita

Durante as Guerras Napoleônicas, o general Suchet obteve uma importante vitória sobre os ingleses no lago de Albufera, em Valência, na Espanha. Como recompensa, Napoleão o fez duque de Albufera, e o prestigiado chef Carême criou em sua homenagem vários pratos, entre eles o *Poulet à la d'Albufera*. Esta galinha recheada com arroz, trufas e foie gras e recoberta com molho de pimentão, caldo de vitela e nata é uma das glórias da haute cuisine novecentista — e certamente uma constante causa de ataques cardíacos na época. Como acontece com frequência na culinária francesa, a grande arte acabou neste caso abrindo caminho para as práticas mais cotidianas. Como, então, prepará-la na prática?

Denotação inerte

As desgraças de uma galinha

Comecemos pelo fato de que a galinha deve ser desossada. O cozinheiro provençal-americano Richard Olney nos diz exatamente como fazê-lo, usando uma faca de 17 centímetros e corte fino, no lugar do cutelo dos chefs chineses: "Cortar a ligação de cada omoplata na articulação da asa e, segurando-a firmemente com o polegar e o indicador da mão esquerda, arrancá-la com a outra mão. Solte a carne do esterno, usando a ponta da faca ao longo da crista e soltando-a lateralmente com as pontas dos dedos. Novamente com as pontas dos dedos, afrouxe todo o perímetro das costelas e, finalmente, no ponto mais alto do esterno, corte a cartilagem que sustém a pele, tomando o cuidado de não perfurá-la."[5] Olney antes diz que demonstra. Se o leitor já souber desossar, a descrição pode ser um lembrete útil; para o neófito, não serve de orientação. Muitas galinhas serão estraçalhadas nas mãos de principiantes que sigam essas instruções.

A própria linguagem encerra uma causa específica desse possível desastre. Cada verbo das instruções de Olney dá uma ordem: cortar, arrancar, afrouxar. Esses verbos *designam* atos, em vez de explicar a ação; por isto é que antes dizem que mostram. Por exemplo, quando Olney recomenda "Solte a carne do esterno, usando a ponta da faca ao longo da crista", não dá ideia do risco de dilacerar a carne da galinha logo abaixo do osso da crista. Por sua variedade e densidade, os verbos exercem uma magia ilusória; na realidade, são ao mesmo tempo específicos e inoperantes. O problema que representam é a denotação inerte, que tem um paralelo visual nas ilustrações de manuais do tipo "como fazer": setas retorcidas, imagens de parafusos dos mais variados tamanhos e indicações do gênero são precisas mas só têm utilidade para alguém que já tenha montado a peça.

Uma solução para a denotação inerte é "escrever o que se sabe", recomendação que se faz com frequência aos jovens escritores. A ideia é que a pessoa pode ir buscar significados instrutivos em experiências que efetivamente vivenciou. Mas esse remédio não é realmente um remédio; aquilo que sabemos pode nos ser tão familiar que demos por descontadas as referências essenciais, presumindo que os outros também estejam de posse delas. Podemos, por exemplo, escrever a respeito do trabalho de um arquiteto: "O sofisticado shopping center concebido por McGuppy é como uma canção de Bon Jovi." Um leitor de Bornéu talvez não seja capaz de figurar a imagem de um shopping center sofisticado, e, de minha parte, nunca ouvi uma canção de Bon Jovi. Hoje em dia, muitos textos são recheados de referências de passagem a produtos de consumo; dentro de duas gerações, serão totalmente incompreensíveis. A familiaridade corre o risco de gerar apenas mais denotação inerte. O desafio representado pela denotação inerte consiste precisamente em desmontar o conhecimento tácito, sendo para isto necessário trazer à superfície da consciência aquele conhecimento que se tornou tão óbvio e habitual que simplesmente parece natural.

Em minhas aulas de redação, eu pedia aos alunos, assim, que reescrevessem as instruções impressas que acompanham os novos programas de computador. De uma perfeita exatidão, esses terríveis manuais frequentemente são ininteligíveis, levando ao extremo a denotação inerte. Os engenheiros que os redigem não só deixam de fora as "coisas bobas" que "todo mundo sabe" como evitam comparações, metáforas e advérbios. A busca daquilo que está enterrado na caverna do conhecimento tácito pode recorrer a essas ferramentas da imaginação. Evocando os sinais emitidos pelos pássaros em seus gorjeios ou pelas abelhas em sua dança, a pessoa que reescreve as instruções dos programas de computador pode tornar compreensível para que serve um hipertexto e como deve ser usado de uma maneira econômica. (O hipertexto percorre documentos; se houver muitas solicitações, muitos gorjeios, muitas marcações no hipertexto, o procedimento perde o valor.)

Os pássaros gorjeantes do hipertexto são uma imagem baseada numa analogia. A receita culinária leva um passo além a tarefa de que incumbi meus alunos de redação. A imaginosa figura de linguagem torna-se ela mesma a explicação. Mostrarei como isto acontece e como o conhecimento tácito recuperado pode ser transformado em instruções expressivas, valendo-me dos desafios enfrentados por três cozinheiros modernos na confecção de receitas baseadas no Poulet à la d'Albufera. Dois deles ficaram famosos; o terceiro morreu desconhecido. Todos admiravam Richard Olney; nenhum escrevia como ele. Suas receitas para o preparo da galinha faziam uso de diferentes maneiras dos poderes da linguagem em matéria de ilustração, narrativa e metáfora sintonizadas com as necessidades do leitor.

Ilustração solidária

A Poularde à la d'Albufera de Julia Child

Na década de 1950, os americanos foram expostos à primeira investida de alimentos industrializados; em geral, as lojas não davam preferência a frutas e legumes saborosos, mas de fácil embalagem e transporte; o processamento de carnes e aves tornou-se rotineiro; os alimentos frescos eram embalados em papel celofane. Claro que certas manifestações da culinária americana eram de grande sofisticação, especialmente a cozinha do Velho Sul, mas nessa época de pasteurização o chef suburbano mais provavelmente buscava inspiração no exterior. Child os conduziu à França

Para expandir os horizontes de seus leitores, Julia Child registrou por escrito procedimentos que aprendera profissionalmente em Paris na juventude. Mas reformulou esses procedimentos para o novato de seu país; a travessia dessa fronteira cultural permitiu-lhe transformar a receita denotativa. Em minha opinião, as receitas de Child devem ser lidas duas vezes, antes de se começar a cozinhar, para apreender o sentido global, e novamente, por etapas, durante o processo, no momento em que o cozinheiro põe a mão na massa.

A Poularde à la d'Albufera de Child faz uso de uma ave, o frango, que é criada em liberdade para em seguida ser confinada e engordada para cozimento. Estendendo-se por quatro páginas impressas, sua receita divide-se em seis etapas detalhadas. (Sua versão utiliza uma galinha semidesossada [*demi-désossée*], com a remoção da carne do peito e da caixa torácica, para que possa ser recheada e amarrada.) A cada etapa, ela procura antecipar-se aos problemas. Por exemplo, imagina o neófito lançando mão da faca e recomenda: "Sempre encoste o fio da faca no osso, e não na carne."[6] Cozinhando na televisão, Child foi pioneira na utilização das imagens em primeiro plano, para permitir o acompanhamento das mãos movendo-se de uma tarefa para a seguinte. Da mesma forma, as ilustrações de seu livro enfatizam os procedimentos mais difíceis a serem desempenhados pela mão.

A receita de Child parece muito diferente da precisa orientação de Olney porque ela está centrada na empatia em relação ao cozinheiro; seu foco volta-se para o protagonista humano, e não para a ave. A linguagem daí resultante é com efeito cheia de analogias, mas são analogias antes vagas que exatas, e por um motivo específico. Tecnicamente, cortar o tendão de uma galinha é como cortar um barbante, mas a sensação não é exatamente a mesma. Eis aqui um momento instrutivo para o leitor; ser "como" alguma coisa mas não "exatamente o mesmo" faz com que o cérebro e a mão se concentrem no próprio ato de cortar o tendão. Existe também uma questão emocional nas analogias vagas: a ideia de que um novo gesto ou ato é mais ou menos semelhante a alguma coisa que já fizemos tem o objetivo específico de inspirar confiança.

No século XVIII, como vimos, considerava-se que a simpatia unia as pessoas; era o caso de Adam Smith, que convidava os leitores a sentir os infortúnios e limites de outros seres humanos. Para ele, a simpatia instrui eticamente — mas não porque se espere que imitemos os infortúnios e dificuldades de outras pessoas; entendendo-as melhor, seremos mais solidários com suas necessidades. O redator de textos de instrução que se empenhe nesse ato de simpatia precisa reconstituir passo a passo o conhecimento acumulado que se transformou em rotina, para só então conduzir o leitor em frente, passo a passo. Como especialista, contudo, ele sabe o que vem em seguida e onde mora o perigo; o especialista orienta antecipando dificuldades para o novato; associam-se a simpatia e a preensão. É o método de Julia Child.

Child é às vezes criticada por outros chefs ao mesmo tempo por ser confusa e descer a excessivos detalhes. Mas cada um desses passos é necessário porque existem muitas armadilhas na preparação desse prato. A necessidade de apoiar o leitor nesses momentos complica a tarefa de qualquer autor que pretenda instruir de maneira expressiva. Ele precisa resgatar o sentimento de insegurança. O tom cortante de autoridade e certeza em boa parte da linguagem de instrução trai a incapacidade do autor de reimaginar a vulnerabilidade. Nos trabalhos manuais que fazemos para nós mesmos, buscamos, naturalmente, uma conclusão. Child, como pude observar em suas apresentações na televisão, segura a faca de desossar de uma maneira particular, para não dizer peculiar. Foi a prática que a levou a esta decisão; a prática deu-lhe confiança; ela desossa sem hesitação. Quando queremos instruir, todavia, especialmente no meio fixo do papel impresso, temos de retornar emocionalmente ao ponto anterior à formação desses hábitos, para dar orientação. Por um momento, assim, Child se imagina segurando a faca canhestramente; o mestre do violoncelo voltará a tocar notas erradas. Esta volta à vulnerabilidade é o sinal de simpatia dado pelo instrutor.

Narrativa de uma cena

O Poulet à la Berrichonne de Elizabeth David

Como Julia Child, Elizabeth David buscou o aperfeiçoamento da culinária ensinando a seus leitores o preparo de pratos estrangeiros. Depois da Segunda Guerra Mundial, havia muito menos oferta de alimentos na Grã-Bretanha que nos Estados Unidos; e o que havia era massacrado. No trato dos legumes, por exemplo, o cozinheiro doméstico considerava-os como adversários que precisavam ser submetidos pela fervura. David procurou remediar essa lastimável situação ensinando aos leitores não só sobre alimentos estrangeiros, mas as maneiras de cozinhar como os estrangeiros.

David é quase sempre autora de receitas claras e simples, mas prefere escrever de outra maneira quando precisa conduzir os leitores a paragens distantes. Sua receita de preparo da obra-prima de Carême para um primo do interior serve de exemplo. David descreve o preparo do Poulet à la Berrichonne como se fosse uma narrativa de Ovídio, a transformadora jornada de uma galinha velha e dura destrinçada na tábua do açougueiro até se tornar um tenro prato escaldado num ninho de arroz de salsa. Ao contrário de Child, ela procura transmitir a técnica evocando o contexto cultural dessa jornada. Sua receita de galinha escaldada e semidesossada começa por evocar um chef tentando imaginar em Berry, na Páscoa, o que fazer com as galinhas velhas que já não põem ovos. David observa o cozinheiro tocando e apalpando a ave, como um músico que retirou as tiras Suzuki do violino. A educação do cozinheiro pelo tato continua através da avaliação da textura dos ingredientes sólidos que serão usados para encher a cavidade da ave: a carne moída de porco ou vitela a ser usada no patê, qual a sua leveza? Esses ingredientes, temperados com vinho, conhaque e caldo de vitela, são costurados por baixo da pele. A história prossegue com o relato da maneira como o cozinheiro de Berry consegue leveza na escaldadura; ela é lenta, muito lenta, cozinhando a ave em fogo brando, num tempero de salsa, tomilho e folhas de louro.

A receita longa funciona como um procedimento pós-leitura: é um conto de orientação a ser lido *antes* de cozinhar; pode-se então passar ao trabalho sem retornar ao livro. Podemos ter como certo que ainda hoje nem mesmo um milésimo dos leitores de David jamais visitou a região de Berry, onde a receita teve origem. Como seu mentor, o viajante e escritor Norman Douglas, David considerava necessário imaginar primeiro como seria estar em algum outro lugar, para fazer as coisas que as pessoas fazem lá.

Esta receita em particular exemplifica um fenômeno que exploramos anteriormente no capítulo sobre a consciência dos materiais: a mudança de domínio. Pelo relato de David, o estado da carne da ave determina todo o processo, assim como o ângulo reto do tear servia de orientação em outras formas antigas de artesanato. Tendo como orientação a referência da carne, o chefe neófito está pronto para sua viagem. Em todos os processos de produção, a mudança de posição frequentemente nos ajuda: o escultor caminha ao redor da estátua, o carpinteiro vira o armário de cabeça para baixo, para ter uma perspectiva diferente; a função cortar-colar dos programas de processamento de texto ajuda o escritor a mover rapidamente um parágrafo para o território estrangeiro de um outro capítulo. O ponto de referência constante numa mudança de domínio, seja o ângulo reto ou a carne, impede que essas mudanças se dissipem em fragmentos. Um tipo específico de escrita emite o passaporte para essa viagem guiada.

É a narrativa de uma cena, na qual o "onde" monta o cenário para o "como". Quem tem o considerável privilégio de ter um tio de alguma parte do Oriente Médio (judeu ou muçulmano, não faz diferença), logo entenderá o ponto instrutivo da narrativa da cena. Os conselhos costumam ser introduzidos com expressões como "Vou contar-lhe uma história". O tio quer capturar a sua atenção, tirá-lo do ensimesmamento, emocioná-lo com uma cena impressionante. Infelizmente, os jornalistas quase acabaram com as narrativas de cenas, de tanto fazê-las; os relatos sobre as negociações políticas no Oriente Médio ou os progressos da quimioterapia inevitavelmente começam com uma historinha pessoal do narrador, para conduzir o leitor *in loco*, ainda que se trate de um documento diplomático. As narrativas de cenas eficazes não são sínteses perfeitas de algo que se tenha a dizer; em vez disso, como acontece em *Road to Oxiana* [O caminho para Oxiana], do grande narrador de viagens Robert Byron, somos conduzidos a um lugar, onde nos é mostrada uma cena clara em seus detalhes mas de significado enigmático.

O mesmo com seu tio em seu papel de instrutor: quanto mais ele fizer força para passar uma mensagem indelével, menos direta será a ligação entre a cena que ele apresenta e a moral; você mesmo alcançará esta última uma vez montado o contexto. É a função provocadora de qualquer parábola. Também nos escritos de Elizabeth David as narrativas de cena frequentemente evitam expor pontos específicos de instrução. Objetou-se, com efeito, que esta maneira de escrever impede o entendimento das questões técnicas. Por exemplo, em sua receita de ave desossada, David diz ao leitor que se o ato de desossar parecer por demais difícil, "o profissional que atende no aviário ou açougue deve ser convencido a desossar a ave; ainda existem muitos competentes para fazê-lo, e você só descobrirá se pedir".[7]

Cabe lembrar, em defesa de David, que seu propósito é induzir o leitor a pensar em termos gastronômicos. A gastronomia é uma narrativa, com início (ingredientes crus), meio (sua combinação e cozimento) e fim (comer). Para chegar a um "segredo" de preparação de um prato novo, o leitor precisa percorrer essa narrativa, em vez de focalizar a atenção apenas na etapa intermediária; é imaginando todo o processo que saímos de nós mesmos. A narrativa de cena tem um papel específico: como no caso de um passaporte, fazemos uso dela para entrar num lugar estranho. Como David quer que essa entrada seja uma sacudidela, sua prosa não apresenta muitos dos pontos de apoio empáticos e tranquilizadores encontrados nas páginas de Child. Em vez disso, ela aplica às receitas culinárias a lógica do tio.

Instruir através de metáforas

A receita de Poulet à la d'Albufera de Madame Benshaw

Uma terceira maneira de redigir instruções expressivas me foi fornecida por Madame Benshaw, que me ensinou a cozinhar o Poulet à la d'Albufera. Refugiada iraniana, ela chegara a Boston em 1970. Mal conseguia pronunciar o próprio nome, pois um funcionário da imigração simplificara um apelido persa mais complicado, e falava um inglês capenga. Era uma cozinheira incrível, dominando as culinárias francesa e italiana tanto quanto a persa. Tornei-me aluno seu num curso noturno, e ficamos amigos até sua morte. (Era uma mulher tão impressionante que nunca a chamei pelo prenome, Fátima, e ela continuará aqui como Madame Benshaw.)

Como falava tão mal o inglês, ela ensinava culinária sobretudo dando o exemplo com a mão na massa, juntamente com leves sorrisos e um enfático franzir das espessas sobrancelhas. Quase decepei a mão esquerda tentando desossar minha segunda galinha, e ela não franziu o sobrolho por causa da minha dor, mas por ter derramado sangue humano na tábua de cortar. (A limpeza e a ordem na cozinha eram virtudes supremas para ela.) Para explicar os ingredientes do recheio, limitava-se a mostrar o que encontrara no mercado; não sabia os nomes em inglês, como tampouco nós, seus alunos. O aprendizado com a mão na massa não funcionou muito bem conosco; o problema era que suas mãos eram rápidas demais, e quando começava a trabalhar ela nunca parava nem hesitava.

Pedi-lhe então que escrevesse uma receita; eu corrigiria o inglês e a passaria aos três outros alunos (estávamos todos num nível avançado, não se tratando, portanto, de um aprendizado básico). Guardei até hoje o que ela escreveu, pois enfrentamos na ocasião um mês de lutas para que enunciasse essa fórmula e também porque o resultado era surpreendente, partindo de semelhante virtuose.

Reproduzo aqui o texto original, sem alterações: "Seu filho morto. Prepare-o para uma nova vida. Encha-o com a terra. Tome cuidado! Ele não deve comer demais. Vista-o com seu casaco dourado. Dê-lhe o banho. Aqueça-o, mas tome cuidado! Uma criança pode morrer com excesso de sol. Ponha suas joias. É a minha receita." Para entender o sentido, inseri minhas toscas referências: "Seu filho morto. [a galinha] Prepare-o para uma nova vida. [desosse] Encha-o com a terra. [recheie] Tome cuidado! Ele não deve comer demais. [recheie com delicadeza] Vista-o com seu casaco dourado. [toste antes de assar] Dê-lhe o banho. [prepare a bebida para escaldar] Aqueça-o, mas tome cuidado! Uma criança pode morrer com excesso de sol. [temperatura de cozimento: 130 Celsius] Ponha suas joias. [uma vez cozido, adicione o molho de pimentão] É a minha receita." Eu viria a saber depois que muitas receitas persas são vazadas nessa linguagem poética. E existem supostamente para funcionar como receitas: como podem dar certo?

Temos aqui uma receita inteiramente concebida em metáforas. "Seu filho morto" fala de uma galinha que veio direto do açougueiro, só que esta simples substituição acaba com a gravidade que Madame Benshaw evidentemente deseja transmitir ao se referir aos animais mortos; na culinária persa clássica, os animais têm um ser interior, uma anima, tanto quanto os seres humanos. A ordem "Prepare-o para uma nova vida" certamente é uma imagem forte. Um antigo técnico egípcio de mumificação ou um dono de funerária particularmente devoto talvez achasse a frase banal; para um cozinheiro, a instrução alerta a mão. A imagem de preparação para uma nova vida enunciada por Madame Benshaw dá nova dimensão à corriqueira tarefa de arrancar a carne do esterno da ave, e o truque técnico de não rasgar a pele ao desossar adquire contornos de um ato de proteção à infância. As duas advertências também são estimulantes. Um erro cometido pelos cozinheiros iniciantes consiste em rechear demais as aves. A advertência de Madame Benshaw — "Ele não deve comer demais" — desperta uma repulsa física no próprio cozinheiro, para prevenir exatamente esse erro. "Uma criança pode morrer com excesso de sol" explica a lógica do fogo brando; a criança-ave deve sentir-se aquecida, mas não queimando. Os 130 graus Celsius que estabeleci decorrem da sensação de tocar a pele do meu filho com febre e sem febre. (Certos cozinheiros, na verdade, reduziriam a temperatura para pouco acima do nível da febre humana.)

Fantasioso? Não para os persas. As metáforas que evocam a consciência material do tijolo "honesto" ou "casto" tampouco são fantasiosas. A questão é saber a que objetivos servem esses atos de imaginação.

Os analistas da metáfora tratam-na de duas maneiras.[8] O físico Max Black considerava que metáforas como "os dedos rosados da aurora" criam um todo maior que as partes, completo em si mesmo, uma mistura estável. O filósofo Donald Davidson parece algo insatisfeito com essa maneira de entender as metáforas. Para ele, elas mais se parecem processos gerados a partir das palavras. A questão na tese das metáforas como processos é que elas se projetam para a frente e para os lados, permitindo-nos alcançar novos significados — ao passo que, para Black, a metáfora, completa em si mesma, se aquietou. O ponto de vista de Davidson decorre em parte de pesquisas empíricas efetuadas pelo linguista Roman Jakobson no terreno da afasia. O que os afásicos não conseguem fazer direito é usar a linguagem metafórica como ferramenta para gerar maior compreensão; pelo contrário, as metáforas ficam parecendo um absurdo inerte. Quando os afásicos se recuperam, ficam chocados com o que são capazes de fazer com a linguagem metafórica. (Acho relevante a advertência de Sheila Hale de que muitos afásicos têm plena posse de suas capacidades mentais, ainda que não consigam falar ou escrever o que pensam. Até onde se pode determinar, a amostragem de Jakobson foi colhida entre pessoas que tinham sofrido danos internos mais invasivos.)

Madame Benshaw posiciona-se decididamente no campo de Davidson. Cada uma de suas metáforas é uma ferramenta para contemplar consciente e intensamente os processos envolvidos nos atos de rechear, tostar ou ligar o forno. As metáforas não nos induzem a reconstituir e inverter, passo a passo, a maneira como uma ação repetida já se transformou em conhecimento tácito. Em vez disso, acrescentam valor simbólico; os atos de desossar, cozinhar e rechear criam juntos uma nova metáfora da reencarnação. E o fazem por um motivo: esclarecem o objetivo essencial que o cozinheiro deve perseguir a cada etapa do trabalho.

Nós, os três alunos, achamos "seu filho morto" uma metáfora excessiva para o gosto americano, mas consideramos as advertências úteis e a metáfora do molho, ainda mais. "Vista-o com seu casaco dourado" é uma excelente indicação sobre como avaliar até que ponto tostar legumes e carnes; "ponha suas joias" deixa claro o objetivo de temperar delicadamente, ajudando mais a medir a quantidade de tempero que qualquer recipiente físico — o molho deve adornar e não ocultar o alimento. Nossa culinária melhorou a olhos vistos. Madame Benshaw finalmente ficou satisfeita. "É a minha receita."

Dessas três maneiras, a linguagem imaginativa expressiva pode cumprir a finalidade prática de orientar. Poderíamos comparar as três chefs da seguinte maneira. Julia Child identifica-se com o cozinheiro; Madame Benshaw, com os alimentos. As narrativas de cena utilizadas por Elizabeth David têm o objetivo de descentrar o leitor, enquanto a história contada por Madame Benshaw deve induzi-lo a um desempenho sagrado. A linguagem de Julia Child faz uso instrutivo dos momentos de dificuldade, que ela é capaz de antever. As narrativas de cenas concebidas por Elizabeth David fazem uso produtivo de dados laterais; ela introduz fatos, anedotas e observações que nada têm a ver diretamente com a culinária. A linguagem de Madame Benshaw atém-se estritamente à metáfora, para conferir peso simbólico marcado a cada gesto físico. Todas essas maneiras de redigir receitas culinárias orientam antes mostrando que dizendo; todas transcendem a denotação cega.

Os três tipos de orientação não se limitam às receitas culinárias. As diretivas expressivas ligam o artesanato técnico à imaginação. Essas ferramentas de linguagem podem ser aplicadas ao ensino musical, à redação dos manuais de computador ou à filosofia. Mas e as ferramentas físicas? Teremos agora de mergulhar mais fundo na questão que rondava o debate sobre as maquinarias na Parte Um, a da maneira como as ferramentas podem ser usadas de maneira imaginosa.

CAPÍTULO 7

Ferramentas estimulantes

Numa velha fotografia de uma fábrica americana de pianos, vemos um armário feito pelo fabricante para guardar suas ferramentas, com belas incrustações de marfim e madrepérola no mogno, sinal do amor do artífice por seus instrumentos.[1] Cada uma das ferramentas guardadas nesse armário tem sua finalidade precípua — a chave de afinação, para apertar as cravelhas, a agulha, para amaciar os martelos, o feltro em cunha, para os abafadores —, cada uma tem uma tarefa a desempenhar. Esses instrumentos mandam uma mensagem de clareza, de alguém que sabe que ato desempenhar com qual objeto, uma mensagem mais precisa que a receita escrita de Madame Benshaw. E no entanto, o armário de ferramentas não é uma instituição de aprendizado.

O aperfeiçoamento na utilização das ferramentas nos ocorre, em parte, quando elas nos desafiam, e esse desafio muitas vezes acontece precisamente porque as ferramentas não são adequadas à sua utilização. Podem não ser muito boas, ou então é difícil entender como usá-las. O desafio aumenta ainda mais quando somos forçados a utilizar as ferramentas para consertar alguma coisa ou corrigir erros. Seja na criação ou no conserto, o desafio pode ser enfrentado mediante a adaptação da forma da ferramenta, ou então improvisando com ela tal como se apresenta, utilizando-a de maneiras para as quais não foi concebida. Seja qual for a utilização que lhe demos, aprendemos alguma coisa com a precariedade da ferramenta.

A ferramenta de muitas finalidades é um caso especial. No armário do fabricante de pianos, a chave de fenda pode ser incluída nesta categoria, já que é capaz de goivar, alavancar e raiar, além de aparafusar. Mas em sua variedade essa ferramenta de múltiplas finalidades admite todos os tipos de possibilidades insuspeitadas; também ela pode expandir nossas habilidades, na medida em que nossa imaginação se mostrar à altura. A chave de fenda pode ser considerada sem hesitação como um instrumento sublime — qualificando *sublime* aqui, como na filosofia e nas artes, algo de uma estranha força. No artesanato, esse sentimento volta-se particularmente para objetos de forma muito simples que aparentemente podem fazer qualquer coisa.

Tanto a ferramenta limitada e frustrante quanto a sublime ferramenta de múltiplas utilizações já apareceram nessas páginas, aquela, nas retortas do alquimista medieval, que não forneciam informações precisas, esta, na lançadeira do tear de Vaucanson, cujo mecanismo apontava, em sua simples elegância, para muitas outras aplicações industriais, cada uma delas com consequências potencialmente assustadoras para os trabalhadores. Queremos entender como o artífice pode adquirir controle e mesmo aumentar sua habilidade na utilização de qualquer desses tipos de instrumentos — o que significa um melhor entendimento do poder de nossa própria imaginação.

Ferramentas difíceis

Telescópios, microscópios e bisturis

À medida que a moderna era científica ganhava corpo no fim do século XVI e no século XVII, os cientistas passaram a usar ferramentas novas e antigas de maneiras diferentes, para adquirir uma nova compreensão do mundo natural. Três ferramentas — o telescópio, o microscópio e o bisturi — desafiaram a visão medieval da posição da humanidade no mundo e a compreensão do corpo. O telescópio contribuiu para tirar os seres humanos de sua anterior posição no centro do universo; o microscópio revelou a proliferação da vida invisível a olho nu; o bisturi proporcionou aos anatomistas uma nova compreensão da estrutura orgânica. Esses instrumentos científicos estimularam o pensamento científico tanto por suas deficiências e limitações quanto por seu poder de revelação.

Já no século XI, o escritor muçulmano Alhazen queria investigar os céus além do que enxergava o olho nu. Foi derrotado pelo vidro de que dispunha. Como vimos, as receitas antigas de fabricação produziam um vidro de coloração verde azulada; os fabricantes medievais podiam clarear um pouco a cor adicionando cinzas de samambaia, potassa, pedra calcária e manganês, mas o vidro continuava sendo de má qualidade. O sonho de Alhazen também se viu frustrado pela modelagem do vidro, pois se gerava distorção quando ele era derramado em formas curvas, e não planas.

A distorção diminuiu um pouco no início do século XVI, quando fornos mais quentes foram desenvolvidos para aquecer o leito de areia para o vidro. Dois polidores de lentes holandeses, Johann e Zacharias Janssen, foram provavelmente, em 1590, os inventores do primeiro microscópio composto, com uma lente convexa numa das extremidades de um tubo e uma ocular côncava na outra. O astrônomo Johannes Kepler apresentou em 1611 um instrumento que efetivamente compunha a visão, utilizando duas lentes convexas e assim ampliando muito os objetos. Com a alteração da posição das lentes no tubo, esse instrumento, mais potente, evoluiria para o que Galileu chamou de "telescópio invertido"; a moderna designação de *microscópio* surgiria em 1625.[2]

Expressando o sentimento de seus contemporâneos frente à nova cosmologia revelada pelo telescópio, Blaise Pascal declarava: "O silêncio eterno desses espaços infinitos me assusta."[3] O microscópio parecia inicialmente antes uma maravilha que uma ameaça. No *Novum Organum*, Francis Bacon espantava-se com a precisão da natureza revelada através do microscópio, "os ínfimos detalhes, latentes e invisíveis, dos corpos (...) a forma e as características precisas do corpo de uma pulga". Na década de 1680, Bernard de Fontenelle maravilhava-se com a profusão de manifestações de vida revelada através das lentes: "Podemos ver desde o elefante até o ácaro; e aí termina a nossa visão. Mas além do ácaro tem início uma infinita multidão de animais para os quais o ácaro é um elefante, e que não podem ser percebidos com a visão comum."[4] Essas duas ferramentas do século XVII levaram o historiador Herbert Butterfield a dizer que, nessa época, a ciência era como "passar a usar um par de óculos novos".[5]

Mas o fato é que o vidro de telescópios e microscópios ainda produzia dados imprecisos, pois ainda era difícil polir as lentes; os tecidos para polimento impregnados de feldspato só entrariam em uso um século mais tarde. E embora a montagem de tubos mais largos e compridos pudesse aumentar a ampliação das imagens, essa ampliação também aumentava as minúsculas irregularidades encontradas na superfície da lente. Olhando pelos telescópios usados na época de Galileu, o observador moderno tem dificuldade para distinguir entre uma estrela distante e um caroço no vidro.

Esses instrumentos dotados de lentes exemplificavam o problema genérico das ferramentas difíceis que simplesmente não atendem às necessidades. Um problema equivalente é encontrado na ferramenta que funciona bem mas cuja utilização ideal é de difícil compreensão. Era uma questão levantada no século XVII pelo bisturi.

Na Idade Média, a dissecção era feita com facas de cozinha. É bem conhecido o caso da utilização de lâminas de barbear nas cirurgias comuns; essas lâminas eram feitas de ferro primitivo, o que dificultava mantê-las afiadas. No fim da década de 1400, surgiram facas feitas com ferro mais bem temperado, e já agora misturado à mesma sílica usada no vidro; essas facas podiam ser bem afiadas, graças aos blocos de pedra composta que vieram substituir a tradicional correia de couro.

O moderno bisturi resultou dessa tecnologia. Sua lâmina era menor, a haste, mais curta que a da faca de cozinha. Havia bisturis adequados às necessidades específicas da dissecção e da cirurgia, alguns afiados apenas na ponta, para cortar membranas, outros, recurvados em forma de gancho, mas sem fio, para erguer vasos sanguíneos. A serra e a tesoura para cortar ossos entraram em uso no início do século XVI. Embora esses instrumentos fossem fabricados anteriormente em ferro grosseiramente temperado, seu corte era tão ruim que devem ter amassado muitos ossos.

Essas ferramentas mais eficazes, todavia, revelavam-se de mais difícil utilização; a própria precisão do bisturi desafiava a técnica manual exigida do médico ou dissecador. Médico em Bruxelas, Andreas Vesalius publicou *De humani corporis fabrica* (Da constituição do corpo humano) em 1543. A obra representou um marco no terreno dos trabalhos manuais e também na compreensão do corpo, pois Vesalius baseava-se na "reiterada observação de cadáveres dissecados com suas próprias mãos".[6] Até então, o especialista punha-se de pé sobre o cadáver, explicando aos outros o que era revelado, enquanto um barbeiro ou estudante ia cortando. O anatomista do Renascimento continuava seguindo o antigo princípio galênico da dissecção de corpos, arrancando sucessivamente as camadas de pele e músculos para em seguida remover os órgãos e finalmente chegar ao esqueleto.[7] Ao tomar a questão literalmente nas próprias mãos, Vesalius buscava informações mais exatas, por exemplo, sobre o exato processo de inserção dos vasos sanguíneos na trama de músculos e órgãos.

Para chegar a esses dados, a investigação de Vesalius exigia uma técnica manual virtuosística no uso do bisturi. A ênfase devia ser transferida para as pontas dos dedos, sendo necessário menor esforço do ombro e do braço para entrar no corpo. A aplicação da força mínima, discutida em nosso capítulo sobre a mão, tornou-se uma necessidade urgente; pela própria agudeza do bisturi, o mais leve passo em falso da mão arruinaria a dissecção ou levaria a um desastre nas operações em corpos vivos.

Nas primeiras gerações de uso do bisturi, os cirurgiões tinham de deduzir por tentativa e erro a melhor maneira de controlá-lo. A própria simplicidade e leveza do instrumento representava um desafio. O chef chinês munido do seu cutelo dispunha de um instrumento pesado que por seu próprio peso dramatizava o problema da força bruta e a necessidade de controlá-la, como nos acontece no caso de um martelo pesado, ao passo que um instrumento leve e de formato simples já não dá ao usuário as mesmas indicações sobre as maneiras de exercer autocontrole.

As ferramentas simples frequentemente levantam esta questão; suas possibilidades de utilização tornam ainda mais intrigante a melhor maneira de empregá-las em determinado uso. Uma analogia moderna pode ser estabelecida no contraste entre a chave Phillips e a chave de fenda. Na chave Phillips, instrumento de uso específico, é fácil deduzir o movimento manual; com a rotação do pulso, apertamos ou afrouxamos o parafuso. A chave de fenda de ponta achatada também pode ser usada como goiva, furador ou cortador, mas os movimentos do pulso que permitirão efetuar essas ações são mais difíceis de deduzir da forma do instrumento.

Pela função e a forma, o bisturi se assemelhava à chave de fenda. A perplexidade quanto à melhor maneira de usá-lo se misturava com o problema da repetição. As demonstrações de Vesalius eram antes visuais que viscerais. Uma pequena veia podia ser pinçada na trama do tecido, por exemplo, para ser em seguida analisada e discutida como objeto distinto. O que inicialmente era mais difícil de mostrar aos outros era a maneira de manejar o bisturi para repetir o movimento. Em 1543, o conhecimento dos movimentos musculares era por demais primitivo para que o mestre explicasse que os músculos que controlam os dedos anular e mínimo precisam ser contraídos para firmar o polegar e o indicador no ato de levantar a veia com a extremidade chata do bisturi; como em qualquer trabalho manual, a compreensão do que se estava fazendo surgia lentamente, depois do ato de fazer. Três gerações haveriam de passar-se até que esse procedimento se firmasse, tornando-se de conhecimento comum pelo fim da década de 1600. Como observa o historiador Roy Porter, o interesse imediato das ferramentas de dissecção era antes metafísico que técnico — a "dissecção da alma", tal como vamos encontrar, por exemplo, na *Anatomia da alma* (1589), de Philip Stubb.[8] Perplexos diante da maneira de utilizar essa ferramenta de tantos usos, nossos antepassados da área médica recorriam a uma linguagem grandiosa para exprimir um mistério técnico.

Mas essas breves descrições deviam ser surpreendentes: um grande avanço da ciência ocorreu através da utilização de ferramentas imperfeitas ou estarrecedoras.

Fazendo reparos

Consertar e explorar

A restauração é um aspecto negligenciado, mal compreendido mas de grande importância das técnicas de habilidade artesanal. O sociólogo Douglas Harper considera que fazer e consertar formam um todo único; sobre os que fazem ambas as coisas, ele escreve que detêm um "conhecimento que lhes permite enxergar além dos elementos de uma técnica, alcançando seu propósito e coerência globais. Esse conhecimento é a 'inteligência viva, sintonizada de maneira falível com as circunstâncias concretas' da vida. É o conhecimento em que fazer e consertar representam partes de um contínuo".[9] Resumindo mais simplesmente, é consertando as coisas que muitas vezes entendemos como funcionam.

A maneira mais simples de fazer um conserto é isolar alguma coisa, descobrir e reparar o que está errado e em seguida reconstituir o estado anterior do objeto. Este pode ser considerado um conserto estático; ocorre, por exemplo, quando substituímos o fusível queimado de uma torradeira. Um conserto dinâmico leva a uma mudança da forma ou da função atual do objeto depois de remontado — se um filamento danificado da torradeira é substituído por um outro, mais potente, o aparelho pode passar a tostar roscas duras, por exemplo, além de fatias de pão. Num nível técnico mais complexo, o conserto dinâmico pode implicar um salto de um domínio para outro, como no caso de uma fórmula matemática que corrige erros em dados observados. Ou então o conserto dinâmico pode levar a novas ferramentas para o manuseio de objetos; em dado momento do século XVI, alguém descobriu que os pregos danificados são removidos com mais facilidade utilizando-se a dupla garra curva de um martelo do que uma cunha de borda única.

Os atos de restauração constituem um teste para todas as ferramentas. Mais ainda, a experiência dos reparos dinâmicos estabelece uma delimitação sutil mas clara entre a ferramenta fixa e a de múltiplas utilidades. A ferramenta que simplesmente reconstitui tem toda probabilidade de ser confinada, mentalmente, no nicho das finalidades específicas, ao passo que a ferramenta multiuso permite-nos explorar mais profundamente o ato de fazer um conserto. A diferença é importante porque dá conta de dois tipos de reações emocionais diante de um objeto que não funciona. Se quisermos apenas compensar a frustração, utilizaremos ferramentas de finalidade específica. Mas também podemos tolerar a frustração porque agora já estamos também curiosos; a possibilidade de fazer um conserto dinâmico será estimulante, e a ferramenta multiuso servirá como instrumento dessa curiosidade.

Foi o que aconteceu no mundo científico na virada do século XVII. Os consertos dinâmicos ocorriam através das mudanças de domínio e do desenvolvimento de capacitações corretivas. A respeito da mudança de domínio, observa o historiador Peter Dear que "a reputação de Nicolau Copérnico como astrônomo repousava em seu talento matemático, e não em sua suposta competência como observador; os astrônomos eram *matemáticos*", o que se aplicava também a Galileu e mais tarde a Newton.[10] Considerando-se as imagens cheias de interferências de que dispunham, eles só podiam chegar a algum lugar levando o pensamento além do que podiam ver. Bacon afirmara no *Novum Organum* que "a visão nitidamente ocupa o primeiro lugar no fornecimento de informações".[11] Mas o fato é que os instrumentos visuais da época, nas palavras do filósofo Richard Rorty, não forneciam um claro "espelho da Natureza"; e os deficientes dados visuais não podiam, por sua vez, ser fixados fisicamente.[12] Os físicos buscavam ferramentas matemáticas que os conduzissem além da visão; os consertos ocorriam em outro domínio.

Consertos dinâmicos de caráter mais físico marcaram a trajetória de uma figura exemplar do século XVII, Christopher Wren. Filho de um alto sacerdote inglês, Wren teve de fugir com a família após o advento dos puritanos revolucionários na década de 1640; Wren chegou à idade adulta em meio a esse trauma político, tendo a ciência como refúgio. Na infância, brincava com telescópios e microscópios. Aos 13 anos, deu ao pai um telescópio de papelão feito por ele mesmo; três anos depois, estudava astronomia em Oxford; em 1665, tentou construir um telescópio de 24 metros. Ficou igualmente fascinado com as revelações do microscópio, graças em grande medida à amizade com Robert Hooke, o virtuose desse instrumento no século XVII.

Embora fosse um excelente matemático, Wren tentava corrigir os defeitos das lentes mantendo-se no campo da visão. O famoso desenho do olho de uma mosca *Eristalis tenax* cinza publicado em 1665 no livro *Micrographia*, de Robert Hooke, teria sido provavelmente desenhado por Wren, segundo estudiosos modernos. O desenho apresenta uma imagem muito mais nítida que a que Hooke ou Wren podiam ver com as lentes do microscópio.[13] A imagem também apresentava um sombreado que não seria reproduzido por nenhum microscópio, valendo-se Wren de convenções de jogo de claro/escuro usadas pelos artistas da época para enfatizar os contrastes entre a luz e a escuridão. Neste caso, o "conserto" gerava um novo tipo de imagem, antes combinando ciência e arte do que empregando uma fórmula matemática. A pena tornava-se uma ferramenta corretiva para fazer frente aos defeitos encontrados no vidro.

Na primeira adolescência, Wren aprendeu seu terceiro ofício, a dissecção de animais. Desenvolvera sua destreza física em grande medida por tentativa e erro, já que a mestria manual de Vesalius ainda não se ensinava na escola. Sua motivação para a conquista da técnica manual era intelectual; em 1656, cortando as veias de cães e vertendo um vomitório, *crocus metallorum*, ele pretendia testar a tese de William Harvey, divulgada em 1628, sobre a circulação sanguínea. Se a tese de Harvey estava correta, deveria ocorrer uma reação violenta, e foi o que aconteceu: "Com a injeção do produto", escreveu Wren, "o cão imediatamente começou a vomitar e continuou até morrer."[14] Houve na época quem protestasse que experiências torturantes como esta não tinham lugar na medicina e certamente não dariam origem a maneiras de reparar o corpo. A objeção agitou a época de Wren; ela temia a curiosidade sem limites e as consequências pandóricas de sua própria ciência.

Tenho para mim que Wren era tão sensível quanto Milton às consequências potencialmente destrutivas do novo conhecimento. Mas as ferramentas e técnicas da dissecção permitiram-lhe enfrentar a catástrofe que foi o Grande Incêndio de Londres em 1666. Diante dela, Wren tentou aplicar na cura de uma cidade ferida o princípio do conserto dinâmico que aprendera cientificamente.

Wren acrescentara a arquitetura a seus interesses científicos, começando pela Capela Pembroke em Cambridge, seguida pelo Teatro Sheldonian em Oxford no início da década de 1660. Com a volta de Carlos II ao trono inglês no mesmo ano, Wren voltou à cena pública como arquiteto. Nessa qualidade, foi convidado a traçar o novo plano urbanístico de Londres depois do incêndio. O fogo havia desabrigado 200 mil londrinos, destruindo mais de 13 mil prédios em quatro dias, sendo os piores o segundo e o terceiro dias de incêndio.[15] Espalhou-se rapidamente porque a maior parte das construções da cidade era de madeira. A catástrofe foi agravada pelos saques, delito fácil de cometer, pois a maioria dos habitantes fugira da muralha de chamas no segundo e no terceiro dias, levando poucos pertences. A própria fuga fora anárquica; durante três séculos, Londres vinha crescendo sem qualquer planejamento, e era difícil percorrer a cidade por suas ruas tortuosas.

A simples reconstituição da velha cidade da forma como era, meramente substituindo a madeira pelo tijolo nas construções, podia ser uma alternativa, mas não foi a escolhida por Wren. Em vez disso, a perspectiva de restaurar a cidade estimulou-o a pensar o urbanismo de maneiras inovadoras.[16] Valeu-lhe sua formação científica, embora não pudesse aplicar mecanicamente o que ele e os contemporâneos sabiam em matéria de lentes ou do corpo humano à concepção de ruas e prédios; as ferramentas a seu dispor não se adequavam a esse propósito.

Cinco propostas foram feitas para a reconstrução da cidade devastada. A de Wren, como a de John Evelyn, transpunha para o traçado das ruas algo parecido com a visão do céu através de um telescópio. A rua reta desaparecendo no horizonte era uma aspiração dos planejadores urbanos desde que o papa Sisto concebera na década de 1590 as vias que partiam da Piazza del Popolo em Roma. Na Roma sistina, o cidadão urbano se orienta pelos "chapéus" — gigantescos obeliscos estrategicamente posicionados nas extremidades de grandes corredores, convidando o pedestre a voltar a atenção para o término da rua. O projeto de Wren tinha a cabeça descoberta, como na canalização do espaço visto através de um telescópio, um canal sem a resolução do planejamento sistino. A grande via leste-oeste por ele imaginada com a pontuação da Catedral de São Paulo seria irregularmente marcada por mercados. A própria catedral seria posicionada irregularmente, passando a rua por ela, em vez de terminar de maneira coerente nessa grande estrutura. A oeste, o bulevar atravessaria o rio Fleet, prosseguindo sem um fim definido. A leste, circundaria a Alfândega, terminando no puro espaço.

Para Wren, e para muitos contemporâneos seus, o microscópio também parecia indicar uma nova forma de investigar a densidade da cidade. Exceto quando uma peste acometia a cidade, a densidade populacional não merecera muita atenção das autoridades. Pois agora Wren examinava no microscópio os blocos do tecido urbano contidos nas grandes ruas. E o fazia de forma bastante específica. Calculando com a possível minúcia a densidade da população nas paróquias da cidade, ele estabelecia o número de igrejas necessárias para atender a um número uniforme de membros da congregação. Em seu projeto, esses cálculos de densidade indicavam a necessidade de 19 igrejas, em vez das 86 existentes antes do incêndio. Neste sentido, o plano de urbanização era algo semelhante ao desenho do olho da mosca, impondo maior clareza que a existente na realidade.

Finalmente, os cães embriagados de Wren o ajudaram a pensar a reconstrução de Londres. O bisturi permitira aos anatomistas estudar a circulação do sangue; esse conhecimento, aplicado à circulação do movimento nas ruas, indicava que elas funcionavam como artérias e veias; foi, portanto, a época em que os planejadores começaram a incorporar ruas de sentido único em seus projetos. A cidade circulatória de Wren tinha escopo comercial, objetivando a eficiência, em especial, em ruas suscetíveis de permitir o transporte de bens entre o centro e o perímetro de depósitos e armazéns instalados ao longo do Tâmisa. Mas o projeto carecia de algo equivalente ao coração humano, uma praça central de presença coordenadora.

Roger Pratt, um velho inimigo, sustentou que o projeto de Wren devia ser recusado precisamente porque constituía uma espécie de cirurgia exploratória, gerando mais que resolvendo problemas. Os administradores da cidade não podiam seguir em frente, dizia Pratt, "considerando-se que ninguém é capaz de dizer como apresentar um projeto aceitável sem que eles [os resultados] sejam determinados" antecipadamente. Frente a essa objeção burocrática, Wren calcou sua resposta nas virtudes da experimentação; era ele dotado, nas palavras de um contemporâneo, de uma "fértil imaginação", fertilidade que justamente incorporava elementos de incompletude e ambiguidade.[17]

Se tratei aqui desse episódio monumental, foi em parte porque catástrofes como esta ocorrem hoje em dia quando cidades como Nova Orleans ou Gloucester são inundadas; e o aquecimento global ainda pode causar novos e súbitos episódios de destruição. As questões com que se defrontava a época de Wren ainda estão conosco: restaurar o que existia na forma anterior ou promover reparos mais dinâmicos e inovadores. A segunda alternativa pode parecer por demais exigente do ponto de vista técnico; não temos à mão ferramentas adequadas a uma finalidade específica. A história de Wren pode fortalecer o desejo de optar pela segunda alternativa; ela revela como as ferramentas limitadas e incertas podem desempenhar um papel positivo na mudança, estimulando a imaginação e assim expandindo a competência. Bem conhecemos o adágio de Heráclito: "Ninguém passa duas vezes pelo mesmo rio, pois não será o mesmo rio nem a mesma pessoa." O artífice não depreenderá daí que a vida é puro fluxo. Pode simplesmente repensar sua maneira de fazer as coisas no ato de consertá-las; e as ferramentas limitadas ou difíceis podem revelar-se úteis nessa obra de renovação.

Ferramentas sublimes

Os fios milagrosos de Luigi Galvani

A palavra "galvanismo" designa o movimento e o momento da cultura material em que o estudo da eletricidade parecia apontar na direção do sublime. O galvanismo derivava ao mesmo tempo da boa ciência e do charlatanismo espiritual — este exemplificado em sessões em que as pessoas se reuniam em salas escuras, ligadas a misteriosos fios e garrafas, na esperança de que a súbita passagem de correntes elétricas por seus corpos as curasse instantaneamente de doenças ou permitisse recuperar a potência sexual. A boa ciência setecentista do galvanismo vinha amadurecendo desde épocas antigas.

No século VI a.C., Tales de Mileto perguntava-se por que as peles de animais ficavam de pé quando friccionadas em âmbar; alguma transferência de energia devia ocorrer. (A palavra *eletricidade* deriva de *elektron*, que significa âmbar em grego.) *Electricity* apareceu pela primeira vez no vocabulário inglês na *Pseudodoxia Epidemica* de Thomas Browne, em 1646; embora Girolamo Cardano, Otto von Guericke e Robert Boyle tenham dado importantes contribuições para o estudo da eletricidade, este campo do conhecimento só deslanchou realmente no século XVIII, graças à invenção de novas ferramentas experimentais.

A mais importante terá sido provavelmente a de Pieter Van Musschenbroek em 1745. A garrafa Leyden era uma garrafa de vidro contendo um arame imerso em água. O dispositivo armazenava eletricidade quando uma carga eletrostática era transmitida pelo fio metálico; as condições de armazenamento pareciam melhorar se o vidro fosse recoberto com uma camada de folha metálica. Na época, não se entendia como ocorria o armazenamento; Benjamin Franklin acreditava, equivocadamente, que o próprio vidro armazenava a carga. Sabemos hoje que as superfícies interna e externa da garrafa armazenam cargas iguais e opostas; mas Van Musschenbroek não o sabia. Nem se compreendia por que a energia armazenada na garrafa Leyden provocava um choque tão forte em organismos vivos, especialmente quando as garrafas eram interligadas por fios — mas esses choques precisamente é que vieram a despertar a paixão do físico bolonhês Luigi Galvani.

Galvani fez experiências com a passagem de correntes elétricas nos corpos de sapos e outros animais. As sacudidelas com que reagiam foram tomadas por ele como prova de que um suco contendo "fluido elétrico animal" animava os músculos — ou seja, que os corpos vivos de alguma forma se assemelhavam à garrafa Leyden. Seu colega Alessandro Volta acreditava, no entanto, que as sacudidelas decorriam de uma reação química dos elementos metálicos dos músculos à carga. Para ambos, as convulsões musculares do sapo pareciam indicar um fenômeno sublime; haveria ali uma possível explicação da energia, e portanto da vida, de todos os seres vivos.

Em seu estudo sobre o materialismo inglês no século XVIII, *The Lunar Men* [Os homens lunares], Jenny Uglow mostra como o galvanismo se transformou num sublime científico até mesmo para as pessoas de espírito mais prático. Na década de 1730, Stephen Gray maravilhava-se com o simples fato de que a eletricidade pudesse ser transmitida a longas distâncias através de um fio. No fim do século, Erasmus Darwin, avô de Charles Darwin, já vislumbrava muito mais. "Seria todo o corpo um circuito elétrico?", perguntava ele em *The Temple of Nature* [O templo da natureza]. "Seria muita ousadia imaginar que todos os animais de sangue quente derivam de um único filamento vivo, o qual foi dotado pela primeira grande causa de animalidade, do poder de adquirir novas partes, acompanhado de novas propensões (...) tendo, assim, a faculdade de continuar se aprimorando por sua própria e inerente atividade?"[18] Uglow observa que a teoria da evolução é antecipada nessas palavras; de nossa parte, podemos notar simplesmente a palavra *filamento*. O fio elétrico, tão prosaico para nós, tão poderoso para eles.

O "sublime": para Hegel, "a arte simbólica, com seus anseios, sua fermentação, seu mistério e sublimidade".[19] Essas palavras poderiam ser traduzidas na prática de um ofício. A garrafa Leyden e o filamento elétrico foram mobilizados num projeto empenhado em reanimar eletricamente cadáveres recentes. Giovanni Aldini, sobrinho de Galvani, tentara exatamente isto nos corpos de criminosos que acabavam de ser executados, divulgando os resultados, em 1803, para um público britânico vasto e crédulo que acreditava que os músculos dos mortos recentes que se crispavam por efeito da eletricidade davam notícia, na expressão de Aldini, de uma "ressurreição imperfeita". E no entanto, o projeto prometia penetrar o mistério da vida.

O "sublime": para Edmund Burke, "assentado na dor (...) nenhum prazer derivado de uma causa positiva pertence a ela."[20] Estas seriam as consequências se o ofício fosse desempenhado com rigor; a busca do sublime científico geraria sofrimento pandórico de origem humana — ou era pelo menos o que deduzia Mary Shelley na contemplação do galvanismo: garrafas e fios liberando a imaginação na busca do Mistério Supremo, dor provocada no empenho de induzir vida.

Frankenstein foi escrito em 1816 como resultado de uma brincadeira. Mary Shelley, seu marido, Percy Shelley, e Lorde Byron viajavam juntos naquele verão; para passar o tempo, Byron propôs que cada um escrevesse uma história de fantasmas. Mary Shelley, escritora inexperiente de 19 anos, escreveu na verdade uma história de horror. Ela descreve uma Criatura de carne e osso, à qual não chega a dar um nome, criada por seu personagem, o Dr. Victor Frankenstein, maior, mais forte e mais resistente que qualquer ser humano, com uma fina pele amarelada retesada sobre enormes músculos, os olhos completamente tomados pela córnea.

Sua Criatura quer ser amada pelas pessoas que encontra; é um robô que quer ser um replicante. Mas as pessoas comuns evitam horrorizadas a Criatura, que em sua ânsia de vingança torna-se um assassino, matando o irmãozinho de Frankenstein, seu melhor amigo e sua mulher. Num sonho que ela teve ao começar a escrever, imaginou uma Criatura de pé sobre seu criador adormecido, contemplando-o com "olhos amarelos e úmidos, mas especulativos".[21]

Percy Shelley se envolvera na universidade em experiências com "eletricidade vital". Mary Shelley deixa no romance pistas que os leitores teriam entendido com base na popularidade do galvanismo, tornando a história digna de crédito; o jovem Dr. Frankenstein segue essas pistas na fabricação. Ele junta partes de cadáveres e manipula os fluidos, fios e geringonças necessários para aglutinar e eletrificar a carne. "O tema da eletricidade e do galvanismo", explica-nos Frankenstein, "era ao mesmo tempo novo e surpreendente para mim."[22] Shelley não explica como ocorre a aglutinação nem como as partes do corpo tornaram-se maiores e mais fortes. Em sua introdução à história, ela invoca simplesmente uma "potente máquina" que possibilita o trabalho do Dr. Frankenstein, remetendo a um tipo de bateria voltaica utilizado na época em experiências galvânicas.[23]

Chamou a atenção dos leitores do relato de Shelley a obsessão do Dr. Frankenstein não só com a vida, mas com a morte. "Para examinar as causas da vida, devemos primeiro recorrer à morte", resume ele, fazendo eco às experiências teatrais de Aldini.[24] Esta mesma zona fronteiriça entre a vida e a morte aparece em muitas obras de ficção científica, no *Supermacho* de Alfred Jarry, mais tarde, no século XIX; nos robôs de Isaac Asimov pairando no espaço sideral, no século XX. Mas foi um gesto específico da imaginação que permitiu a Mary Shelley abrir as portas para o sublime científico.

Expressou-se ele no que a imaginação dela figurava em como seria ser o instrumento de alguém, ganhando vida. Um salto intuitivo foi necessário para visualizar como seria ser uma máquina viva. Galvani julgava fornecer os meios para esse salto intuitivo, referindo-se à garrafa Leyden e ao filamento com carga elétrica como "os instrumentos para a vida", mas ele próprio não seguiu, por assim dizer, o arco de seu salto intuitivo. Interveio a superstição das sessões espíritas, e com proveito: Galvani enriqueceu com elas. Viessem os pacientes a morrer ou a sobreviver, aumentasse ou não sua produção de esperma, o fato é que eles pagavam — antes da sessão. Embora não tivesse um laboratório, Mary Shelley podia ser considerada melhor investigadora que Galvani; queria conhecer as consequências da ciência dele. Queria entender melhor a sua ciência, imaginando ser a sua ferramenta.

Hoje, tal como na ficção de Shelley, podemos dar o mesmo salto intuitivo, mas por uma questão de necessidade. Quanto mais a máquina pensante se torna uma realidade, mais se torna necessário intuir o que estão pensando essas máquinas. Antes dos recentes avanços na microeletrônica, a automação inteligente parecia uma fantasia. Em 2006, o Departamento de Ciência e Inovação do governo britânico publicou um relatório sobre "Direitos de robótica". Os autores afirmam que, "se a inteligência artificial for alcançada e amplamente disseminada ou se [os robôs] forem capazes de se reproduzir e aperfeiçoar, poderá ser reivindicada a extensão dos direitos humanos aos robôs".[25] Em que momento, contudo, a auto-organização de uma máquina complexa torna-se autossustentável? Criticando o "Relatório de robótica", Noel Sharkey preocupa-se na verdade com robôs militares que lutem de maneira inteligente, sem referência à morte humana.[26] Como a Criatura de Shelley, os robôs podem ter uma vontade, ainda que não os seus próprios direitos.

Mesmo tentando manter distância dos emaranhados da inteligência artificial, queremos entender como as ferramentas podem mobilizar-nos mais genericamente para grandes saltos intuitivos no desconhecido. Para complicar ainda mais as coisas, queremos entender o que os saltos intuitivos têm a ver com a função dos consertos dinâmicos.

Despertar

Como acontecem os saltos intuitivos

O sublime sugere um horizonte infinito. Mas é possível fazer um relato concreto da maneira como ocorrem os saltos intuitivos. Eles se dão em quatro etapas.

Hume considerava que a mente amplia seus referenciais "tropeçando" no inesperado, no imprevisto; a imaginação nos acontece. A mente do artífice funciona de maneira diferente da imaginada por Hume, pois o terreno em que as pessoas podem tropeçar é preparado por práticas específicas. A intuição começa com a noção de que o que ainda não é pode ser. Como nos vem esta ideia? Nas habilidades técnicas, a ideia de possibilidade tem origem no sentimento de frustração com os limites de uma ferramenta ou é provocada por suas possibilidades ainda não verificadas. Os telescópios e microscópios imperfeitos do século XVII sugeriam que podia haver algo além dos poderes da lente; no sublime científico do século XVIII, as garrafas Leyden e os filamentos com carga elétrica sugeriam nebulosas aplicações no corpo humano.

Como será então que o uso de uma ferramenta organiza essas possibilidades? A primeira etapa ocorre quando quebramos o molde da finalidade específica. Esse rompimento habita no universo imaginativo uma parte diferente da que é ocupada pela retrospecção. Na ideia de imaginação de

Thomas Hobbes, por exemplo, voltamo-nos para sensações que já experimentamos no passado. "A imaginação", dizia ele, "nada mais é que o sentido em decomposição." Uma vez removido um objeto que nos estimulou "ou fechado o olho, ainda retemos uma imagem da coisa vista, embora mais obscura do que a vimos". Como na experiência da família Cavendish, escreve Hobbes, começamos a reconstituir essa experiência como linguagem, "as consequências e o contexto dos nomes das coisas em Afirmações, Negações e outras formas de Fala".[27] Imaginação designa aqui um processo de reconstrução, mas não é como funciona o conserto dinâmico. Ao desenhar o olho da mosca, Wren não estava reconstruindo na memória algo "mais obscuro do que vimos"; pelo contrário, construía a clareza a partir da obscuridade. Podemos considerar essa primeira etapa como de reformatação. O terreno está preparado porque a reformatação se vale de capacitações técnicas estabelecidas — no caso de Wren, sua capacidade de desenhar utilizando os efeitos de claro-escuro e penas de ponta fina. A reformatação nada mais é que a disposição de verificar se uma ferramenta ou prática pode ser mudada no uso.

A etapa seguinte de um salto imaginativo ocorre pelo estabelecimento da proximidade. Dois domínios dessemelhantes são aproximados; quanto mais próximos, mais estimulante parece sua presença casada. Nas experiências de Galvani e Volta, a garrafa Leyden e sua parafernália aproximaram o domínio impalpável da energia das substâncias materiais da água ou do metal. Dois domínios, o invisível e o palpável, eram aproximados pelos instrumentos. O mesmo quando se faz um reparo dinâmico com instrumentos mais simples; a mão ou o olho percebe que não é a finalidade original da ferramenta — o fácil e o canhestro estão lado a lado. No âmbito mais abrangente, Mary Shelley tentou tornar próximas a vida e a morte; como o sobrinho real de Galvani, seu Dr. Frankenstein fictício queria entender o que compartilham na intimidade esses dois estados. Para retomar um caso já explorado neste livro: na invenção do telefone celular, os pesquisadores tiveram de juntar duas tecnologias muito diferentes, as do rádio e do telefone, pensando em seguida no que ainda não compartilhavam mas poderiam compartilhar.

O salto intuitivo entre domínios ocorre, portanto, em mais dois estágios. Embora nos preparássemos para ele, não sabíamos por antecipação o que exatamente faríamos da comparação. Nessa terceira etapa, começamos por trazer o conhecimento tácito à consciência, para estabelecer a comparação — e nos surpreendemos. A surpresa é uma maneira de dizer a nós mesmos que algo que conhecemos ou sabemos pode ser diferente do que presumimos. Muitas transferências de tecnologia que deveriam ser meras aplicações rotineiras de determinado procedimento a um outro tornam-se esclarecedoras precisamente nessa etapa; havia no processo inicial algo mais pleno ou complexo do que se supunha. É neste ponto que aquele que faz começa a sentir assombro. Os gregos antigos expressavam o assombro na palavra *poiein*, que deu origem a *fazer*. No *Simpósio*, Platão diz que "o que passa do não ser ao ser é uma *poesis*", uma causa de assombro. O autor moderno Walter Benjamin usa outra palavra grega, *aura* — "banhando na própria luz" — para designar o assombro ante a existência de uma coisa. Podemos nos assombrar com frescor, livres de qualquer complicação inicial, com coisas que não fizemos; no caso das coisas que fazemos, contudo, é necessário preparar o terreno da surpresa e do assombro.

A etapa final é o reconhecimento de que um salto não desafia a gravidade; os problemas não resolvidos continuam sem solução na transferência de habilidades e práticas. Mesmo supondo que poderia analisar a densidade populacional de uma cidade usando a técnica microscópica, Wren não foi capaz de contar com precisão. Roger Pratt percebeu a imprecisão e censurou Wren, que no entanto persistiu, sabendo que a técnica era limitada; mesmo imperfeita, facultava uma nova percepção. O reconhecimento de que um salto intuitivo não pode desafiar a gravidade tem uma relevância mais abrangente porque corrige uma fantasia muito frequente sobre a transferência de tecnologia: a de que a importação de um procedimento pode esclarecer um problema nebuloso; com maior frequência, a importação técnica, como qualquer imigrante, trará seus próprios problemas.

São estes, assim, os quatro elementos constituintes do salto intuitivo: reformatação, proximidade, surpresa, gravidade. A sequência não é rigorosa, pelo menos nas duas primeiras etapas; às vezes, a comparação de duas ferramentas dessemelhantes pode levar à percepção de que cada uma delas poderia ser usada de outra maneira. Na caixa de ferramentas do fabricante de pianos, por exemplo, a agulha usada para amortecer o impacto dos martelos fica junto a um feltro em cunha. Observando essa proximidade, decorrente da pura e simples equivalência dos tamanhos, talvez fôssemos levados a pensar que o furador também poderia ser usado para levantar e deslocar o feltro, embora não fosse concebido para esta finalidade.

Qualquer que seja a ordem das primeiras etapas, por que chamar de "intuitivo" o processo cumulativo de um salto intuitivo? O que acabo de descrever não seria uma forma de raciocínio? É efetivamente raciocínio, mas não do tipo dedutivo, constituindo uma forma especial de indução.

Os saltos intuitivos desafiam os silogismos. A lógica clássica apresenta silogismos como este: "Todos os homens são mortais; Sócrates é um homem; logo, Sócrates é mortal." A primeira frase é o axioma, ou premissa maior, sendo uma proposição universal. O fluxo do silogismo, na segunda afirmação, dá-se do geral para o particular. A terceira afirmação faz uma dedução baseada nesse fluxo. A indução moldou a primeira afirmação; afirma a verdade geral de que todos os homens são mortais, que decidimos explorar, aplicando a generalidade a um caso particular e finalmente tirando uma conclusão.

O grande mentor dos cientistas do século XVII, Francis Bacon, ponderava que os silogismos podem ser enganosos; ele recusava a "indução por enumeração" — vale dizer, acumular uma série de casos semelhantes e ignorar os exemplos que não se ajustam. Além disso, frisava, o fato de haver certo número de casos semelhantes não explica por si mesmo sua natureza: não podemos entender como o vinho é feito simplesmente bebendo-o em grande quantidade. O pensamento silogístico, afirmava Bacon, não é muito bom para "investigar a verdade" dos primeiros princípios.[28]

O salto intuitivo não se ajusta ao padrão do pensamento dedutivo, silogístico. A reformatação e a comparação decantam uma prática ou ferramenta familiar de um recipiente estabelecido; a ênfase nos três primeiros estágios de um salto intuitivo é no *se*, no *e se?*, e não no *então*. Essa avaliação final e consciente apresenta um ônus — na transferência de tecnologia como nas artes, o ônus dos problemas pendentes e adiados — em vez da finalidade esclarecedora da conclusão silogística.

Sem desvalorizar a experiência, tentei esclarecer um pouco o mistério da intuição. Ela pode ser trabalhada. Utilizadas de determinadas maneiras, as ferramentas organizam essa experiência imaginativa, com resultados produtivos. Tanto os instrumentos limitados quanto os multiuso podem capacitar-nos a dar os necessários saltos imaginativos para reparar a realidade material ou nos orientar em direção àquilo que sentimos ser uma realidade desconhecida com possibilidades latentes. Essas ferramentas, todavia, abrem apenas para um recanto do domínio da imaginação. Quero agora ampliar o mobiliário desse recanto, explorando a resistência e a ambiguidade. Como a intuição, elas também modelam a imaginação do artífice.

CAPÍTULO 8

Resistência e ambiguidade

"Não tente atingir o alvo!" Esta recomendação zen parece tão desconcertante que o jovem arqueiro pode sentir-se tentado a mirar no mestre. O mestre não é perverso: o que o autor de *A arte do tiro com arco* quer dizer é "Não fique tão ansioso", e ele dá conselhos práticos: na gana de acertar, mostrando-se por demais assertivo, o arqueiro vai vacilar na mira e errar o alvo.[1] É um conselho que vai além da recomendação do uso da força mínima. O jovem arqueiro é exortado a trabalhar com resistência no arco, a explorar diferentes maneiras de assestar a flecha, como se fosse um procedimento ambíguo. No fim das contas, vai virar com mais precisão.

A recomendação do mestre zen poderia ser aplicada ao urbanismo. Boa parte do planejamento urbano do século XX partia do princípio de que o melhor é demolir tudo que for possível, reduzir à estaca zero e recomeçar do início. Como se o ambiente encontrado fosse um obstáculo à vontade do planejador. Esta visão agressiva frequentemente revelou-se desastrosa, destruindo muitos prédios viáveis e estilos de vida já assentados na textura urbana. Muitas vezes, as alternativas criadas para os prédios derrubados revelaram-se piores ainda; grandes projetos são comprometidos por uma forma superdetalhada, de finalidade específica; quando a história vai em frente, como sempre faz, os prédios muito estritamente definidos podem rapidamente tornar-se obsoletos. De modo que o bom artífice urbano tem todo interesse em aceitar a recomendação do mestre zen, trabalhando de maneira menos agressiva, acolhendo a ambiguidade. São atitudes. Mas como será que se transformam em habilidades?

Como o artífice pode trabalhar com a resistência

Queremos começar com as resistências, os fatos que se antepõem à vontade. As resistências se apresentam de duas maneiras: as que são encontradas e as que são produzidas. Assim como o carpinteiro encontra nódulos inesperados num pedaço de madeira, o construtor pode deparar-se com lodo imprevisto no subsolo da obra. Essas resistências contrastam com o que faz o pintor quando descarta um retrato perfeitamente válido, decidindo começar de novo; neste caso, o artista é que antepõe um obstáculo em seu caminho. Os dois tipos de resistência poderiam parecer completamente diferentes: no primeiro, alguma coisa nos bloqueia o caminho, no segundo, nós é que criamos as dificuldades para nós mesmos. Mas o fato é que existem técnicas comuns para aprender a lidar bem com ambos.

O caminho para a menor resistência

Caixas e tubos

Para explorar o que fazem as pessoas ao encontrar resistência, podemos examinar uma das palavras de ordem mais conhecidas da engenharia: seguir o "caminho da menor resistência". A máxima se enraíza na mão humana, a partir do preceito da combinação da força mínima com a liberação. A história da engenharia urbana oferece uma experiência esclarecedora em suas dimensões ambientais.

O capitalismo moderno teve início, segundo sustenta Lewis Mumford, no fato de colonizar sistematicamente o terreno. As minas forneciam o carvão que alimentava a máquina a vapor; a máquina a vapor, por sua vez, gerava o transporte de massa e a fabricação em massa.[2] A tecnologia de abertura de túneis abriu caminho para os modernos sistemas de saneamento, permitindo as tubulações subterrâneas a contenção do flagelo das pestes, o que contribuiu para o aumento das populações. O mundo subterrâneo das cidades é hoje tão importante quanto no passado; os túneis abrigam agora os cabos de fibra ótica que exploram os recursos da comunicação digital.

A moderna tecnologia de mineração derivava originalmente das revelações do corpo humano facultadas pelo bisturi. Andreas Vesalius, o médico de Bruxelas que fundou a moderna dissecção, publicou em 1533 *De humani corporis fabrica.* Em 1540, a moderna tecnologia para escavações subterrâneas foi codificada na *Pirotechnia* de Vannoccio Biringuccio, tratado que exortava os leitores a pensar como Vesalius, usando técnicas de mineração para retirar lascas de pedra ou remover camadas de terra em vez de simplesmente triturá-las no local.[3] Trabalhando assim, sustentava Biringuccio, seria possível seguir o caminho da menor resistência ao descer abaixo da terra.

O fim do século XVIII assinala o momento em que os planejadores consideraram imperativo aplicar esses princípios da mineração aos subterrâneos urbanos. A expansão das cidades deixou claro que, para o transporte seguro da água e a remoção de excrementos, seriam necessários túneis de proporções maiores que as da antiga cidade romana. Mais que isto, os planejadores intuíram que a circulação de pessoas pela cidade seria mais rápida por caminhos subterrâneos do que no emaranhado das ruas. Em Londres, contudo, o solo era uma massa lodosa instável; as técnicas setecentistas de mineração do carvão não seriam realmente adequadas. Além disso, a pressão das marés sobre a massa lodosa impedia que as escoras de madeira usadas para a sustentação de pedras ou minas de carvão estabilizassem até mesmo as áreas relativamente sólidas do terreno. A Veneza renascentista mostrou aos construtores londrinos do século XVIII como sustentar armazéns acima do lodo com a utilização de estacas — mas não como habitar o lodo propriamente.

Seria possível superar essas resistências subterrâneas? O engenheiro Marc Isambard Brunel tinha uma resposta. Tendo trocado a França pela Grã-Bretanha em 1793, aos 24 anos, ele trouxera ao mundo um engenheiro ainda mais ilustre, Isambard Kingdom Brunel. Os Brunel tratavam a resistência natural como um inimigo, tentando derrotá-la, quando, em 1826, pai e filho tentavam construir um túnel sob o rio Tâmisa, a leste da Torre de Londres.[4]

Brunel pai concebeu uma cabana metálica móvel que permitia aos operários construir um túnel de tijolos à medida que era deslocada. A cabana consistia em três câmaras de ferro interligadas, cada uma com aproximadamente um metro de largura e sete de altura e empurrada por uma grande alavanca na base. No interior de cada compartimento, os operários construíam o piso, o teto e as laterais do túnel à medida que a cabana avançava; atrás deles, no compartimento da frente, vinha um contingente maior de pedreiros, para engrossar e fortalecer as paredes. Na parede da cabana que ia avançando, pequenas fendas no metal permitiam a passagem do lodo, diminuindo a pressão para a frente; outros operários eram incumbidos de retirar o lodo.

Lutando contra o lodo e a água, em vez de trabalhar com eles, o resultado era medíocre. Ao longo de um dia inteiro, a cabana subterrânea avançava apenas cerca de 25 centímetros no percurso de 360 metros do túnel. Além de lento, o abrigo era frágil; ficava aproximadamente quatro metros e meio abaixo do leito do Tâmisa, de modo que uma pressão maior da água podia provocar fissuras na primeira camada de parede, e com efeito muitos operários morreram nos compartimentos por causa disso. A obra foi temporariamente suspensa em 1835. Mas os Brunel eram homens determinados. Em 1836, Brunel pai reconfigurou o mecanismo da alavanca que movia a cabana, e o túnel veio a ser concluído em 1841 (sendo oficialmente inaugurado em 1843). Quinze anos tinham sido necessários para percorrer os 360 metros subterrâneos.[5]

Muita coisa devemos a Brunel filho, da invenção das caixas pneumáticas para pontes ao cavername de ferro dos navios de ferro, passando pela criação de vagões ferroviários eficientes. O retrato que dele conhece a maioria das pessoas é uma fotografia em que posa, charuto na mão, cartola inclinada para trás, ligeiramente agachado, como se fosse dar um salto, contra um pano de fundo de grossas correntes pendendo do grande navio de ferro que criou. É a imagem de um lutador heroico, de um conquistador, superando tudo que se anteponha em seu caminho. Em seu caso, contudo, a agressividade do combate revelou-se ineficaz.

Na trilha dos Brunel, outros tiveram êxito trabalhando com a pressão da água e do lodo, em vez de combatê-la. Foi o que aconteceu num túnel construído sob o Tâmisa em 1869, com segurança e em pouco mais de 11 meses. No lugar da parede reta dos Brunel, Peter Barlow e James Greathead projetaram uma estrutura pontuda, com uma superfície arredondada que se movia com mais facilidade no lodo. O túnel também era menor, com apenas um metro de largura e 2,2 de altura, tendo o tamanho calculado em função da pressão das marés — cálculo de que carecera a enorme fortaleza subterrânea dos Brunel. A nova construção ovoide utilizava na estrutura do túnel tubulações de ferro fundido, em vez de tijolos. Os anéis de ferro fundido eram unidos à medida que avançava a escavação, permitindo o formato dos tubos distribuir a pressão na superfície. Os resultados práticos não demoraram a se manifestar; com a ampliação desse mesmo formato tubular ovoide, a engenharia abriu caminho para os primórdios do transporte metroviário em Londres.

A forma tubular pode parecer tecnicamente óbvia, mas os vitorianos não foram capazes de captar suas implicações humanas. Deram à nova solução o nome de "escudo Greathead", generosamente atribuindo o mérito ao engenheiro mais jovem; mas a denominação é enganosa, pois a ideia de escudo continua remetendo a uma arma usada em batalha. Certamente é verdade, como diziam na década de 1870 os defensores dos Brunel, que, sem seu exemplo inicial, a alternativa de Barlow e Greathead nunca teria surgido. E é exatamente aí que está a questão. Vendo que a imposição arbitrária não funcionava bem, os engenheiros que vieram depois dos Brunel reimaginaram o trabalho a ser realizado. Os Brunel combatiam a resistência subterrânea, ao passo que Greathead trabalhou com ela.

❖

Esse episódio da história da engenharia levanta, para começo de conversa, um problema psicológico que, como a teia de aranha, precisa ser varrido do caminho. Na psicologia, existe o conceito clássico de que a resistência gera frustração e, um passo mais adiante, a frustração gera raiva. Estamos falando daquele impulso de pisotear e esmagar as peças de um kit "faça você mesmo" que não funciona. No jargão das ciências sociais, é a "síndrome de frustração-agressão". A Criatura de Mary Shelley encarna ainda mais violentamente essa síndrome, sendo compelida a matar pela frustração no amor. O vínculo que em última análise liga a frustração ao comportamento violento parece de senso comum, mas na verdade não faz muito sentido.

O conceito de síndrome de frustração-agressão deriva das reflexões de observadores do século XIX, notadamente Gustave Le Bon, sobre as multidões revolucionárias.[6] Le Bon deixou de lado as questões políticas propriamente ditas, dando ênfase ao fato de que as frustrações reprimidas aumentam a quantidade de pessoas nas multidões. Ante a impossibilidade de descarregar a raiva através de canais políticos formais, a crescente frustração da multidão adquire as características de uma bateria sendo carregada; em dado momento, essa energia é liberada através da violência.

Nosso exemplo no terreno da engenharia deixa claro por que o comportamento observado por Le Bon nas multidões não é um modelo adequado para o trabalho. Os Brunel e Barlow e Greathead davam mostra de grande tolerância à frustração em seu trabalho. O psicólogo Lionel Festinger explorou essa tolerância, em condições de laboratório, observando animais expostos a prolongada frustração; constatou que os ratos e os pombos, exatamente como os engenheiros, muitas vezes se condicionavam a aguentar a frustração, em vez de perder as estribeiras; os animais organizavam seu comportamento para suportar, pelo menos temporariamente, a ausência de gratificação. As observações de Festinger baseavam-se em anteriores pesquisas de Gregory Bateson sobre a tolerância ao "duplo vínculo", frustrações para as quais não há saída.[7] E uma recente experiência com jovens confrontados com respostas verdadeiras a perguntas às quais responderam de início de maneira errada apresenta um outro lado da tolerância à frustração: em certos casos, eles continuam a buscar e investigar métodos e soluções alternativos, apesar de já terem recebido a resposta certa. O que não chega a surpreender: nesses casos, eles querem entender *por que* chegaram à resposta errada.

É bem verdade que a máquina mental pode imobilizar-se quando defrontada com resistência muito grande, ou muito prolongada, ou uma resistência que não comporte investigação. Qualquer dessas condições pode levar a pessoa a desistir. Haveria, então, capacitações que permitam sustentar a frustração, e fazê-lo de maneira produtiva? Três delas se destacam.

A primeira tem a ver com a reformatação capaz de promover um salto da imaginação. Barlow afirma que se imaginou nadando no Tâmisa (imagem que dá engulhos, naquela época de esgotos sem tratamento). Tentou imaginar então que forma inanimada mais se assemelharia ao seu corpo: era ele mais semelhante a um tubo que a uma caixa. Temos aqui uma ajuda antropomórfica à reformatação, assemelhando-se ao investimento humano que observamos no caso dos tijolos honestos — com a diferença, no entanto, de que a ajuda, aqui, está voltada para a solução de um problema. O problema é reconfigurado com outro protagonista, por assim dizer, tomando o nadador o lugar de um canal passando pela água. Henry Petroski enuncia de maneira muito expandida a proposição de Barlow: sem a reconfiguração da resistência, muitos problemas estreitamente definidos permaneciam intratáveis para os engenheiros.[8]

Esta capacidade é diferente da missão detetivesca de descobrir onde teve origem um erro. Reconfigurar um problema com um outro protagonista é uma técnica a ser empregada quando o trabalho de detetive chegar a um beco sem saída. No piano, fazemos algo fisicamente semelhante ao que Barlow fez na esfera mental quando, deparando-nos com um acorde intratável numa das mãos, optamos por tocá-lo com a outra; uma mudança dos dedos usados para tocar um acorde ou a troca da mão protagonista serve muitas vezes para perceber melhor o problema; a frustração é então aliviada. Por outro lado, esta abordagem produtiva da resistência pode ser comparada a uma produção literária; embora se possa perder muito na transposição de uma língua para outra, também é possível encontrar novos significados na tradução.

A segunda reação à resistência envolve a paciência. A sempre comentada paciência dos bons artífices indica uma capacidade de persistir no trabalho frustrante, e, como vimos no capítulo 5, a paciência em forma de concentração persistente é uma capacidade adquirida que pode expandir-se com o tempo. Mas Brunel também se mostrou paciente, ou pelo menos determinado, ao longo de muitos anos. Podemos, aqui, enunciar uma regra, de natureza oposta à síndrome da frustração-agressão: quando algo demora mais do que esperamos, é melhor parar de lutar. Essa regra vigorava no labirinto de pombos montado por Festinger em seu laboratório. Inicialmente, os pombos, desorientados, chocavam-se contra as paredes de plástico do labirinto, mas, avançando mais, paravam de investir contra as paredes, embora continuassem confusos; arrastavam-se mais tranquilamente, ainda sem saber para onde iam. Mas esta regra não é tão simples quanto parece.

A dificuldade está na avaliação do tempo. Quando uma dificuldade perdura, uma alternativa à desistência é a reorientação das expectativas. Na maioria dos trabalhos que efetuamos, somos capazes de estimar o tempo que levará; a resistência nos obriga a rever a estimativa. O erro pareceria estar em supor que pudéssemos concluir rapidamente a tarefa, mas o negócio é que temos de errar redondamente para proceder à revisão — ou pelo menos era o que achava o autor da *Arte do tiro com arco*. O mestre zen oferece o conselho de deixar de lado a luta especificamente ao neófito que reiteradas vezes deixa de acertar o alvo. Podemos, portanto, definir assim a paciência de um artífice: a suspensão temporária do desejo de fechar um ciclo.

Do que decorre uma terceira habilidade no trato da resistência, que de alguma forma hesito em enunciar sem rodeios: identificar-se com a resistência. Pode parecer um princípio sem pé nem cabeça, como se alguém propusesse pensar como um cão para enfrentar um cão louco para morder. No artesanato, contudo, a identificação surte efeito. Imaginando-se a nadar no imundo Tâmisa, Barlow agia mais em função do fluxo da água que de sua pressão, ao passo que Brunel estava concentrado no elemento menos indulgente — a pressão da água —, lutando contra esse desafio maior. A identificação praticada por um bom artífice é seletiva, consistindo em encontrar o elemento mais indulgente numa situação difícil. Muitas vezes esse elemento é menor que o desafio maior, parecendo portanto menos importante. Seja no trabalho técnico ou no artístico, é um erro tratar primeiro das grandes dificuldades para em seguida cuidar dos detalhes; o bom trabalho frequentemente caminha na direção oposta. No piano, assim, frente a um acorde complicado, a curvatura da palma da mão é um modo de abordagem menos difícil que a posição dos dedos; é mais provável que o pianista consiga avançar reagindo positivamente a este detalhe.

Na verdade, a concentração nos pequenos elementos de maior indulgência é uma questão de atitude, tanto quanto de procedimento. Em minha opinião, a atitude deriva da capacidade de empatia descrita no capítulo 3 — não a empatia/simpatia do amor sentimental e sensível, mas simplesmente a disposição de voltar-se para fora. Assim foi que Barlow não abordou seu problema de engenharia na expectativa de encontrar algo equivalente a uma falha nas defesas inimigas, um ponto fraco a ser explorado. Encarou a resistência escolhendo um de seus aspectos com o qual pudesse trabalhar. Diante de um cão que late, mais vale opor-lhe a mão aberta do que tentar morder também.

As capacitações para trabalhar bem com a resistência são, em suma, reconfigurar o problema em outros termos, reajustar o próprio comportamento se ele persistir por mais tempo que o esperado e identificar-se com seu elemento mais indulgente.

Dificultar as coisas

Trabalho com a pele

No polo oposto da necessidade de enfrentar uma resistência, podemos tornar as coisas difíceis para nós mesmos. E o fazemos porque muitas vezes as soluções fáceis e despojadas encobrem uma realidade complexa. É precisamente por este motivo que o jovem músico que arranca as tiras Suzuki de um instrumento de cordas torna as coisas difíceis para si mesmo. Encontramos no moderno urbanismo um exemplo semelhante e ainda mais rico de coisas tornadas difíceis. É o caso de um prédio conhecido de muitos leitores, o Museu Guggenheim construído em Bilbao por Frank Gehry. Sua construção encerra uma história que não está ao alcance dos olhos do visitante.

Ao contratarem o projeto de um museu de arte na década de 1980, os responsáveis municipais esperavam estimular os investimentos num porto em decadência. A navegação decaía em Bilbao, e a cidade se vinha degradando e enfeando ao longo de gerações de abusos ambientais. Gehry, com seus impulsos de escultor, foi escolhido em parte porque os dirigentes locais se deram conta de que mais uma caixa-museu de muito bom gosto, em vidro e aço, não mandaria a necessária e clara mensagem de mudança. Mas o fato é que a localização escolhida tornava difícil mandar essa mensagem: apesar da proximidade da água, o terreno estava emaranhado num verdadeiro espaguete de ruas traçadas em confuso planejamento urbano herdado do passado.

Gehry há muito esculpia prédios de metal, material flexível e adequado ao desafio do amoldamento plástico ao entorno ingrato. Neste projeto, ele queria conferir ao metal uma forma macia, para quebrar a luz que incidia sobre o prédio e assim suavizar sua enorme massa. Uma liga de cobre e chumbo era o material que mais convinha à concepção de Gehry, pela adequação e o baixo custo; sua fabricação em grandes folhas é extremamente simples. Mas este metal é proibido na Espanha, por suas propriedades tóxicas.

O caminho da menor resistência teria sido a corrupção. Os poderosos patrocinadores do projeto poderiam ter subornado funcionários do governo para conseguir autorização para a liga de cobre e chumbo ou alterado a legislação, ou mesmo conseguido uma exceção para a grande estrela da arquitetura. Mas os responsáveis e o arquiteto concordaram em que o metal apresentava riscos ambientais, e Gehry saiu em busca de outro material. “Levou muito tempo” escreveria ele, algo eufemisticamente.

Seu escritório experimentou inicialmente o aço inoxidável, que não refletia, como queria Gehry, o jogo da luz nas superfícies curvas. Frustrado, ele voltou-se para o titânio, que oferecia "calor e personalidade" mas podia sair muito caro e raramente fora usado, até a década de 1980, no revestimento de prédios. O titânio produzido para fins militares, especialmente peças de aviões, teria custado uma fortuna, nunca tendo sido destinado a obras arquitetônicas.

Gehry visitou uma fábrica de Pittsburgh em que esse titânio era produzido, tentando modificar o processo de produção. Diz ele, algo equivocadamente: "Pedimos ao fabricante que continuasse buscando a exata combinação de óleo, ácidos, cilindros e calor para chegar ao material que queríamos"; a expressão "exata combinação" é enganosa porque ele e os outros arquitetos não sabiam exatamente o que queriam, no início.

Além disso — e era este o desafio técnico mais difícil — seria necessário criar novas máquinas. Gehry tinha à mão cilindros feitos para pressionar aço fundido e transformá-lo em folhas, mas eram cilindros por demais pesados e grosseiros, especialmente quando ele decidiu que queria uma textura de aspecto macio, para quebrar o reflexo da luz. Para que o rolamento se efetuasse com precisão, as almofadas de sustentação dos cilindros tinham de ser redesenhadas; o novo mecanismo de amortecimento foi importado e adaptado dos amortecedores hidráulicos dos automóveis.

Essa mudança de domínio gerou apenas mais dificuldades. A composição do metal precisava agora ser explorada em harmonia com as ferramentas de rolamento, cuidando Gehry e sua equipe de avaliar a cada passo as qualidades ao mesmo tempo estéticas e estruturais — o que levou um ano. Finalmente, os fabricantes conseguiram produzir folhas de liga de titânio, estendidas no padrão macio desejado, um terço de milímetro mais espessas. Essas folhas são ao mesmo tempo mais finas que as chapas de aço inoxidável e menos rígidas, cedendo ligeiramente ao vento. A luz efetivamente se refrata e tremula na superfície macia; as folhas frisadas também se mostraram incrivelmente resistentes.

O espírito de habilidade artesanal que compeliu a essa investigação material era mais flexível que o de uma pura tentativa de solucionar um problema. Os fabricantes tiveram de repensar uma ferramenta — os cilindros, que foram importados de outra máquina e reconfigurados como um tear para tecer metal. A investigação da composição do titânio propriamente foi mais simples, avançando pela variação controlada de seus elementos. É difícil saber o que os técnicos pensaram e sentiram no cumprimento dessa exigente missão, mas efetivamente sabemos algo a respeito dos processos mentais de Gehry. Ele considerou a experiência esclarecedora.

Uma vez constatado que poderia utilizar o titânio amaciado, escreve Gehry, ele começou a repensar suas convicções sobre a estabilidade, o mais fundamental aspecto da arquitetura. Deu-se conta de que "a estabilidade proporcionada pela pedra é falsa, pois a pedra se deteriora com a poluição de nossas cidades, ao passo que um terço de milímetro de titânio é uma garantia secular". E concluía: "Precisamos repensar o que representa a estabilidade." A estabilidade pode estar — ao contrário do que se costuma pensar — em algo fino, e não grosso, ondulante, e não rígido.

Talvez o aspecto mais interessante da história desse museu seja o que o arquiteto saiu ganhando ao gerar para si mesmo todas essas dificuldades em torno da aparência do prédio. Trabalhando em sua superfície, ele veio a questionar um aspecto básico da estrutura. A simplicidade certamente é um objetivo no artesanato, representando uma parte da medida de avaliação do que David Pye chama de "solidez" de uma prática. Mas gerar dificuldades onde não precisaria haver nenhuma é uma forma de pensar a natureza da solidez. Dizer que algo "é fácil demais" serve para tentar descobrir o que está por trás das aparências.

Esta observação de caráter genérico tem hoje uma aplicação prática. Como outras práticas técnicas, o planejamento urbano frequentemente se concentra na complexidade desnecessária, tentando deslindar emaranhados num conjunto de ruas ou num espaço público. A simplicidade funcional tem um preço; os moradores das cidades tendem a reagir de maneira neutra aos espaços simplificados, não se importando muito com o lugar em que se encontram. O planejador que tenta dar vida a esses espaços públicos mortos pode ter êxito através da introdução de elementos aparentemente desnecessários, como caminhos indiretos para chegar às entradas principais ou a estacas de amarração, demarcando arbitrariamente o território, ou ainda, como fez Mies van der Rohe no Prédio Seagram, em Nova York, concebendo complicadas entradas laterais para a torre elegantemente simples que projetou. A complexidade pode servir ao projetista como ferramenta para fazer frente à neutralidade. Os acréscimos de complexidade podem levar as pessoas a se envolver mais em seu ambiente. É a justificativa para a avaliação de que um espaço público é simples demais, fácil demais.

No processo de produção, a introdução da complexidade é um procedimento que leva em conta a suspeita de que as coisas não são o que parecem; aqui, tornar as coisas mais complexas é uma técnica de investigação. A este respeito, cabe notar que, para a equipe industrial de Gehry, o resultado de todo o esforço foi uma nova compreensão do cilindro de rolamento das folhas metálicas, mais que um enriquecimento estético; a introdução da complexidade os levou de volta a essa simples ferramenta. Às vezes, no planejamento que leva em conta a complexidade, o resultado também induz as pessoas a voltar a atenção para elementos simples no ambiente construído — um banco isolado, um grupo de árvores inserido num espaço vazio.

As resistências, portanto, podem ser encontradas ou geradas. Em ambos os casos, é necessária a tolerância da frustração, e ambos querem imaginação. Nas dificuldades encontradas, devemos, para ir em frente, identificar-nos com o obstáculo, vendo o problema, por assim dizer, do seu próprio ponto de vista. As dificuldades geradas são uma manifestação da desconfiança de que as questões podem ou devem ser mais complexas do que parecem; para investigar, podemos torná-las ainda mais difíceis.

O filósofo John Dewey abraçou a ideia do aprendizado positivo a partir da resistência, graças, em parte, a sua posição difícil na virada do século XIX para o XX. Os darwinistas sociais, seus contemporâneos, valorizavam a atitude de Brunel. Supunham que todos os seres vivos buscam derrubar os obstáculos apresentados por todas as demais criaturas em competição. Para esses discípulos recalcitrantes de Darwin, o mundo natural era exclusivamente um espaço de luta; consideravam que a sociedade era governada pelo interesse egoísta, na ausência de qualquer cooperação altruísta. Para Dewey, esta seria uma fantasia machista que não levava em conta a verdadeira questão: trabalhar com a resistência é a chave da sobrevivência.

Dewey era um herdeiro do Iluminismo. Como Madame d'Épinay, acreditava na necessidade de identificar os próprios limites. Era também um pragmático, considerando que, para fazer algo, é necessário entender as resistências encontradas, em vez de entrar agressivamente em guerra com elas. Dewey era um filósofo da cooperação; diz ele: "Só quando um organismo participa das relações ordenadas de seu ambiente é que pode assegurar a estabilidade essencial à vida."[10] Como veremos no fim deste livro, ele deduzia desses princípios simples e diretos toda uma filosofia da ação. Mas acima de tudo se interessava pela resistência como problema ambiental. A utilização que faz da palavra *ambiente* é bastante genérica e abstrata; às vezes escreve "o ambiente" para se referir à ecologia de uma floresta, às vezes a fábricas. Queria dizer que a resistência sempre tem um contexto, seja natural ou social, que a experiência da resistência nunca é um fato isolado. Nesse mesmo espírito, mas com um pouco mais de foco, queremos aqui especificar onde ocorre a resistência.

Zonas de resistência

Paredes e membranas

Todos os seres vivos contêm duas zonas de resistência. São as paredes das células e as membranas das células. Elas resistem às pressões externas para manter intactos os elementos internos da célula, mas o fazem de formas diferentes. A parede da célula é mais puramente excludente;

a membrana permite mais trocas fluidas e sólidas. Os filtros dessas duas estruturas evidenciam graus diferentes de rigor, mas vamos aqui exagerar um pouco, a bem da clareza: a membrana é um contêiner ao mesmo tempo resistente e poroso.

Podemos encontrar nas ecologias naturais uma homologia entre a parede e a membrana da célula. Uma divisa ecológica é semelhante à parede da célula, e uma fronteira ecológica, à membrana. Uma divisa demarca um território vedado, como os que são estabelecidos por bandos de leões ou matilhas de lobos, uma zona "proibida" para outros. Ou então a divisa pode ser simplesmente o limite onde termina alguma coisa, como a linha de árvores perfiladas que assinala, numa montanha, a altura acima da qual outras não podem ser plantadas. Uma fronteira ecológica, em contraste, é uma zona de trocas onde os organismos se tornam mais interativos. É assim a margem de um lago; no limiar entre a água e a terra, os organismos podem encontrar muitos outros organismos e se alimentar deles. O mesmo se aplica às camadas de temperatura na água de um lago: os pontos de encontro das diferentes camadas são zonas de intensas trocas biológicas. Uma fronteira ecológica, como a membrana da célula, resiste à mistura indiscriminada; abriga diferenças, mas é porosa. A fronteira é um limiar ativo.

Essas distinções naturais refletem-se no ambiente humano construído. O muro que Israel está construindo ao longo do território da Cisjordânia, por exemplo, deveria funcionar como uma parede celular ou uma divisa ecológica; não por acaso, ele é feito, por medida de segurança, de metal, o menos poroso dos materiais. As paredes de vidro usadas na moderna arquitetura são uma outra versão da divisa; embora facultem a visão, elas descartam sons e odores e impedem o toque. A comunidade cercada é mais outra variante moderna, mantendo a vida isolada atrás de muros e portões, policiada por câmeras de vigilância. Muito disseminada na cidade moderna é a divisa inerte estabelecida pelo tráfego das autopistas, separando partes da cidade. Em todos esses espaços, a intenção é tornar absoluta a resistência ao que está de fora, interpondo-se a divisa à interação humana.

Os muros merecem em si mesmos um pouco mais de atenção, pois na história das cidades os que foram erguidos para funcionar como divisas inertes transformaram-se eventualmente em fronteiras mais ativas.

Até a invenção da artilharia, o homem se abrigava por trás de muros ao ser atacado; nas cidades medievais, os portões instalados nas muralhas regulavam o fluxo do comércio; a ausência de porosidade fazia com que os impostos fossem efetivamente cobrados nesses poucos pontos de entrada. Com o tempo, contudo, algumas dessas maciças muralhas medievais, como a que ainda hoje existe em Avignon, foram-se modulando; por trás das muralhas de Avignon, as construções multiplicaram-se desordenada e descontroladamente no século XVI; do lado de fora, mercados informais para a venda de produtos isentos de impostos ou do mercado negro se aninhavam junto à pedra; exilados estrangeiros e outros desajustados gravitavam em direção às muralhas, longe do controle do centro. Embora não seja esta a impressão que deixaram, essas muralhas funcionavam mais como membranas celulares, ao mesmo tempo porosas e resistentes.

Os primeiros guetos da Europa também se transformaram em lugares com muralhas como esta. Devendo conter presenças supostamente impuras ou estranhas na cidade, como os comerciantes judeus ou muçulmanos, as muralhas dos primeiros guetos logo começaram, por assim dizer, a vazar. Em Veneza, por exemplo, as ilhas reservadas aos judeus e os prédios chamados *fundacos*, onde viviam alemães, gregos e armênios, eram delimitados por muros junto aos quais aumentava constantemente a atividade econômica. Os guetos assumiam uma forma mais complicada que a das prisões, refletindo a complexidade de Veneza como cidade internacional.[11]

Muitos urbanistas hoje procuram fomentar o crescimento de uma forma semelhante à transformação operada em torno das muralhas medievais. Trabalhar *com* a resistência significa, no urbanismo, transformar divisas em fronteiras. É uma estratégia movida pela economia e pelos valores liberais. Uma cidade precisa estar constantemente absorvendo novos elementos. Nas cidades saudáveis, a energia econômica atua de dentro para fora, do centro para a periferia. O problema é que estabelecemos com mais facilidade divisas que fronteiras, e isto por um motivo importante.

Desde suas origens, o centro da cidade europeia é mais importante que a periferia; cortes, assembleias políticas, mercados e os mais importantes templos religiosos nele se situavam. Essa ênfase geográfica traduziu-se num valor social: o centro como o lugar onde é mais provável que se deem as trocas e partilhas. No planejamento moderno, isto gerou a tendência a intensificar a vida no centro para fortalecer a vida comunitária. Mas seria efetivamente o centro, como espaço e como valor social, um bom lugar onde misturar o coquetel da diversidade cultural?

Não é, como pude constatar há alguns anos, participando do projeto de criação de um mercado para atender ao Harlem hispânico em Nova York. Esta comunidade, na época uma das mais pobres da cidade, fica acima da rua 96, no Upper East Side de Manhattan. Logo abaixo, numa mudança abrupta, ficava uma das mais ricas comunidades do mundo, comparável a Mayfair em Londres ou ao Sétimo Distrito de Paris. Decidimos situar La Marqueta no centro do Harlem hispânico e considerar a rua 96 como um limite morto onde aconteceria muito pouca coisa. Mas erramos. Deveríamos ter tratado essa rua como uma fronteira importante; situando-se nela o mercado, estariam sendo estimuladas atividades que levassem ricos e pobres a um contato comercial diário. (Planejadores mais sábios souberam aprender com este erro; no limite sudoeste do Harlem afro-americano, procuraram situar novos recursos comunitários nas fronteiras entre as comunidades.)

Em todo artesanato, queremos seguir o impulso do urbanista no sentido de trabalhar *com* a resistência em condições fronteiriças. Desenvolvemos habilidades nesse limiar vivo. Mas o erro de planejamento cometido no Harlem hispânico exemplifica um risco com que se defronta o trabalho. Muitos gerentes desenvolvem um mapa mental do trabalho efetuado em suas organizações: caixas contendo atividades especializadas, setas e gráficos de fluxo ligando umas às outras. Nesse mapa mental — tão caro aos especialistas em recursos humanos — o trabalho importante geralmente ocupa uma posição central, sendo as tarefas mais modestas ou isoladas relegadas à base ou às laterais do gráfico; o ambiente de trabalho é visualizado como se fosse uma cidade ou uma comunidade. Esse mapa frequentemente induz em erro, pois se pode passar ao largo de questões muito concretas, relegadas à periferia. Além disso, as setas e diagramas de fluxo desse mapa mental muitas vezes deixam de dar conta adequadamente das formas de trabalho que só podem ser levadas a cabo numa zona fronteiriça. É nesse ponto que ocorrem os reparos, a partir do momento em que técnicos, enfermeiras ou vendedores passam a lidar com problemas difíceis ou ambíguos; as setas que conduzem de caixa em caixa mais provavelmente servirão apenas para indicar quem deve reportar-se a quem.

Se pelo menos esses gráficos organizacionais fossem instrumento de trabalho apenas dos porcos capitalistas! Infelizmente, a maioria das pessoas gera mapas astrais semelhantes, situando as partes isoladas do seu trabalho, e não seus processos. Um processo mais preciso mas também mais complexo de visualização torna-se particularmente necessário no limiar, a zona em que as pessoas têm de lidar com dificuldades; precisamos visualizar o que é difícil para poder lidar com a situação. É este provavelmente o maior desafio com que se defronta qualquer bom artífice: ver com os olhos da mente onde estão as dificuldades.

Assim, a curvatura da palma da mão pode parecer secundária no mapa mental que um músico estabelece para tocar um acorde, mas se revela uma zona de trabalho produtivo com a resistência dos dedos; a palma transforma-se num espaço de trabalho. Assim também, ao martelar um prego, precisamos estabelecer a zona fronteiriça do cabo do martelo em que o ato de segurar com firmeza interage com a liberdade do cotovelo; esse ponto fulcral é o nosso espaço de trabalho. Avaliando a firmeza da carne de uma galinha abatida, a ponta dos dedos torna-se uma fronteira sensorial. Na ourivesaria, o momento de verdade da prova é uma zona fronteiriça tanto física quanto mental, servindo a ponta dos dedos para tatear a textura de uma substância problemática, na tentativa de dar-lhe nome. São maneiras de *ver* o trabalho, especialmente um trabalho difícil.

Este desafio fecha o círculo do problema com que começamos, tentando localizar a "zona de resistência". A expressão tem dois significados: denota uma divisa, resistindo à contaminação, excluindo, amortecendo, ou uma fronteira, lugar de separação e ao mesmo tempo de troca. Nas cidades, as muralhas tiveram ambos os significados. No contexto de uma cidade multicultural, o segundo tipo de zona é ao mesmo tempo mais desafiador e mais necessário. Também no trabalho, a divisa é um espaço de contenção; o ambiente mais produtivo para trabalhar com a resistência é a fronteira.

Ambiguidade

O crítico literário William Empson escreveu um estudo famoso sobre sete tipos de ambiguidade na linguagem, variando da flagrante contradição à pura e simples imprecisão. Qualquer bom escritor salpica aqui e ali doses de ambiguidade, como se fosse um excelente vinho — vale dizer, moderadamente. Podemos chamar a atenção expressivamente para histórias em suspenso ou personagens não muito bem definidos se não abusarmos do expediente. Como, então, tornar as coisas imprecisas?

Antecipando a ambiguidade

Margens de transição

Trata-se, antes de mais nada, de dar um passo que sabemos produzirá um resultado ambíguo. Foi o que aconteceu, por exemplo, quando o jovem violinista removeu pela primeira vez as tiras Suzuki; não sabia exatamente o que viria em seguida, mas ainda assim foi um passo decisivo. A ambiguidade também pode ser criada mecanicamente, como na "lógica imprecisa" contida em muitos programas de computação; neles, o princípio organizador é um adiamento. Um programa de lógica imprecisa é suficientemente sofisticado para adiar a solução de um conjunto de problemas até funcionar em outras esferas, em busca de dados úteis; o moderno computador é capaz de conter na memória uma enorme quantidade dessas soluções provisórias. Embora em termos do tempo humano a espera da lógica imprecisa possa ser imperceptível, reduzida a alguns microssegundos, o fato é que, na escala de tempo do computador, a máquina faz uma pausa, mantendo em suspenso momentaneamente o aplicativo.

Também no urbanismo podemos planejar decididamente a ambiguidade criando lugares onde as pessoas não saibam exatamente onde estão, lugares onde se sentem perdidas. O labirinto é um desses lugares. A ambiguidade planejada é valorizada quando o projetista tem a intenção de fazer com que os outros aprendam alguma coisa com a desorientação momentânea, capacitando-se a lidar com a ambiguidade. Com uma forma muito particular de limite vivo, Amsterdã representa um exemplo eloquente desse tipo de ambiguidade instrutiva deliberada.

Nos anos subsequentes à Segunda Guerra Mundial, o arquiteto Aldo van Eyck começou a ocupar com playgrounds os espaços vazios de Amsterdã: terrenos baldios onde se acumulavam lixo, rotundas de trânsito, áreas abandonadas e esquinas de ruas. Van Eyck retirou os detritos e aplainou o terreno; sua equipe às vezes pintava as paredes dos prédios vizinhos; ele mesmo projetou os equipamentos do playground, caixas de areia e piscinas. Ao contrário dos pátios de recreação das escolas, esses miniparques urbanos também atraíam adultos. Muitos tinham bancos confortáveis ou ficavam situados perto de bares e cafés, permitindo aos adultos que cuidavam das crianças dar uma fugida para beber alguma coisa e acalmar os nervos. Van Eyck construiu muitos playgrounds urbanos desse tipo até meados da década de 1970; a historiadora do urbanismo Liane Lefaivre contou-os às centenas, tendo outras cidades holandesas imitado Amsterdã.[12] Mas, infelizmente, foram poucos os que sobreviveram.

O objetivo do projetista com esses pequenos parques era ensinar às crianças como antecipar e gerir transições ambíguas no espaço urbano. As crianças levadas ao playground Hendrikplantsoen, tal como construído em 1948, podiam, por exemplo, brincar em montes de areia que não eram separados de maneira estanque das áreas verdes.[13] A ausência de uma divisa nítida entre a areia e a grama era deliberada, permitindo ao bebê explorar essa diferença tátil. Perto dos montes de areia havia equipamentos para as crianças maiores escalarem e para os adultos se sentarem. O arquiteto propiciava a transição do engatinhar para o escalar juntando no mesmo ponto pedras de pesos diferentes — mas não de forma linear; a criancinha precisava testar com o próprio corpo uma espécie de floresta de degraus de pedra. A ausência de uma definição física clara mais uma vez representava um desafio; havia limiares, mas não separações estanques; o objetivo de levar a investigar esta situação era estimular a curiosidade.

Van Eyck intuiu que essas ambiguidades espaciais também induziriam as crianças a se relacionar umas com as outras, tendendo os bebês a se ajudar reciprocamente enquanto engatinhavam e cambaleavam. Esta intuição foi desenvolvida na construção do parque Buskenblaserstraat,[14] criado a partir de um espaço vazio numa esquina, com carros passando por perto. Enquanto a caixa de areia é bem delimitada e instalada distante das ruas, os brinquedos para serem escalados pelas crianças não foram tão protegidos. A atividade cooperativa — tomar cuidado com os carros, gritar, muita gritaria — torna-se uma questão de segurança; desde o início, foi este um parque bem ruidoso. Se as crianças, brincando perto dessas estruturas tubulares, precisam cuidar umas das outras à aproximação dos carros, também devem definir regras sobre a utilização dos próprios brinquedos. Tal como o anatomista com o bisturi, Van Eyck dava preferência a brinquedos simples e necessitando poucas instruções de uso. E pelo simples fato de haver no Buskenblaserstraat espaço suficiente para jogar bola, as crianças tiveram de inventar regras que lhes permitissem jogar sem risco de serem atropeladas. Assim foi que o arquiteto concebeu um parque com os elementos mais simples e claros, convidando seus pequenos usuários a desenvolver a capacidade de prever o perigo e geri-lo, em vez de tentar protegê-los pelo isolamento.

O parque construído por Van Eyck em Van Boetzelaerstraat é o mais ambicioso.[15] Em mais um espaço aproveitado numa esquina de um bairro movimentado, o arquiteto valeu-se outra vez das pedras para escalar e dos brinquedos tubulares, mas tentou também incluir os prédios em frente e as lojas do outro lado da rua em sua concepção — uma ideia arriscada, pois o trânsito ali podia ser intenso. Além disso, o local era ocupado à noite por adolescentes, na expectativa de que algo acontecesse, ao mesmo tempo que os adultos sentados nos bancos esperavam que nada acontecesse.

O interessante no caso do parque de Van Boetzelaerstraat é a maneira como crianças, adolescentes e adultos aprenderam a usá-lo juntos. O projeto em si mesmo já orienta sutilmente; os bancos são posicionados de maneira que os pais possam acompanhar as brincadeiras das crianças pequenas perto da calçada da rua. Uma vez concluída a construção do parque, bandos de adolescentes passaram a tomar conta da calçada do outro lado da rua; os adultos que paravam para descansar das compras em geral ficavam observando as crianças que brincavam perto do trânsito, mas sem interferir; os que ainda estavam ocupados com as compras atravessavam o local para ir de uma loja a outra, invadindo o terreno dos usuários do playground. Nesse espaço público, as pessoas antes se misturavam fisicamente que interagiam verbalmente. Mas o espaço público não era neutro nem indiferente; atraía jovens e velhos da vizinhança.

Eram estes, portanto, projetos que davam forma concreta ao objetivo de criar um limiar vivo, uma membrana porosa. Van Eyck encontrou maneiras simples e claras de fazer com que os usuários de seus parques, jovens ou velhos, se tornassem mais capazes de antecipar e gerir a ambiguidade no limiar. Naturalmente, existe um paradoxo. Van Eyck imaginou com minuciosa clareza a melhor maneira de alcançar esse objetivo visualmente; sua lógica visual nada tem de "imprecisa", no sentido habitual da palavra. E as crianças que aprenderam a lidar com a ambiguidade existente em seus parques geravam regras de comportamento para si mesmas. Esses parques têm algo a dizer a respeito da segurança, num sentido oposto às regulamentações de saúde e segurança da maioria dos parques de hoje, voltados para a proteção e o isolamento das crianças.

A habilidade do profissional nesses projetos pode ser comparada à "lógica do tio" contida na receita de Elizabeth David, uma conclusão deliberadamente calada, ou, mais concretamente, ao emprego da elipse (...) na escrita. Como na escrita, o projetista pode fazer melhor utilização desse tipo de dispositivo seguindo o princípio modernista segundo o qual menos é mais. Ou seja, o efetivo uso de uma ambiguidade obriga aquele que faz a pensar sobre economia. A ambiguidade e a economia não parecem combinar muito, mas assumem seu lugar no concerto geral das práticas artesanais se pensarmos na geração de ambiguidade como um exemplo especial da aplicação da força mínima. Assim é que Van Eyck mostrava-se bastante seletivo quanto aos lugares onde situava limiares imprecisos em seus playgrounds; geralmente, a relação do espaço do playground com as entradas dos prédios é, em contraste, rígida, definida com precisão. Da mesma forma, eu estaria induzindo em erro se afirmasse que as receitas de David não têm limiares bem definidos. Estão cheias de "faça isto" e "não faça aquilo" no que diz respeito à carne das aves; as lacunas que ocorrem na narrativa de cena destacam-se desses comandos. Na escrita, a economia estratégica da elipse deve ser localizada exatamente onde o leitor deseja a liberação de tensão que poderia ser proporcionada por uma conclusão explícita, mas onde o autor quer reter o leitor... para fazê-lo seguir em frente.

O grande antagonista de Van Eyck era Le Corbusier — antes o Le Corbusier urbanista que o arquiteto. Le Corbusier era inimigo da vida das ruas, vendo-a na melhor das hipóteses como uma forma de promiscuidade, e, na pior, como uma confusão irracional no nível do solo. Seu Plan Voisin para Paris, criado na década de 1920 para o bairro do Marais, deixa suas ruas vazias de seres humanos, transformando as vias e artérias em espaço unificado para o fluxo de trânsito. Van Eyck comparou o contraste entre Le Corbusier e ele mesmo ao que existe entre criar espaço e dar lugar, num memorável ensaio intitulado "O que quer que signifiquem espaço e tempo, lugar e oportunidade significam mais".[16] Enquanto Le Corbusier relegava as ruas às funções de trânsito, o nível do solo representava para Van Eyck o universo em que as pessoas "aprendem" as cidades. A instalação de bancos e estacas de amarração, a altura dos degraus de pedra, as separações imprecisas entre areia, relva e água são ferramentas desse aprendizado, uma educação da ambiguidade.

Improvisação

Degraus

Os prédios de apartamentos do Lower East Side de Nova York são um exemplo da maneira como as pessoas podem se capacitar na ambiguidade sem a ajuda de projetos instrutivos como os de Aldo van Eyck. Neles, encontramos os resultados da improvisação. Os prédios desse bairro pobre de Nova York adquiriram uma aparência uniforme ao longo de três gerações de legislações imobiliárias, destinando-se as normas de construção emitidas em 1867, 1879 e 1901 a fazer valer a necessidade de luz e ar fresco nas construções residenciais superpovoadas. Os imigrantes que nelas se estabeleceram ignoravam os ditames da lei. As varandas frontais desses prédios, geralmente feitas de arenito pardo, destinavam-se a servir de passagem para entrada e saída. Muito cedo os moradores começaram a usar o patamar das escadas como assento; suas paredes laterais serviam de anteparo para a exposição de produtos à venda ou a secagem de roupa lavada. Em vez de ser uma passagem, a varanda transformou-se num espaço público habitado, onde as pessoas ficavam conversando e vendendo produtos, desenvolvendo uma vida de rua que aliviava a superpopulação no interior dos prédios.

O arquiteto Bernard Rudofsky inspirou-se no exemplo desses degraus. Em *Architecture without Architects* [Arquitetura sem arquitetos], ele documentou a maneira como a maioria das cidades foi construída essencialmente por improvisação, sem um projeto formal consistente. Um prédio sucedia ao outro, uma rua à outra, tendo suas formas adaptadas às diferentes condições locais nesse processo de extensão: foi assim que se desenvolveram cidades centrais como o Cairo ou as vastas periferias da Cidade do México.

A improvisação é um ofício dos usuários. Vale-se das metamorfoses da forma-tipo ao longo do tempo. No microambiente da varanda dos prédios de

Nova York, de um quarteirão a outro do Lower East Side, as mudanças ocorriam nos produtos expostos e na maneira de pendurá-los na corda de secar roupa. As variações étnicas das diferentes vizinhanças também operavam mudanças na forma-tipo. É o que ainda podemos constatar hoje; nas vizinhanças asiáticas, as cadeiras tendem a voltar-se para a rua, dispostas paralelamente, ao passo que nas velhas vizinhanças italianas são dispostas lateralmente à rua, para que os moradores possam ver os vizinhos nas outras varandas.

O estabelecimento desses territórios não estaria sendo bem compreendido se fosse considerado espontâneo, se "espontâneo" significa uma ocorrência sem propósito. Nos andares dos prédios, os improvisadores observam e experimentam com as varandas na relação com o próprio corpo. Como os músicos de jazz, os moradores que improvisam nesses edifícios seguem regras. Os materiais físicos à mão nas ruas são dados, como as melodias anotadas e as harmonias fundamentais colecionadas para cada número no "caderno de cola" do músico de jazz (cola porque muitas dessas canções são copiadas ilegalmente, desrespeitando os direitos autorais). A boa improvisação jazzística segue regras de economia; as variações escolhem um elemento para ser explorado, caso contrário, perderiam o foco; as inversões harmônicas são disciplinadas pelo que veio antes. Acima de tudo, o músico de jazz deve selecionar para seu instrumento elementos capazes de suscitar a interação de músicos tocando outros instrumentos. Para ser bem-sucedida, a improvisação deve evitar soar como uma espécie de labirinto.

O mesmo com as pessoas que improvisam no uso das ruas. Nas culturas de rua que sobreviveram no Lower East Side, os vendedores de livros se amontoam mas exibem produtos que os diferenciam do vizinho, como os temas com variações na música; os camelôs que usam as escadas se arrumam de maneira que os compradores possam locomover-se de varanda a varanda entre os andares; os moradores penduram as roupas na corda entre os apartamentos evitando tapar as janelas principais. Para o observador desatento, pode parecer uma enorme bagunça, mas na verdade os ocupantes da rua improvisaram uma forma coerente e econômica. Rudofsky considerava que é nessa ordem oculta que se desenvolve a maioria dos conjuntos habitacionais de populações pobres e que o trabalho de improvisação da ordem urbana liga as pessoas à comunidade, ao passo que os projetos de "renovação", que podem efetivamente instituir ruas mais limpas, casas bonitas e lojas amplas, não dão aos habitantes a oportunidade de marcar sua presença no espaço.

A improvisação não ocorre apenas nas ruas, mas em oficinas, escritórios e laboratórios também. Como no jazz, outras formas de improvisação envolvem habilidades que podem ser desenvolvidas e aperfeiçoadas. A antecipação pode ser reforçada; as pessoas podem tornar-se mais aptas a negociar fronteiras e limites; podem tornar-se mais seletivas na escolha dos elementos que permitem variar. No próximo capítulo, exploraremos como as organizações poderiam tornar-se como as boas ruas, mas por enquanto pode ser útil resumir o caminho até agora percorrido.

Um resumo da Parte Dois

A linha-mestra em meio a todas as reviravoltas na temática da Parte Dois é o *progresso* no desenvolvimento de uma capacitação — uma palavra que não requer justificação. No artesanato, as pessoas podem melhorar e efetivamente o fazem. As reviravoltas da Parte Dois se deram porque o progresso não é linear. A capacitação se constrói num movimento irregular, e às vezes tomando atalhos.

O desenvolvimento de uma mão inteligente efetivamente evidencia algo parecido com uma progressão linear. A mão precisa ser sensibilizada na ponta dos dedos, o que lhe permite raciocinar sobre o tato. Uma vez alcançado isto, podem ser abordados os problemas de coordenação. A integração entre a mão, o punho e o antebraço permite então aprender as lições da força mínima. Feito isto, a mão pode trabalhar com o olho para contemplar fisicamente o que vem pela frente, antecipando e assim sustendo a concentração. Cada etapa, apesar de desafiadora, dá sustentação à passagem para a seguinte; mas cada uma delas é também um desafio por si mesmo.

Orientar-se pelas indicações expressivas contribui para esse processo de maneiras que não estariam ao alcance de instruções mais denotativas. As instruções expressivas orientam quanto ao sentido do todo de uma prática. Descrevi, entre muitas possibilidades, três ferramentas expressivas capazes de proporcionar essa orientação: a ilustração solidária, que se identifica com as dificuldades encontradas por um neófito; a narrativa de cena, que coloca o aprendiz numa situação estranha; e a instrução pela metáfora, que estimula o aprendiz a reconfigurar pela imaginação o que está fazendo.

A necessidade da imaginação manifesta-se no uso das ferramentas. Ainda que essas ferramentas se revelem limitadas ou de difícil utilização, a inventividade permite certo tipo de trabalho de reparação, a que dei o nome de reparo ou conserto dinâmico. E a imaginação é necessária para entender e fazer bom uso das ferramentas potentes ou multiuso, cheias de possibilidades inexploradas e talvez perigosas. Procurei tirar um pouco do mistério da utilização imaginosa das ferramentas explicando a estrutura de um salto intuitivo.

Ninguém faz uso de todos esses recursos o tempo todo, e no trabalho, como no amor, o progresso ocorre intermitentemente. Mas as pessoas podem efetivamente melhorar, e melhoram. Podemos querer simplificar e racionalizar as capacitações, como fazem muitas vezes os manuais de ensino, mas isto não é possível, pois somos organismos complexos. Quanto mais a pessoa valer-se dessas técnicas, quanto mais as explorar, mais será capaz de conquistar a recompensa emocional do artífice, o sentimento de competência.

PARTE TRÊS Habilidade artesanal

CAPÍTULO 9

O trabalho voltado para a qualidade

Neste capítulo e no próximo, abordo duas grandes questões que consumam a habilidade artesanal. A primeira é o desejo do artífice de fazer um bom trabalho; a segunda está nas capacidades necessárias para isto. Como vimos no início da Parte Um, certos grupos, como os programadores de Linux, estão voltados para a busca da qualidade, ao passo que o mesmo não acontece com outros, como os operários soviéticos da construção civil. Queremos averiguar mais detidamente os fatores humanos que estimulam essa ambição.

Nossos antepassados do Iluminismo acreditavam que a Natureza dotava a humanidade de maneira geral da inteligência para a execução do bom trabalho; consideravam o ser humano como um animal capaz; as reivindicações de maior igualdade dependiam dessa convicção. A sociedade moderna tende a dar ênfase às diferenças de capacidade; a "economia da capacitação" tenta constantemente separar os inteligentes dos burros. Nossos antepassados do Iluminismo estavam certos, pelo menos no que diz respeito à habilidade artesanal. Temos em comum, em medidas mais ou menos equivalentes, as capacidades brutas que nos permitem tornar-nos bons artífices; a motivação e a aspiração da qualidade é que nos conduzem por caminhos diferentes na vida. Essas motivações são modeladas pelas condições sociais.

❖

Quando W. Edwards Deming expôs na década de 1960 suas ideias sobre "controle total de qualidade" nas organizações, a busca da qualidade parecia um luxo para muitos executivos de empresas voltadas para o lucro. Ele propunha panaceias como "As coisas mais importantes não podem ser medidas" e "Você só pode esperar o que inspecionar"; o ciclo de controle de qualidade Deming-Shewhart é um processo de quatro etapas para investigar e debater antes de pôr mãos à obra.[1] Os gerentes mais práticos preferiam as experiências concretas de motivação dos operários propostas por Elton Mayo e seus colegas na Western Electric Company na década de 1920. Segundo Mayo, o que mais estimulava os trabalhadores a buscar a alta produtividade era simplesmente o fato de serem levados em consideração como seres humanos. Mas Mayo não se concentrava na qualidade dos objetos produzidos por esses operários nem em suas faculdades críticas. Seus clientes empresariais estavam mais interessados em obediência que em qualidade; operários satisfeitos se atêm ao trabalho e não entram em greve.[2]

Os êxitos da economia japonesa depois da Segunda Guerra Mundial e do *Wirtschaftswunder* na Alemanha na mesma época fizeram o debate mudar de rumo. Pelo meado da década de 1970, essas duas economias haviam assegurado um nicho de mercado com produtos de alta qualidade, alguns baratos mas bons, como os automóveis japoneses, outros bons mas caros, como as máquinas-ferramenta alemãs. À medida que esses nichos de mercado se expandiam e decaíam os padrões de qualidade das empresas americanas e britânicas, começaram a ser dados sinais de alarme, sendo Deming "redescoberto" como profeta no fim da década de 1980. Hoje, tanto os gerentes quanto as faculdades de administração entoam loas à "busca da excelência", segundo a formulação dos gurus empresariais Tom Peters e Robert Waterman.[3]

Tudo isso em grande medida não passa de retórica vazia, mas a história de Deming é complexa e pode servir de advertência. A complexidade está no fato de que, para suscitar a aspiração de qualidade e fazê-la valer, a própria organização precisa ser artesanalmente trabalhada. Deve, como a Nokia, contar com redes de informação abertas; precisa dispor-se, como a Apple, a esperar que seus produtos sejam realmente bons para levá-los ao mercado. Deming sabia que esses aspectos da organização raramente aparecem nos mapas de gerenciamento indicando quem deve reportar-se a quem. Mas Deming não era um simples vendedor, um fomentador da qualidade; sabia que a busca da qualidade, empenhada na obtenção de bons resultados concretos, não unifica ou sustém necessariamente as organizações.

Como vimos no caso do serviço de saúde britânico (NHS), é possível buscar padrões mais altos de maneiras que gerem muito conflito interno. Isto porque as pessoas podem ter concepções diferentes sobre o que são padrões altos; no NHS, forma correta *versus* práticas suscetíveis de se consolidar. A origem da exigência de qualidade também pode ser motivo de divisão. A insistência da alta direção do NHS na adoção de procedimentos corretos efetivamente contribuiu para melhorar o tratamento do câncer e das doenças cardíacas, mas a mesma orientação da cúpula diminuiu a qualidade do tratamento de doenças crônicas menos graves. A busca da excelência pode gerar problemas para a longevidade das organizações, como aconteceu na oficina de Stradivari. Nesse caso, a experiência do trabalho de alta qualidade estava contida no conhecimento tácito do próprio mestre, o que significava que seus padrões de excelência não podiam ser transferidos à geração seguinte.

Em grande medida, a qualidade se transforma num problema, mais que num fator de propaganda, como fica evidente na primeira palavra da expressão "busca da qualidade". *Busca* dá ideia da energia obsessiva investida na produção de um objeto concreto ou na formação de uma capacitação. A energia obsessiva é uma marca do temperamento de grandes trabalhadores como Christopher Wren, mas também pode ser, num nível mais básico, uma característica de ações pequenas, além das grandes. Reescrever sucessivas vezes uma frase, para chegar ao ritmo ou ao poder de evocação certo, exige uma certa dose de energia obsessiva. No amor, a obsessão pode deformar o caráter; na ação, gera o risco da fixação e da rigidez. Esses perigos também devem ser enfrentados pelo artífice individual, tal como a organização bem constituída. A busca da qualidade requer que se aprenda a usar bem a energia obsessiva.

Entrei em contato com o trabalho "voltado para a qualidade" em toda a sua energia obsessiva num restaurante japonês em Nova York, um pequeno estabelecimento de Greenwich Village que tem como clientes basicamente japoneses que trabalham no exterior. O restaurante os atrai em parte porque oferece cardápios redigidos exclusivamente em japonês, o que mantém a distância potenciais fregueses americanos, mas também por estar ligado via satélite a estações de televisão de Tóquio, mantendo o aparelho sempre ligado, mas num volume comparável à voz de uma pessoa conversando em tom natural. Além de verem a programação, os frequentadores como que conversam com o aparelho. Geralmente vou a esse restaurante na companhia do amigo japonês que faz a manutenção do meu violoncelo.

Certa noite, assistimos a *Project* X, uma série sobre engenharia de produção na terra-mãe. O episódio daquela semana relatava a invenção da calculadora portátil, e a história parecia realmente emocionante para os frequentadores habituais; *Project* X deixou-os encantados no exato momento em que um engenheiro apertou o botão "ligar" de sua nova calculadora portátil e exclamou: "Funciona!" Quase instantaneamente, contudo, os comentários no restaurante comparavam aqueles dias de glória no pós-guerra com uma série de fracassos recentes em que o mundo inteiro tomara conhecimento de baterias e fotocopiadoras japonesas apresentando risco de pegar fogo. Com os gestos feitos na direção das imagens das calculadoras portáteis, ficava evidente que boa parte dos comentários elogiava seus fabricantes, para questionar a atual decadência do país, eventualmente, por uma questão de polidez, resumindo para mim o que se dizia, com adjetivos como "ruim...", "vergonhoso...", enquanto eu destrinçava um misterioso pedaço de peixe.

Está aí o ponto fulcral da obsessão: o bom e o não-suficientemente-bom se haviam tornado inseparáveis. No restaurante, a partir do momento em que passamos a falar uma espécie de quase-inglês, chamei a atenção para o fato de que só muito eventualmente uma bateria explodia ou uma fotocopiadora pegava fogo, mas os outros convivas não queriam saber. Alguma coisa neles ficava ofendida com a simples ideia do está-bom-assim. A obsessão se aplica à qualidade de cada uma dos milhões de calculadoras portáteis e baterias de computador. A obsessão expressa uma paixão pelo genérico, e por isto é que Deming falava do controle de qualidade *total*. A intransigência, apelido da obsessão, tem o mesmo caráter: aplica-se a todos os casos, sem permitir exceções vazando pelo descuido ou a indiferença. A associação de resultados bons e não suficientemente bons funciona como um fiscal intransigente.

Por que haveria alguém de se deixar tomar por uma tal obsessão? Os artesãos no restaurante japonês eram em sua maioria pessoas que tinham ficado à margem do sistema educacional terrivelmente competitivo do Japão, optando em dado momento da juventude ou dos primeiros anos da vida adulta por deixar para trás uma cultura rígida e implacável; em meio à variedade dos caminhos individuais, essa bifurcação acabara por conduzi-los àquele tranquilo recanto de Nova York. Com o passar dos anos, acabei descobrindo que muitos desses artífices são na melhor das hipóteses migrantes semilegais (sem documentos americanos, mas não raro de posse de cartões falsificados da previdência social, que lhes permitem encontrar emprego em estabelecimentos menos rigorosos); se o orgulho pela qualidade de seu trabalho os mantém ligados aos "valores japoneses", eles usam esse orgulho como um símbolo que os diferencia de outras minorias étnicas e raciais da cidade. Os frequentadores desse restaurante japonês são racistas de um tipo especial, opondo sua busca da qualidade à preguiça que julgam prevalecer entre os americanos negros e hispânicos.

Eles evidenciam, assim, uma segunda marca da obsessão: a intransigente busca da excelência como sinal de distinção. O sociólogo Pierre Bourdieu sustenta que a retórica da qualidade serve aos indivíduos no interior de organizações e grupos étnicos como instrumento de reivindicação de status: eu/nós somos mais motivados, mais empenhados e mais ambiciosos que os outros.[4] A medalha da distinção pode levar a um crescente processo de desvinculação e isolamento social, assim como a uma suposta superioridade. Esses imigrantes japoneses não são como os ourives medievais. Em vez de integrá-los numa sociedade mais ampla, sua paixão pelo trabalho de boa qualidade tornou-se parte de uma história internalizada, um símbolo da qualidade de estrangeiros. Como veremos adiante, outros trabalhadores voltados para a busca da qualidade podem comportar-se como elementos isolados numa organização.

A obsessão com a qualidade é uma maneira de submeter o próprio trabalho a uma implacável pressão genérica; os trabalhadores que se entregam a essa paixão podem distanciar-se dos outros, menos empenhados neste sentido, ou dominá-los. Em ambos os casos, estamos diante de um perigo; vamos explorar primeiro este último.

Especialização

O especialista sociável e o antissocial

O perigo representado para os outros pelas pessoas movidas pela busca da excelência cristaliza-se na figura do especialista, que pode ser de dois tipos: sociável e antissocial. Uma instituição bem constituída artesanalmente favorecerá o especialista sociável; o especialista isolado é um sinal de que a organização está enfrentando problemas.

A questão da procedência e do prestígio do especialista é antiga, começando com as honrarias cívicas dos *demioergoi*. Desde a Idade Média o especialista surge como um artífice mestre que é forçosamente um especialista sociável. Os rituais cívicos e religiosos que organizavam as guildas forjaram um vínculo social dos quais o mestre tinha o dever de participar; a organização interna de cada oficina, baseada na autoridade frente a frente e exercida no contexto de uma pequena comunidade, cimentou ainda mais a sociabilidade. Mais perto dos tempos modernos, o amador foi gradualmente perdendo terreno, especialmente no alvorecer da Era Industrial, parecendo a sua curiosidade exploratória de menor valor que o conhecimento especializado. Mas o fato é que o moderno especialista dispõe de poucos rituais sólidos para vinculá-lo à comunidade como um todo ou mesmo aos colegas.

É o que afirma o sociólogo Elliott Krause em *The Death of the Guilds* [A morte das guildas]. Sua análise do universo de engenheiros, advogados, físicos e acadêmicos mostra como as associações profissionais perderam força no último século, sob as pressões de um mercado impessoal e de um Estado burocrático, ao mesmo tempo que as profissões propriamente ditas tornavam-se disciplinas mais estritas e especializadas. Naturalmente, as organizações profissionais nacionais ou internacionais são muito maiores que as antigas guildas urbanas, mas evidenciam em suas reuniões, segundo acredita Krause, algo do mesmo caráter ritual e vinculador. A primeira utilização moderna do qualificativo *profissional* fazia referência a indivíduos que se consideravam algo mais que meros empregados. Globalmente, as regulamentações legais e governamentais contribuíram mais que o mercado para constringir as profissões; a lei burocratizou o próprio conteúdo do que os profissionais sabem. O que se perdeu foi a comunidade, questão pioneiramente levantada por Robert Perrucci e Joel Gerstl em seu estudo *Profession without Community* [Profissão sem comunidade].[5]

O estudo acadêmico da especialização passou por três fases.[6] Inicialmente, "o especialista" era estudado como uma pessoa que desenvolvera capacidades analíticas capazes de serem aplicadas a qualquer campo; um consultor pulando de um campo corporativo a outro aparece como um especialista desse tipo. Os analistas da especialização "descobriram" então que o conteúdo era importante; o especialista tinha de saber muito sobre algo em particular (a regra das 10 mil horas decorreu dessa descoberta). Hoje, as duas preocupações convergem nas explorações sociais efetuadas por Perrucci, Gerstl e Krause para tentar enquadrar um problema: Como pode um especialista agir de maneira sociável se carece de uma forte comunidade profissional, de uma guilda muito presente? Será que o bom trabalho é suficiente para voltar o especialista para fora?

Vimla Patel e Guy Groen exploraram a questão do especialista sociável comparando as capacitações clínicas de estudantes de medicina brilhantes mas inexperientes às de médicos com vários anos de experiência.[7] O médico experiente, como se poderia esperar, é mais preciso nos diagnósticos. Isto se deve em grande medida ao fato de que ele tende a se mostrar mais aberto às peculiaridades e excentricidades dos pacientes, ao passo que o estudante de medicina mais provavelmente haverá de se mostrar um formalista, agindo de acordo com os manuais, aplicando algo rigidamente regras genéricas a casos particulares. Além disso, o médico experiente raciocina em unidades de tempo maiores, não só se remetendo a casos do passado mas também, o que é mais interessante, projetando-se para a frente, tentando enxergar no futuro indeterminado do paciente. O novato, carecendo de um acervo de histórias clínicas, tem dificuldade para imaginar qual poderia ser o destino de um indivíduo. O médico experiente volta sua atenção para o tornar-se de um paciente; o talento em estado bruto raciocina estritamente em termos de causas e efeitos imediatos. A capacidade de preensão do artífice, discutida em nosso capítulo sobre a mão, é assim elaborada na prática médica de longo prazo. Tratar os outros como pessoas integrais no tempo é um sinal de especialização sociável.

A experiência artesanal das ferramentas imperfeitas também tem contribuído para a compreensão da especialização sociável. Como vimos no caso dos cientistas do século XVII, essas ferramentas obrigavam seus usuários a se voltar também para o conserto, além da fabricação; os reparos constituem uma categoria fundamental para a habilidade artesanal; também hoje, o especialista é visto como aquele que é capaz igualmente de produzir e consertar. Podemos aqui evocar as palavras do sociólogo Douglas Harper: um especialista é alguém "dotado de um conhecimento que lhe permite enxergar além dos elementos de uma técnica, abarcando sua finalidade e coerência global. (...) Trata-se do conhecimento no qual fazer e consertar são partes de um contínuo".[8] No estudo das oficinas mecanizadas pequenas empreendido por Harper, os especialistas sociáveis tendem a se revelar bem dotados no aconselhamento dos clientes. Quer isto dizer que o especialista sociável sente-se à vontade com a orientação e o aconselhamento, fazendo eco modernamente ao *in loco parentis* medieval.

Finalmente, o aspecto sociável da especialização tem a ver com a questão da transferência de conhecimento colocada na oficina de Stradivari. Ele não tinha como passar adiante sua experiência, que se havia transformado em conhecimento tácito. São muitos os modernos especialistas que se imaginam nessa mesma armadilha — poderíamos mesmo batizar de Síndrome Stradivari a convicção de que uma especialização é inefável. Essa síndrome manifesta-se entre os médicos britânicos que não se mostraram capazes de discutir alternativas de tratamento, de se expor a críticas, de botar na mesa, frente aos colegas, suas percepções tácitas. Em consequência, sua capacitação se degrada com o tempo, em comparação com a dos médicos que se voltam profissionalmente para fora.[9] Os médicos de família — essas figuras tão tranquilizadoras nos romances — parecem particularmente sujeitos à Síndrome de Stradivari.

Na Universidade de Harvard, o GoodWork Project liderado por Howard Gardner tem investigado várias maneiras de superar o problema da apropriação e entesouramento da especialização. Os pesquisadores do projeto estudaram, por exemplo, um famoso caso de rompimento dos padrões no *New York Times*, num período em que alguns repórteres se tornaram espetacularmente corruptos.[10] Do ponto de vista do GoodWork Project, a culpa era da instituição. "Nós somos o *New York Times*", inefável, o Stradivari dos veículos noticiosos. Em consequência, o jornal não transmitiu seus padrões explicitamente; este silêncio abriu espaço para que repórteres inescrupulosos colonizassem a organização. Para Gardner, a transparência é capaz de fazer frente a esse perigo, mas um certo tipo de transparência: os padrões do bom trabalho devem ficar claros para as pessoas que não são especialistas. Para Gardner e seus colegas, o esforço para constituir essa linguagem força os especialistas a trabalhar melhor, além de mais honestamente. Matthew Gill fez uma análise semelhante das práticas de contabilidade em Londres: o padrão que faz sentido para os não especialistas — e não as regras e regulamentações autorreferenciais — é que preserva a honestidade dos contadores. Voltando-se para fora, eles se mostram transparentes e também podem ver o que o trabalho significa para os outros.[11] Os padrões compreensíveis para os não especialistas elevam a qualidade na organização como um todo.

A especialização sociável não cria a comunidade, num sentido estudado ou ideológico; consiste simplesmente em boas práticas. A organização artesanalmente bem constituída centrará sua atenção em seres humanos integrais no tempo, estimulará o aconselhamento e a orientação e exigirá padrões configurados numa linguagem que possa ser entendida por qualquer pessoa na organização.

A especialização antissocial apresenta um aspecto mais complicado. Verifica-se uma desigualdade inerente em matéria de conhecimento e capacitação entre o especialista e o não especialista. A especialização antissocial dá ênfase à pura e simples comparação invejosa. Uma das consequências óbvias de enfatizar a desigualdade é a humilhação acompanhada de ressentimento que esse especialista pode provocar nos outros; uma consequência mais sutil é fazer com que o próprio especialista se sinta acuado.

Na indústria de panificação de Boston ficaram evidentes os dois aspectos da comparação invejosa. Nas décadas de 1970, as padarias de Boston funcionavam de uma maneira que faria sentido para um ourives medieval; o trabalho era orientado pessoalmente por mestres que transmitiam o ofício aos aprendizes. No ano 2000, a automação tomou o seu lugar. Quando os programadores e gestores das máquinas efetivamente apareceram nas padarias, as relações entre os especialistas e os "rapazes" revelaram-se tensas. Os especialistas falavam sobre as máquinas e davam orientações que enfatizavam seu conhecimento; os rapazes reagiam de mau humor. Embora tivessem de obedecer aos mestres, zombavam dos especialistas nas conversas entre eles. As pessoas encarregadas de programar a complicada maquinaria captavam esses sinais nem tão sutis assim e, em vez de enfrentarem o problema, voltavam-se sobre si mesmas. As visitas aos locais de produção tornaram-se menos frequentes; acabou-se adotando o método de orientação por e-mail. Se os trabalhadores ficavam de mau humor, os encarregados de dirigi-los também se sentiam, curiosamente, menos comprometidos. Eram inexpressivos seus sentimentos de lealdade em relação às padarias, em comparação com os mestres padeiros de épocas anteriores. As organizações viram-se afetadas por uma verdadeira ciranda de mudanças do pessoal técnico de nível mais alto.[12]

A comparação invejosa gera competição, e, naturalmente, uma organização bem administrada como a Nokia tem todo interesse em associar competição e cooperação, mas essa condição de harmonia produtiva precisa de competidores amistosos. Para se tornarem amistosos, os competidores precisam estar menos preocupados com o que é melhor e o que é pior, pois no trabalho esses padrões estão ligados à ideia de controle. O desprezo tão frequentemente manifestado pelos patrões em relação aos empregados decorre precisamente dessa distinção, e o problema é que esse desprezo também pode vedar ao patrão a satisfação com a própria organização, que lhe parece cheia de parasitas e incompetentes.

Nas relações entre os especialistas, a comparação invejosa pode cegálos para o próprio significado da qualidade. No terreno científico, esta verdade genérica tem uma dolorosa aplicação específica. A ânsia de "apressar o relógio" — vale dizer, sair na frente na publicação de resultados de pesquisas — de tal maneira determina o funcionamento dos laboratórios científicos que o próprio trabalho pode ser trivializado.

Um caso flagrante é a polêmica para saber quem descobriu o HIV, o vírus da imunodeficiência humana, como retrovírus que pode causar a Aids. A descoberta foi feita na década de 1980 em dois laboratórios diferentes, um deles dirigido por Luc Montagnier no Instituto Pasteur, na França, e o outro dirigido por Robert Gallo, nos Estados Unidos. Seguiu-se uma feia disputa entre os dois laboratórios (afinal resolvida por um acordo entre o presidente francês, François Mitterrand, e o americano, Ronald Reagan).

O debate girava em torno de saber quem teria chegado primeiro. O laboratório de Montagnier publicou suas descobertas em 1983, e o de Gallo, em 1984, mas o grupo deste último alegava precedência com base em anteriores pesquisas sobre retrovírus, realizadas em 1974. O grupo de Montagnier alegava que Gallo utilizara indevidamente uma amostra de HIV produzida inicialmente pelo Instituto Pasteur. Gallo afirmava que seu laboratório fora o primeiro a cultivar o vírus numa linhagem de células "imortalizada", possibilitando a realização de testes sanguíneos de HIV; além disso, sustentava ter sido o primeiro a desenvolver técnicas para o cultivo de células T em laboratório. Os laboratórios também entraram em disputa sobre o nome a ser dado à descoberta: Montagnier usava a sigla LAV, e Gallo, HTVL-III — e os dois presidentes decidiram adotar como nome HIV. Uma desgastante disputa vital para as carreiras dos cientistas: de olho em futuras patentes, eles estavam discutindo na verdade quem era o "proprietário" do vírus.

Por trás dessas questões de datas e nomes estava uma feroz disputa para saber qual laboratório trabalhara melhor, e aqui não podemos deixar de ficar intrigados. Não existe motivo para considerar que indivíduos que efetuam mais lentamente o mesmo trabalho, passível de verificação, sejam inferiores simplesmente por causa da maior lentidão. Não há lógica na equiparação do laboratório que chega primeiro a um puro-sangue de corrida, como se fosse um laboratório de maior qualidade; a obsessão de saber quem chegou primeiro é irrelevante à descoberta propriamente dita. A comparação invejosa em matéria de velocidade distorceu a medida de qualidade. Mas o fato é que a paixão da corrida move a ciência; os que se deixam apanhar nessa obsessão competitiva perdem de vista com facilidade o valor e o propósito do que estão fazendo. Não pensam no tempo do artífice, o tempo lento que permite a reflexão.

Em suma, existem maneiras sociáveis e antissociais de ser um especialista. A especialização sociável trata as outras pessoas em suas perspectivas em processo, assim como o artesão explora a mudança material; a capacidade de consertar é exercida na qualidade de mentor; os padrões que servem de orientação são transparentes, ou seja, compreensíveis para os não especialistas. A especialização antissocial envergonha os outros, deixando o especialista acuado ou isolado. A comparação invejosa pode levar à perda do conteúdo da qualidade. Naturalmente, toda especialização contém um elemento de desigualdade, na carpintaria e na culinária como na ciência. A questão é saber que fazer dessa diferença. Enquanto a comparação invejosa tem um caráter fortemente pessoal, o especialista sociável mostra-se menos obcecado com a própria afirmação.

Para entender melhor essa diferença, precisamos saber mais sobre o próprio fenômeno da obsessão. Seria ela intrinsecamente destrutiva ou haveria formas boas de exceção?

A face bifronte da obsessão

Uma história de duas casas

O lado negativo da obsessão é melhor entendido, no atual estágio do conhecimento. Na psicologia acadêmica, a palavra "perfeccionismo" designa um desses aspectos negativos, referindo-se a pessoas que competem consigo mesmas. Nada parece suficientemente bom para a pessoa preocupada em avaliar aquilo que é frente ao que deveria ser. Miriam Adderholdt associa o perfeccionismo ao comportamento anoréxico em mocinhas que nunca se consideram suficientemente magras; Thomas Hurka vê a incapacidade de se livrar de sentimentos de inadequação como uma causa psicossomática da pressão arterial alta e das úlceras.[13] Em termos clínicos, o perfeccionismo é classificado como um distúrbio obsessivo-compulsivo — vale dizer, as pessoas reagirão sempre e sempre exatamente da mesma forma a seus persistentes sentimentos de inferioridade. O perfeccionismo é uma armadilha comportamental.

Uma escola psicanalítica explorou mais a dinâmica do perfeccionismo. Para o psicanalista Otto Kernberg, ceder a uma compulsão serve de escudo frente ao julgamento dos outros: "Prefiro ser o meu mais severo crítico a permitir que você me julgue."[14] Por trás dessa defesa, sustentam os analistas da escola de Kernberg, está esta convicção: "Nada é suficientemente bom para mim." A vida é um espetáculo cênico do qual nós mesmos somos o crítico; nada nunca estará à altura; é como se nos tornássemos nosso próprio especialista isolado. O rótulo criado pela psicanálise para esse fenômeno é o narcisismo, considerado um distúrbio-limite da personalidade na linha de pensamento de Kernberg.[15] Os padrões perfeccionistas de qualidade situam-se nesse limite.

A sociologia também tentou entender o perfeccionismo. Max Weber o considerava de fundo social e histórico. Em *A ética protestante e o espírito do capitalismo*, ele apresenta esse impulso interior sob outro nome, uma ética do trabalho que designa como "ascetismo profano". Segundo Weber, ele teve origem quando o protestantismo associou-se ao capitalismo da seguinte maneira: "[O crente religioso,] fugindo inicialmente do mundo na solidão, já havia dominado o mundo a que renunciara a partir do mosteiro e através da Igreja. Entretanto, permanecera de modo geral inalterado o caráter naturalmente espontâneo da vida cotidiana no mundo. Agora ele chegava ao mercado da vida, batendo atrás de si a porta do mosteiro e se empenhando em penetrar exatamente essa rotina cotidiana da vida com sua ordem metódica, para transformá-la numa vida do mundo, mas nem deste mundo nem para ele."[16] Esse impulso de realização difere da autodisciplina católica pelo fato de ter como público um só indivíduo; no mosteiro do eu, cada um é o único e mais severo crítico. Traduzido para a experiência mais comum, o relato de Weber tenta explicar por que uma pessoa pode jamais sentir-se satisfeita com o que tem, por que cada realização pode parecer vazia no exato momento em que é alcançada. Sob a bandeira da ética protestante, a autojustificação não admite satisfação.

Hoje, a explicação histórica do "ascetismo profano" enunciada por Weber parece profundamente falha para a maioria dos estudiosos. No século XVII, por exemplo, muitos católicos devotos comportavam-se no mercado de maneira impulsiva, enquanto o mesmo não acontecia com muitos protestantes devotos. A força da explicação de Weber está mais na descrição do impulso competitivo levado ao extremo: provar nosso valor perante nós mesmos é uma receita certa de infelicidade. Curiosamente, o sociólogo —

um rígido puritano — mostra-se mais compreensivo que o psicanalista frente ao perfeccionismo. Enquanto nos escritos de Kernberg sobre o narcisismo invertido a sinceridade das manifestações de autoquestionamento é posta em dúvida, Weber não questionava a sincera angústia do compulsivo.

São estas, portanto, as manifestações negativas de uma certa forma de obsessão. As obsessões do artífice, contudo, não se ajustam exatamente no contexto psicanalítico ou no weberiano. Em certa medida, isto se dá simplesmente porque as rotinas do trabalho artesanal fazem com que o indivíduo saia de si mesmo. O perfeccionismo pressupõe um alto grau de turbulência íntima; as rotinas artesanais aliviam a pressão ao proporcionar um ritmo constante de trabalho. É a ideia que o filósofo Adriano Tilgher tentava transmitir ao evocar a "calma indústria" do artífice que viu nas páginas da *Enciclopédia*. O foco do artífice em objetos ou procedimentos concretos, além disso, vai de encontro à queixa do narcisista: "Ah, se eu pudesse..." O insuflador de vidro Erin O'Connor pode sentir-se frustrado, mas se mostra determinado. Se a obsessão chega a ser um problema para o artífice, manifesta-se na maneira como o trabalho em si mesmo é realizado. O indivíduo compulsivo descrito por Weber efetivamente aparece no processo de trabalho, não raro competindo consigo mesmo e às vezes sofrendo de perfeccionismo, mas não das maneiras como Weber imaginava e nem sempre, pois a habilidade artesanal também gera uma forma positiva de obsessão. A construção de duas casas em Viena no fim da década de 1920 revela essa face bifronte da obsessão.

Entre 1927 de 1929, o filósofo Ludwig Wittgenstein trabalhou no projeto e na construção de uma casa para sua irmã na Kundmanngasse, uma rua de Viena que na época tinha muitos terrenos desocupados. Embora às vezes falasse com orgulho da casa na Kundmanngasse, Wittgenstein viria a tornar-se o mais severo crítico de si mesmo. Em bilhete redigido em 1940 para si mesmo, ele escrevia que a construção "carece de saúde"; nesse estado de espírito pessimista, ele refletia que, embora a arquitetura exibisse "boas maneiras", faltava-lhe uma "vida primordial".[17] Fez então um cortante diagnóstico da doença da casa: ele estava convencido, ao começar, que "não estou interessado em construir um prédio, mas em (...) apresentar a mim mesmo os alicerces de todos os prédios possíveis".[18]

Não se poderia conceber um projeto mais ambicioso. O jovem filósofo tentava entender a natureza da arquitetura e construir algo exemplar, perfeito, já da primeira vez — seria esta a única estrutura jamais construída por Wittgenstein, à parte uma cabana na Noruega. A ambição era alcançar um resultado genericamente certo: "os alicerces de todos os prédios possíveis". A casa na Kundmanngasse foi construída no fim de uma fase da vida de Wittgenstein em que ele buscara o equivalente filosófico dos "alicerces de todos os prédios possíveis"; aproximadamente entre 1910 e 1924, empenhara-se incansavelmente neste sentido. Lançando retrospectivamente um olhar tão crítico sobre sua arquitetura, creio que ele também estava avaliando o custo desse empenho mais global. Mas o que importa aqui é a construção: em sua própria avaliação, a busca de uma perfeição ideal por parte de Wittgenstein deixou sem vida o objeto. Ele foi deformado pela persistência implacável.

Uma boa maneira de avaliar esse projeto e o posterior diagnóstico do filósofo sobre seus defeitos é comparar a casa de Wittgenstein com uma outra construída em Viena na mesma época, projetada pelo arquiteto profissional Adolf Loos. O gosto de Wittgenstein em matéria de arquitetura foi formado por Loos, cuja Villa Moller representava a consumação de uma longa carreira profissional. Nascido em 1870 em Brunn, na Tchecoslováquia, Loos estudou por breve período num colégio de formação técnica, aprofundando seus estudos nos Estados Unidos enquanto trabalhava como pedreiro. Começou a exercer a arquitetura em 1897. Mais conhecido inicialmente por seus escritos e projetos, ele sempre se interessou muito diretamente pelos processos materiais da construção. Esta ligação facultou-lhe uma experiência mais positiva da obsessão, na qual o desejo inexorável de que as coisas dessem certo transformou-se num diálogo com as circunstâncias além do seu controle e o trabalho dos outros.

Wittgenstein conheceu Loos no dia 27 de julho de 1914, no Café Imperial, em Viena, atraído antes por seus trabalhos escritos que pelos prédios que construíra. Loos encarava a arquitetura como uma *Neue Sachlichkeit*, uma "nova objetividade", querendo dizer com isto estruturas que evidenciavam claramente, na forma, seus objetivos e sua construção. O ethos do "tijolo honesto" que identificamos no capítulo sobre a consciência material ressurge na *Neue Sachlichkeit*, materiais e forma constituindo uma unidade, mas Loos eliminou as associações antropomórficas do debate setecentista sobre os materiais. Ele também detestava as construções da época dos pais, com suas goteiras de franjas e seus candelabros de cristal, os pisos recobertos de tapetes orientais, as quinquilharias acumuladas nas prateleiras e os volumes internos congestionados por mesas e imitações de colunas antigas.

Em 1908, Loos investiu contra tudo isto em seu panfleto *Ornamentação e crime*. No lugar do crime decorativo, ele queria incorporar à arquitetura a beleza prática que descobrira em suas viagens aos Estados Unidos, em objetos utilitários destinados ao uso quotidiano: malas, impressoras, telefones. Admirava particularmente a pureza da Ponte do Brooklyn e os esqueletos das estações ferroviárias de Nova York. Herdeiro da *Enciclopédia*, contrário às doutrinas de John Ruskin, como seus contemporâneos da Bauhaus, na Alemanha, Loos abraçou uma estética revolucionária gerada pelo industrialismo. As máquinas que faziam convergir o artesanato e a arte revelavam a beleza essencial de toda forma construída.

"Pureza" e "simplicidade" não podiam deixar de ter uma ressonância especial para um jovem da formação de Wittgenstein — circunstâncias que devemos levar em conta não só para entender seu gosto, mas para equacionar os problemas que enfrentaria ao "apresentar a mim mesmo os alicerces de todos os prédios possíveis". Seu pai, Karl, tornara-se um dos mais ricos industriais da Europa, mas era muito mais que um grosseiro capitalista. Os músicos Gustav Mahler, Bruno Walter e Pablo Casals frequentavam sua casa; terão visto nas paredes pinturas de Gustav Klimt e outros artistas da época; o arquiteto Josef Hofmann trabalhara numa das propriedades de Karl Wittgenstein no campo.

Como outros judeus ricos do pré-guerra, contudo, Wittgenstein precisava tomar muito cuidado na ostentação de riqueza, pois na década de 1890 fervilhava em Viena um antissemitismo voltado particularmente contra os judeus que haviam chegado ao topo da escala social. O enorme Palais Wittgenstein na Alleegasse procurava um equilíbrio entre a exibição e a discrição, em sua divisão de espaços íntimos e formais. Embora as torneiras dos banheiros fossem folheadas a ouro e os *boudoirs* e saletas, recobertos de ônix e jaspe, o salão principal denotava certo comedimento. Karl Wittgenstein podia comprar qualquer pintura que quisesse, e comprava as melhores; mas mostrava nesse salão, o compartimento mais público da residência, apenas algumas poucas escolhidas. Era esta, então, a ressonância que o slogan "ornamentação é crime" tinha para os judeus vienenses ricos: a ornamentação devia dar notícia discreta da riqueza, como nos gabinetes aonde se vai para urinar.

Ao travar conhecimento com Loos no Café Imperial, Wittgenstein, embora não tivesse necessidade de trabalhar, já se havia formado como engenheiro mecânico em Berlim e em engenharia aeronáutica na Universidade de Manchester. Pouco se sabe do que o jovem filósofo disse a Loos no café, mas do encontro nasceria uma amizade. A riqueza de Wittgenstein inverteu a clássica relação entre mestre e aprendiz. A partir daquele momento, o mais jovem começou a dar dinheiro secretamente ao mais velho.

A fortuna da família Wittgenstein é importante para entender a forma negativa assumida pela obsessão em sua arquitetura. Embora Wittgenstein viesse posteriormente a abrir mão de sua fortuna, usou a riqueza da família sem hesitação sempre que precisou na construção da casa da irmã na Kundmanngasse. A ausência de comedimento manifesta-se na famosa história relatada por sua sobrinha Hermine Wittgenstein em suas memórias, *Recordações de família*: "Ele mandou elevar o teto de um salão três centímetros, exatamente quando já estava quase no momento de começar a limpar a casa recém-concluída."[19] Um ajuste aparentemente tão pequeno num teto envolve na verdade todo um maciço movimento de reconstrução da estrutura, possível apenas no caso de um cliente disposto a não economizar.

Hermine atribui as muitas modificações dessa natureza à "inflexibilidade de Ludwig quando se tratava de obter as proporções exatas".[20] A moderação e a resistência econômicas não estavam no seu repertório, e esta liberdade sem peias contribuiu para o perfeccionismo que "adoeceu" sua casa.

Nos prédios de Loos, a falta de dinheiro frequentemente estava associada à estética da simplicidade, como na residência que construiu para si mesmo em Viena entre 1909 e 1911. Sua imaginação não era totalmente puritana; no concurso para o prédio do *Chicago Tribune* em 1922, ele previu colunas de granito polido, tendo em vista um cliente rico. Quando tinha a possibilidade financeira, Loos comprava estátuas africanas ou cristais venezianos, exibindo-os em suas casas. A economia e a simplicidade a que ao mesmo tempo tendia teoricamente e estava obrigado financeiramente não significavam que a *Neue Sachlichkeit* fosse um exercício de negação da sensualidade; a obsessão com a forma não haveria de amortecer sua sensibilidade para os materiais.

A necessidade de Loos de reagir positivamente às dificuldades encontradas manifestou-se nos erros cometidos na construção da Villa Moller. Constatando-se que os alicerces não haviam sido lançados como especificado, ele não teve condições financeiras de refazê-los; Loos engrossou uma das paredes para corrigir o erro, fazendo dela uma espécie de moldura enfática da fachada. As qualidades de pureza formal da Villa Moller foram alcançadas enfrentando muitos erros e empecilhos semelhantes, que Loos teve de aceitar como fatos consumados; a necessidade estimulava seu senso formal. Wittgenstein, que não enfrentava empecilhos financeiros, não desenvolvia esse diálogo criativo entre a forma e o erro.

Conferir aos objetos a forma perfeita pode significar a remoção dos vestígios, o apagar dos indícios de uma obra em progresso. Eliminados os vestígios, o objeto surge imaculado. Essa perfeição da limpeza é uma condição estática; o objeto não dá ideia da narrativa de sua criação. A partir dessa diferença básica, a comparação entre as duas casas deixa claras as consequências nas proporções da fachada, no volume dos compartimentos e nos detalhes do material.

Formalmente, a casa de Wittgenstein é uma grande caixa de sapatos com diversas caixas menores apensas a cada lado; o único telhado inclinado encontra-se no alto de uma caixa situada atrás. Toda a superfície é recoberta de cal lisa e cinzenta, sem qualquer ornamento. As janelas têm um recorte severo, especialmente na fachada. As fileiras de três janelas nos três andares são espaçadas com exatidão, como se estivessem divididas em três painéis, na proporção de um por um. A Villa Moller é um tipo diferente de caixa. Na época em que a construiu, Loos já deixara para trás a convicção de que o interior de uma construção deve revelar-se no exterior. Nas paredes externas encontramos janelas de diferentes tamanhos, dispostas de maneira a formar uma composição, semelhante a uma pintura de Mondrian. Na casa de Wittgenstein, as janelas obedecem a uma regra formal rígida, ao passo que na Villa Moller parecem mais informais. Um dos motivos dessa diferença é que Loos passou muito tempo no local, desenhando-o em esboços que procuravam capturar o jogo da luz na superfície durante o transcurso do dia, em sucessivas tentativas. Wittgenstein não tinha facilidade para desenhar; seus desenhos traem uma certa rigidez.

Entrando-se nas duas casas, os contrastes tornam-se ainda mais nítidos. No vestíbulo da Villa Moller, os planos de colunas, escadas, pisos e paredes convidam o visitante a penetrar mais o interior. Boa parte desse poder de atração decorre do gênio de Loos para a iluminação das superfícies, servindo as oscilações da iluminação para alterar, à medida que avançamos, a aparência das formas sólidas da construção. O vestíbulo e a entrada principal da casa de Wittgenstein não têm esse caráter convidativo. A obsessão com a exatidão das proporções faz com que o vestíbulo mais se pareça uma câmara de isolamento. O motivo está na maneira como o cálculo foi aplicado: as portas internas de vidro são recortadas na proporção exata das dimensões das janelas externas, as lajes do piso, na exata proporção das portas. A luz do dia só penetra no saguão indiretamente, de maneira uniforme; à noite, a luz emana de uma única lâmpada nua. À medida que vamos penetrando a casa, essa diferença entre espaço estático e dinâmico torna-se mais evidente.

Os arquitetos modernos enfrentam um desafio principal no equilíbrio entre o volume dos compartimentos individuais e o fluxo que se estabelece entre eles. A enfiada característica da arquitetura aristocrática do *ancien regime* — a sequência de compartimentos dispostos de maneira a que um dê lugar elegantemente ao seguinte — dependia mais da disposição que do tamanho das portas. Os arquitetos modernos, desejosos de permitir a livre circulação das pessoas pelo espaço, optam nos interiores domésticos por portas amplas e a eliminação de paredes. Mas a arte da enfiada é mais complexa que a simples remoção de barreiras entre os compartimentos: o formato das paredes, as alterações no nível do piso e as mudanças na iluminação devem organizar o movimento, de modo que saibamos que direção tomar, a velocidade a adotar e o que poderá afinal conduzir ao repouso.

Loos calculava magistralmente o tamanho dos compartimentos em função do ritmo de movimentação de um para outro; Wittgenstein tratava cada compartimento em si mesmo como um problema em matéria de dimensões e proporções. A mestria de Loos revela-se plenamente na sala de estar, com seus diferentes níveis, a mistura de materiais e as complicações da iluminação, configurando novo convite após o do saguão de entrada. A sala de visitas da casa de Wittgenstein é um bloco espacial. Wittgenstein tentou criar fluxo mediante um recurso grosseiro, projetando uma parede dobradiça, de modo que a sala de estar se abre de um dos lados para a biblioteca adjacente, mas a ausência de barreira não foi suficiente para criar um ritmo de encaminhamento direcionado entre os dois compartimentos. São simplesmente duas caixas adjacentes, cada uma calibrada com precisão em seus próprios termos. (Foi o teto dessa sala que Wittgenstein baixou para em seguida elevar uma polegada.)

Finalmente, um contraste nos detalhes do material. Na Villa Moller, a ornamentação é econômica, mas não ausente. Os jarros, vasos de plantas e pinturas fazem parte integrante da superfície das paredes; seu tamanho é cuidadosamente estabelecido para que não pareçam sobrecarregar os volumes dos compartimentos. No início da década de 1920, Loos começou a romper com suas próprias convicções em matéria de pureza industrial, expandindo essa simplicidade sensual. Na época da construção da Villa Moller, já dava livre curso à sensualidade material na textura das madeiras.

Os materiais empregados por Wittgenstein são de certa maneira — pelo menos na minha visão — belos objetos que justificam as teses da *Neue Sachlichkeit.* Wittgenstein deixava seu gosto pela engenharia manifestar-se em objetos como radiadores e chaves e em lugares, como as cozinhas, com os quais os arquitetos da época raramente se preocupavam. Graças a seus recursos financeiros, podia projetar e fabricar tudo especialmente, em vez de usar componentes padronizados. A janela da cozinha é aberta com uma maçaneta particularmente graciosa. Essa maçaneta chama a atenção por ser um dos raros elementos materiais concebidos em função da utilização prática, e não pela demonstração formal. Mas também as maçanetas das portas dessa casa evidenciam a obsessão de Wittgenstein com as proporções perfeitas; dispostas exatamente na metade da altura do teto dos compartimentos, que são altos, tornam-se de difícil uso. Na Villa Moller, Loos não chama a atenção para detalhes das ferragens; os canos e radiadores ficam em geral ocultos por trás de superfícies mais suaves, de madeira ou pedra, ou são nelas encaixados.

Temos aqui, então, uma manifestação na esfera arquitetônica da face bifronte da obsessão. Numa das faces, na casa de Wittgenstein, a obsessão, com rédeas soltas, levou a uma decepção; na outra, um arquiteto com a mesma estética, porém submetido a certas limitações, mais disposto a arriscar e se envolver num diálogo entre a forma e os materiais, produziu uma casa de que justificadamente podia orgulhar-se. Uma obsessão sadia, poderíamos dizer, questiona o móvel de suas próprias convicções. Naturalmente, muitos arquitetos consideram a casa de Wittgenstein uma obra em que a excelência se afirma mais do que ele próprio julgava. Esses admiradores descartam suas avaliações posteriores como manifestação das neuroses de que era tão abundantemente dotado. Melhor seria, em minha opinião, levar Wittgenstein a sério, como um adulto perfeitamente capaz de se entender com clareza.

As falhas por ele constatadas em sua casa refletiam, na época dessa autocrítica, o efeito destrutivo do perfeccionismo na filosofia e, de modo geral, na vida mental, tal como a concebia então. Em seu *Tractatus*, ele muito cedo procurara submeter o pensamento lógico aos testes mais estritos; boa parte das *Investigações filosóficas*,[21] escritas mais ou menos na época de suas reflexões sobre a obra da Kundmanngasse, buscam libertar a filosofia dos elementos de rigidez dessa construção mental. Para um filósofo já agora interessado no funcionamento da linguagem, nas cores e outras sensações, um filósofo que passara a se expressar em paradoxos e parábolas, em vez de lançar regras, a busca da forma genérica e ideal de todas as construções bem podia parecer envolta em "doença" e "carente de vida".

Desci a detalhes na descrição dessas casas porque suas faces bifrontes nos dão indicações sobre a melhor maneira de gerir a obsessão em atividades mais cotidianas.

- O bom artífice entende a importância do esboço — vale dizer, não saber exatamente o que vem pela frente ao começar. Ao dar início ao seu empreendimento, Loos queria que a Villa Moller fosse boa no gênero; sua experiência o havia preparado para a forma-tipo, mas ele não foi adiante até entrar no terreno concreto. O esboço informal é um procedimento de trabalho para prevenir o fechamento prematuro de um ciclo. O impulso genérico de Wittgenstein manifestava-se no desejo de saber o que estava fazendo, o que viria a alcançar, antes de dar início ao trabalho concreto de campo. Nessa forma de obsessão, prevalece a preocupação com a planta.
- O bom artífice atribui um valor positivo à contingência e às limitações. Loos fazia uso de ambas. Em nosso capítulo sobre a consciência material, chamamos a atenção para a importância da metamorfose. Loos fazia com que a metamorfose ocorresse nos objetos encarando como oportunidades os problemas que se manifestavam no trabalho de campo; Wittgenstein não estava preparado nem entendia a necessidade de fazer uso das dificuldades. A obsessão o cegava para a possibilidade.

- O bom artífice deve evitar a busca inflexível da solução de um problema até torná-lo perfeitamente isolado e autossuficiente; nesse caso, como acontece com os compartimentos da casa da Kundmanngasse, ele perde seu caráter relacional. A obsessão com as proporções perfeitas foi a causa dessa perda do caráter relacional no vestíbulo de Wittgenstein. A alternativa positiva a essa compulsão de resolver está em aceitar um certo grau de incompletude no objeto, decidindo deixá-lo sem solução.
- O bom artífice evita o perfeccionismo que pode se degradar numa demonstração muito autocentrada — nesse instante, aquele que faz está mais preocupado em mostrar do que é capaz do que em revelar a finalidade do próprio objeto. É o problema que vamos encontrar com os artefatos feitos à mão, como as maçanetas da casa da Kundmanngasse: eles demonstram a forma. A solução do bom artífice evita mostrar muito deliberadamente que algo é importante.
- O bom artífice aprende a identificar quando é o momento de parar. Persistir no trabalho pode levar a uma degradação. A casa de Wittgenstein esclarece quando especificamente é o momento de parar: quando surge a tentação de apagar todos os traços da produção do trabalho, para fazê-lo parecer um objeto imaculado.

Imaginemos que construir uma instituição seja como construir uma casa. Nesse caso, teríamos interesse em construí-la à maneira de Loos, e não de Wittgenstein. Em vez da perfeição genérica e imediata, procederíamos à construção de uma estrutura particular que começasse como um esboço, passível de evolução. Dentro dessa instituição, precisaríamos resolver o problema da enfiada como fez Loos, convidando ao movimento de um domínio a outro. Enfrentaríamos as dificuldades, os acidentes e as limitações. Evitaríamos resolver as tarefas específicas das pessoas ligadas à instituição de uma maneira que tornasse essas tarefas, como os compartimentos, isoladas e autocentradas. Saberíamos quando chegasse o momento de interromper a construção da instituição, deixando sem solução algumas questões, e deixaríamos intactos os traços da maneira como essa instituição foi crescendo. Desejamos uma instituição viva. Não poderíamos construí-la numa frenética busca da perfeição; essa busca, como sabia Wittgenstein, deixara sem vida a sua casa. Em contrapartida, construir uma escola, um negócio ou uma prática profissional à maneira de Loos geraria uma instituição de alta qualidade social.

Vocação

Uma narrativa continuada

A principal diferença entre Loos e Wittgenstein estará talvez no fato de que Adolf Loos tinha uma história de trabalho; cada projeto de construção era como um capítulo de sua vida. Wittgenstein não tinha uma narrativa desse tipo; quando seu jogo de tudo-ou-nada falhava, ele não construía outra casa. Essa diferença chama a atenção para uma outra dimensão positiva da obsessão: a maneira como as pessoas são compelidas no trabalho a produzir em abundância.

Max Weber considerava a narrativa continuada uma "vocação". A palavra alemã por ele usada para falar de vocação, *Beruf*, tem duas ressonâncias: a gradual acumulação de conhecimento e capacitações e a convicção cada vez maior de que se estava destinado na vida a fazer aquela coisa específica. Esses sinais da vocação foram expostos por Weber em seu ensaio "A ciência como vocação".[22] Uma locução inglesa dá mais ou menos ideia do que ele queria dizer: a nossa vida "*adds up*", "vai somando". Em contraste, o "ascetismo profano" não dá a satisfação de acumular capacidades nem a convicção de que estamos destinados na vida a fazer determinada coisa.

O ideal da vocação enraíza-se na religião. Nos primeiros tempos do cristianismo, acreditava-se que a vocação vinha *ao* eu, como no caso de um padre que se sente chamado por Deus. Tal como aconteceu na conversão de Agostinho, uma vez atendido o chamado, um crente pode considerar, retrospectivamente, que não poderia ter feito de outra maneira; o serviço a Deus era o que ele estava destinado a fazer. Ao contrário do que acontece no hinduismo, no cristianismo as vocações não são herdadas de uma geração anterior; o indivíduo deve atender ao chamado por livre e espontânea vontade. Hoje, as "decisões por Cristo" do cristianismo evangélico preservam esse caráter dual: a decisão e o destino se combinam.

Indo de encontro a sua própria idealização da vocação científica, Weber sabia perfeitamente que suas bases religiosas podiam refletir-se no mundo secular. Um líder, seja ele Cristo ou Napoleão, proporciona aos seguidores uma súbita iluminação sobre o caminho a ser seguido; o líder carismático gera a motivação, fornece aos outros a ambição. A vocação científica, no entanto, deve surgir "de dentro", nutrindo-se de pequenos esforços disciplinados — a rotina do laboratório, ou, por extensão, a prática musical —, cada um deles isento de implicações capazes de abalar uma vida. Ninguém precisa de uma educação formal para seguir Cristo ou Napoleão, mas na vocação científica a formação é decisiva. O *Bildung* de uma pessoa — sua educação e sua doutrinação social — prepara o terreno para uma atividade continuada e automotivada na idade adulta.

"Implacável" e "obsessivo" podem parecer conceitos deslocados nessa versão benigna da vocação. Mas o fato é que o tempo pode abrandar seu impacto. O sociólogo Jeremy Seabrook realizou há alguns anos uma série de entrevistas com Len Greenham, um velho granulador de marroquim que vivia no norte da Inglaterra. Greenham aprendeu na juventude a preparar a pele da cabra do Marrocos para utilização do couro na fabricação de bolsas e na encadernação de livros, um delicado e difícil conjunto de operações a que dedicou a vida inteira, tal como haviam feito seu pai e seu avô. Os ritmos desse trabalho organizavam a vida em família, e mesmo seus hábitos cotidianos. Ele não fumava "porque faria diferença na disposição física" e praticava esportes para se manter em forma no trabalho.[23] Seu trabalho pode ser compulsivo e obsessivo, mas não da mesma maneira que os médicos em disputa por causa do HIV; ele está constantemente adicionando valor a sua vida.

Mas Greenham não está em paz com o mundo. Embora saiba que viveu bem, manifesta muita apreensão nas entrevistas. As encadernações feitas à mão são simplesmente caras demais para que sua firma possa continuar funcionando na Grã-Bretanha; esse tipo de artesanato floresce atualmente na Índia. "Meu avô teria considerado muito triste que, depois de todos esses anos nesse ofício e nesse negócio, adquirido com pessoas mais velhas com muitos anos de experiência, não seja possível transmiti-lo a alguém."[24] Ainda assim, ele continua trabalhando com vontade; é o artífice que existe nele.

No inglês antigo, "*career*" [carreira] significava uma estrada bem traçada, ao passo que "*job*" [emprego] queria dizer simplesmente um pedaço de carvão ou uma pilha de toras de madeira passível de ser deslocada a qualquer momento. Numa guilda, o ourives medieval exemplificava a estrada da "carreira". Sua trajetória de vida estava bem traçada no tempo, e as etapas de seu progresso, claramente demarcadas, ainda que o trabalho em si mesmo fosse inexato. Sua história era linear. Como vimos no capítulo 1, a "sociedade da capacitação" passa como um rolo compressor sobre a estrada da carreira; prevalecem, hoje, os empregos com o sentido de movimento aleatório; espera-se que as pessoas ofereçam todo um leque de capacitações, em vez de cultivarem uma habilidade única em suas trajetórias de trabalho; essa sucessão de projetos ou tarefas solapa a convicção de que se está destinado a fazer apenas uma coisa benfeita. A habilidade artesanal parece particularmente vulnerável a essa possibilidade, já que se baseia no aprendizado lento e no hábito. A forma de obsessão de Len Greenham já não parece valer a pena.

Não estou convencido de que seja este o destino fatal do artífice. As escolas e as instituições de Estado, e mesmo os empreendimentos com fins lucrativos, podem dar um passo concreto de apoio às vocações. Consiste ele em acumular capacitações em sequência, especialmente através do retreinamento no emprego. Os artífices artesanais se têm revelado particularmente promissores neste sentido. A disciplina necessária para o bom trabalho manual está ao seu alcance, e também contribui a sua capacidade de voltar a atenção para problemas concretos, em vez de se concentrar no fluxo dos elementos do trabalho ligados a processos e às relações humanas. Exatamente por este motivo, constatou-se que é mais fácil treinar um encanador do que um vendedor para programar computadores; o encanador tem hábitos artesanais e a atenção voltada para materiais, o que é útil no retreinamento. Muitas vezes os empregadores não enxergam essa oportunidade porque associam rotinas manuais a trabalho maquinal, em termos do *Animal laborens* da imaginação de Arendt. Mas pudemos ver ao longo deste livro que é exatamente o contrário que acontece. Para os bons artífices, as rotinas não são estáticas; elas evoluem e o artífice se aperfeiçoa.

As pessoas quase sempre querem crer que suas vidas não se resumem a uma série aleatória de acontecimentos desconexos.[25] A instituição artesanalmente bem constituída tem interesse em atender a essa expectativa, uma vez que tenha decidido que a lealdade é importante. Os trabalhadores que se beneficiam de um programa de retreinamento em sua instituição sentem-se muito mais vinculados a ela que aqueles que estão constantemente entrando e saindo. A lealdade é particularmente importante para um empresário quando o ciclo econômico de sua empresa está em baixa; os trabalhadores vão perseverar, trabalhar mais horas e até aceitar cortes nos salários, para não largar o barco. O fortalecimento das capacitações não é uma panaceia individual nem coletiva. Na economia moderna, os desequilíbrios são uma realidade permanente. Mas descobrir como capitalizar as capacitações existentes — expandindo-as ou usando-as como ponto de partida para a aquisição de outras habilidades — é uma estratégia que ajuda a orientar os indivíduos no tempo. A organização bem constituída terá todo interesse em adotar essa estratégia para manter-se coesa.

Em suma, constatamos que o impulso de fazer um bom trabalho não é nada simples. Além disso, essa motivação pessoal é inseparável da organização social. Talvez exista em cada um de nós um engenheiro japonês que quer fazer as coisas sempre bem e receber o reconhecimento por isto, mas este é apenas o começo da história. As instituições precisam socializar esse trabalhador; ele precisa saber lidar com a competitividade cega. O trabalhador terá de aprender a gerir a obsessão no próprio processo do trabalho, questionando-a e moderando-a. O impulso para a realização do bom trabalho pode conferir às pessoas um sentimento de vocação; as organizações mal constituídas ignoram o desejo de seus integrantes de que a vida faça sentido, enquanto as bem constituídas tratam de aproveitá-lo.

CAPÍTULO 10

Habilidade

Deixei para o fim deste livro a tese mais polêmica: a de que praticamente qualquer um pode tornar-se um bom artífice. A ideia é polêmica porque a sociedade moderna distingue as pessoas segundo estritos critérios de habilidade. Quanto melhor for alguém em alguma coisa, menor será o número dos concorrentes equiparáveis. Esta visão tem sido aplicada não só à inteligência inata como ao subsequente desenvolvimento das capacitações: quanto mais se vai adiante, menor será o número dos concorrentes equiparáveis.

A habilidade artesanal não se enquadra nesse arcabouço. Como veremos neste capítulo, o ritmo da rotina na habilidade artesanal se inspira na experiência das brincadeiras infantis, e quase todas as crianças sabem brincar bem. O diálogo com os materiais na habilidade artesanal dificilmente poderia ser mapeado através de testes de inteligência; a maioria das pessoas é capaz de raciocinar bem sobre suas sensações físicas. O artesanato expressa um grande paradoxo, na medida em que uma atividade altamente refinada e complexa surge de atos mentais simples como a especificação de fatos e seu posterior questionamento.

Não se pode negar que as pessoas nascem ou se tornam desiguais. Mas a desigualdade não é o fato mais importante a respeito dos seres humanos. A capacidade de nossa espécie de fazer coisas revela mais sobre aquilo que compartilhamos. Desses talentos compartilhados decorre uma consequência política. As páginas da *Enciclopédia* de Diderot afirmavam o terreno comum dos talentos no trabalho artesanal, genericamente, em princípio, e nos detalhes práticos, porque repousava aí uma concepção de governo. Aprender a trabalhar bem capacita as pessoas a se governarem e, portanto, a se tornarem bons cidadãos. A donzela industriosa tem mais probabilidades de se revelar uma boa cidadã que sua entediada senhora. A celebração democrática do pequeno agricultor ou do artesão qualificado americano por Thomas Jefferson parte do mesmo princípio, revelando-se um homem prático capaz de avaliar o quão bem formado é um governo porque tem ele próprio a experiência de formar coisas — um princípio que Jefferson infelizmente não aplicava a seus escravos. A convicção de que o bom trabalho modela a boa cidadania veio a ser distorcida e pervertida ao longo da história moderna, acabando nas deprimentes e vãs mentiras do império soviético. A desigualdade estabelecida pela comparação invejosa tomou a frente, parecendo uma verdade mais confiável a respeito do trabalho — mas essa "verdade" solapa a participação democrática.

Queremos recuperar algo do espírito do Iluminismo em termos adequados à nossa época. Queremos que a capacidade compartilhada de trabalho nos ensine como nos governar e nos ligar aos outros cidadãos num terreno comum.

Trabalho e jogo

O fio do ofício

Esse terreno comum manifesta-se cedo na história humana, no desenvolvimento do jogo. Trabalho e jogo ficam parecendo opostos quando o jogo é visto apenas como uma fuga da realidade. Pelo contrário, o jogo ensina às crianças como ser sociáveis e canaliza o desenvolvimento cognitivo; o jogo incute obediência às regras mas compensa essa disciplina permitindo às crianças criar e experimentar com as regras a que obedecem. Essas capacitações servem às pessoas pelo resto da vida, a partir do momento em que entram na esfera do trabalho.

O jogo ocorre em dois domínios. Nos jogos competitivos, as regras são estabelecidas antes que os jogadores entrem em ação; uma vez fixadas as convenções, os jogadores têm de obedecer. Os jogos estabelecem os ritmos da repetição. Num espaço de jogo mais aberto, como, por exemplo, quando uma criança brinca com um pedaço de feltro, é o estímulo sensorial que predomina; a criança brinca com o feltro, experimenta com ele, tem início o diálogo com os objetos materiais.

O primeiro autor moderno a escrever sobre o jogo foi Friedrich von Schiller, em *Da educação estética do homem*. Na Carta 14, ele afirma: "O impulso dos sentidos nos governa fisicamente, e o impulso da forma, moralmente (...) os dois se combinam no impulso do jogo."[1] O jogo negocia entre o prazer e o rigor, segundo Schiller; suas regras equilibram a ação humana. Esse ponto de vista desapareceria mais tarde, no século XIX, entre os psicólogos que consideravam o jogo mais próximo do sonho, um comportamento físico espontâneo que se assemelhava ao processo de flutuação de um sonho. No século XX, esta outra abordagem por sua vez cedeu, ressurgindo a de Schiller, por assim dizer, no consultório. Freud mostrou que o próprio sonho segue uma certa lógica, comparável à do jogo.[2]

Uma geração depois de ter Freud estabelecido uma analogia entre o sonho e o jogo, uma linha divisória entre o jogo e o trabalho foi traçada num estudo de Johan Huizinga, *Homo Ludens*.[3] Este grande livro mostrava que, na Europa pré-moderna, os adultos se divertiam com os mesmos jogos de cartas, as mesmas brincadeiras de faz-de-conta e até os mesmos brinquedos que os seus filhos. Para Huizinga, a dureza da Revolução Industrial levou os adultos a deixar de lado seus brinquedos; o trabalho moderno é "sério demais". Dessa forma, sustentava ele, quando a utilidade domina, os adultos perdem um elemento essencial da capacidade de pensar; perdem aquela curiosidade livre que se manifesta no espaço aberto do jogo, na sensação de apalpar o feltro. Ainda assim, Huizinga registrava a "gravidade formal" evidenciada pelas pessoas nos jogos, e sabia que de alguma forma essa gravidade formal era igualmente importante.

Desde então, os antropólogos têm tentado entender essa gravidade formal na esfera das cerimônias. O mais destacado antropólogo a fazê-lo foi Clifford Geertz, que cunhou a expressão "jogo profundo", aplicando-a a cerimônias tão diversas quanto a obrigatória xícara de café oferecida pelo comerciante do Oriente Médio aos seus clientes, a rinha de galos na Indonésia e uma comemoração política em Bali.[+] Ao contrário de Huizinga, Geertz chamava a atenção para a linha telefônica permanentemente conectada entre o treinamento lúdico infantil e papéis adultos como os de padre, representante de vendas, planejador urbano e político. Na avaliação de Geertz, a visão nostálgica do passado talvez tivesse cegado Huizinga para o fato de que a invenção e o desempenho de papéis se prolongam por todo o ciclo da vida humana.

Em nossos estudos, essa linha telefônica em constante conexão se evidencia nos parques criados por Aldo van Eyck em Amsterdã. O arquiteto procurava destilar rituais corpóreos entre as crianças brincando, tornando para isto ambíguas as fronteiras; as crianças precisam aprender a coreografar seus movimentos para ficar seguras. Na expectativa de Van Eyck, tomariam forma, assim, cerimônias de contato e assistência: grupos de bebês escavando a areia, crianças maiores brincando com bolas, adolescentes reunidos para trocar suas experiências, adultos descansando das compras e observando — são os elementos que, no dizer de Geertz, compõem a "cenografia" do jogo profundo, constituindo rituais cotidianos que estabelecem a coesão social entre as pessoas.

Mas como será que o desenvolvimento da prática do jogo efetivamente estabelece a ligação entre jogo e trabalho? Era esta uma questão premente para Erik Erikson, provavelmente o mais eloquente dos autores voltados para a questão do jogo no século XX, um psicanalista que dedicou boa parte da vida à investigação das consequências mais sérias daquilo que as crianças fazem com os blocos de construir, os ursinhos de pelúcia e as cartas.[5] Ele associava essas experiências ao trabalho, como primeiras incursões no terreno da habilidade artesanal.

Erikson era um freudiano relutante no universo infantil. Ao se perguntar por que os meninos constroem torres de blocos de madeira ou casas de cartas até desmoronarem, poderia facilmente ter recorrido à explicação fálica freudiana, envolvendo a ereção e a ejaculação. Em vez disso, observou que os meninos estavam testando os limites da criação de um objeto viável, estabelecendo regras para tentar saber "até que altura é possível ir". Da mesma forma, perguntava-se por que as menininhas repetidamente vestiam e despiam suas bonecas. Na visão freudiana, isto poderia ser explicado pelo impulso de encobrir e revelar as partes sexuais e as zonas erógenas do corpo. Parecia igualmente, a Erikson, que essas crianças estavam aprendendo como executar um trabalho prático — as meninas, por exemplo, concentravam-se em fazer com que as mãos abotoassem e ajustassem habilmente as roupas. Um menino ou uma menina que tenta arrancar os olhos de um urso de pelúcia não está necessariamente expressando agressão. O urso não está sendo atacado, mas testado: quão forte será ele? O jogo pode ser um campo da sexualidade infantil, mas, em ensaios como "Os brinquedos e suas razões", Erikson afirmava que também faz as vezes de trabalho técnico efetuado em objetos materiais.[6]

Sua contribuição mais importante dirá respeito talvez à objetificação, a coisa valorizada em si mesma. Como vimos, a escola das "relações de objeto" de D. W. Winnicott e John Bowlby enfatizava a experiência infantil com as coisas em si mesmas, como resultado da separação e da perda. Erikson, pelo contrário, dava ênfase, na criança pequena, à capacidade de projeção em objetos inanimados, a capacidade de antropomorfização que tem prosseguimento na vida adulta, por exemplo, quando um tijolo é considerado "honesto". Para Erikson, contudo, trata-se de uma ligação de duas vias; a realidade material dá a resposta, constantemente corrigindo a projeção, advertindo quanto à verdade material. Se o ursinho de pelúcia de olhos firmes ganha um nome, porque o menininho se projeta nele, seus olhos fixos ainda assim impedem o menino de acreditar que o urso é realmente como ele. Encontramos aqui, na brincadeira, a origem do diálogo estabelecido pelo artífice com materiais como a argila e o vidro.

O que precisamos acrescentar à abordagem de Erikson é um registro das regras que permitem esse diálogo. São elas pelo menos duas.

A primeira diz respeito à coerência do estabelecimento das regras. Muitas das regras concebidas pelas crianças para seus brinquedos ou jogos revelam-se inicialmente ineficazes, como no caso da ausência de regras viáveis para uma contagem de pontos. O estabelecimento de regras funcionais requer colaboração; todas as crianças devem concordar em obedecer a elas. E as regras funcionais são inclusivas; devem aplicar-se a jogadores de diferentes habilidades. No cerne da funcionalidade está a repetição, a invenção de regras que permitam a prática dos jogos mais de uma vez. A repetição dos jogos, por sua vez, prepara o terreno para experiências de prática, efetuando um procedimento repetidas vezes. Nos jogos infantis, no entanto, as crianças também aprendem a modificar as regras que estabelecem, o que igualmente tem consequências para a idade adulta, como no caso da repetição de uma prática técnica que podemos gradualmente alterar, mudar ou aperfeiçoar. Para aperfeiçoar uma habilidade precisamos mudar as regras que se repetem — a metamorfose das regras que ajudou Erin O'Connor a se desenvolver como insufladora de vidro. Em suma, o jogo inaugura a prática, e a prática é uma questão ao mesmo tempo de repetição e modulação.

Em segundo lugar, o jogo é uma escola de aprendizado para aumentar a complexidade. Como pais, podemos observar que as crianças de 4 ou 5 anos vivenciam o tédio de uma forma que não conheciam antes; os brinquedos mais simples não despertam mais seu interesse. Os psicólogos explicam o tédio pelo fato de as crianças se tornarem críticos mais argutos de seu próprio universo de objetos. As crianças certamente são capazes de gerar formas complexas a partir de materiais simples e "empobrecidos" — os blocos Lego, por exemplo, ou os jogos de colorir e pintar. O que importa são objetos que permitam à criança complicar uma estrutura à medida que se desenvolvem suas capacidades cognitivas.[7] O surgimento da capacidade de ler permite à criança criar novas e mais complexas regras de jogo.

A possibilidade de tornar as coisas complexas no próprio trabalho deriva dessas capacidades. O bisturi, uma simples ferramenta, passou a ser usado para finalidades altamente complexas no trabalho científico do século XVII, como acontecia desde o século XV com a chave de fenda; ambos começaram como ferramentas básicas. Eles podem ser empregados em trabalhos complexos apenas porque nós, como adultos, aprendemos a jogar com suas possibilidades, em vez de tratar cada um deles como ferramentas de finalidade preestabelecida. Tal como no jogo, o tédio é um estímulo importante na busca da habilidade artesanal; entediado, o artífice tenta descobrir que mais pode fazer com as ferramentas à mão.

Na verdade, a funcionalidade e a crescente complexidade podem entrar em conflito, mas as crianças aprendem a gerir essas tensões no empenho de alteração das regras do jogo. Nos jogos e brincadeiras das crianças com idades entre 4 e 6 anos, observa o psicólogo Jerome Bruner, a complexidade é mais importante que a funcionalidade. Nas etapas intermediárias da infância, entre 8 e 10 anos, o rigor das regras torna-se mais importante, e no início da adolescência as duas coisas podem novamente equilibrar-se.[8] Era exatamente esse equilíbrio que Schiller tinha em mente ao identificar o papel fulcral do jogo.

Esse breve apanhado das maneiras como o desenvolvimento do jogo se vincula ao trabalho deveria ser para nós literalmente iluminista. A habilidade artesanal depende do que as crianças aprendem no diálogo lúdico com os materiais físicos, da disciplina de seguir regras, do progresso da complexidade no estabelecimento de regras. O jogo é tão universal, tão cheio de implicações para os adultos — e no entanto a preconceituosa visão moderna aferra-se à convicção de que só uns poucos têm capacidade de realmente fazer um bom trabalho. Evocando as convicções políticas de Jefferson, poderíamos aqui tentar reconfigurar esse preconceito: a boa cidadania encontrada no jogo é perdida no trabalho.

Talvez a maneira como a própria habilidade é entendida esclareça o preconceito.

Habilidade

Localizar, questionar, abrir-se

Os pensadores do Iluminismo consideravam inatas as capacitações de que se nutre o exercício de um ofício. A moderna biologia corrobora essa convicção; graças aos progressos da neurologia, adquirimos uma compreensão mais clara da geografia da habilidade no cérebro. Podemos, por exemplo, mapear em termos neuronais o ponto do cérebro graças ao qual ouvimos e como processamos a informação neuronal necessária para a habilidade musical.

A reação bruta aos sons musicais tem início no córtex auditivo, bem no centro do cérebro. Reagimos aos sons físicos que ouvimos principalmente nas estruturas subcorticais do cérebro; ali, o ritmo estimula a atividade do cerebelo. A capacidade de processar essa informação também tem uma geografia neurológica. O córtex pré-frontal fornece um feedback sobre a movimentação correta da mão; é esta uma localização neurológica da experiência que temos ao constatar: "Funciona!" Para aprender a ler música, mobilizamos o córtex visual. As emoções experimentadas ao tocar e ouvir música também estão ligadas a regiões específicas do cérebro. As reações mais simples estimulam o vérmis do cerebelo, e as mais complexas, a amígdala.[9]

Dada sua complexidade, o cérebro processa paralela, e não sequencialmente. Como um grupo de pequenos computadores interligados e trabalhando simultaneamente, as regiões geográficas do cérebro processam ao mesmo tempo sua própria formação e se comunicam com outras áreas. Na experiência auditiva, se um ponto é danificado, o pensamento sonoro em outros pontos falhará. Quanto mais estímulo, transmissão e feedback neuronal ocorre na geografia global do cérebro, mais pensamos e sentimos.[10]

O mal-estar provocado por esse mapa da habilidade inata não decorre dos fatos — que, naturalmente, serão revistos com o tempo —, mas de suas implicações. Seria ele um mapa de desigualdades indeléveis? O seu córtex pré-frontal é melhor que o meu? Queremos lembrar que a preocupação com a desigualdade estrutural ou genética dos seres humanos tem raízes antigas. Na filosofia ocidental, ela remonta à ideia da predestinação.

No fim da *República*, Platão relata o "Mito de Er", a história de um homem que tem um vislumbre da vida depois da morte.[11] Er constata no além a ocorrência de algo como a transmigração das almas; as almas escolhem os corpos em que haverão de encarnar e a vida que levarão. Algumas fazem uma péssima escolha. Esperando escapar de sofrimentos passados, elas mergulham em novos e insuspeitados sofrimentos. Outras escolhem sabiamente, pois na vida anterior adquiriram o conhecimento necessário para fazer bem alguma coisa, um conhecimento que permitiu consolidar seu juízo. Ao nascer no novo corpo, contudo, toda pessoa tem um destino, uma marca daquilo que pode tornar-se.

Esta visão contrasta com a predestinação, tal como essa ideia haveria de se materializar posteriormente no cristianismo, especialmente no protestantismo calvinista. João Calvino acreditava que Deus predestinara certas almas à salvação desde o nascimento, e outras à danação. O Deus de Calvino mais se parece um sádico, contudo, negando aos indivíduos o conhecimento de seu próprio destino, obrigando-os a implorar misericórdia, a mostrar-se dignos, para que seu destino seja modificado. Sádico mas também difícil de entender: Como pode alguém ter um destino que possa ser modificado? Sem chegar a pular nessa toca de coelho teológica, podemos observar simplesmente que esse tipo de protestantismo atrelava o inato ao desigual: certos indivíduos são mais dignos da misericórdia de Deus porque começam a vida numa condição espiritual melhor que outros; as modificações do destino na trajetória de uma vida humana continuam centradas na comparação invejosa com outras pessoas.

O calvinismo adquiriu modernamente uma vida maligna no movimento da eugenia surgido há um século, especialmente nos escritos de William Graham Sumner: não se devem desperdiçar recursos em indivíduos ou grupos que carecem da capacidade inata de usá-los. Uma outra versão, apenas um pouco menos maligna, é a prática educacional que busca determinar o que um indivíduo é capaz de aprender, antes mesmo de tentar ensinar-lhe. O platonismo buscava uma visão algo mais positiva: embora você possa ter uma capacidade inata inferior à de outros, faça o melhor uso dos trunfos que recebeu — um ponto de vista consolador apenas se os outros não derem muita importância a essas diferenças.

Estaríamos sendo reducionistas se imaginássemos que a formatação do cérebro e seus processamentos paralelos constituem um sistema fechado — uma espécie de versão moderna da predestinação —, num sistema estabelecido no nascimento e funcionando a partir de então de acordo com sua lógica interna própria. O modelo alternativo é o do sistema aberto, no qual os desdobramentos posteriores retroalimentam os elementos dados de saída. A cultura funciona como um sistema aberto em relação ao cérebro e de uma forma específica; os diferentes tipos de ambiente estimulam ou deixam de estimular o processamento paralelo do cérebro em regiões como o córtex pré-frontal. Assim é que Martha Nussbaum e Amartya Sen preferem a palavra *capacidade* a *habilidade*, sendo cada capacidade ativada ou reprimida pela cultura. Como vimos nos estudos sobre o ato de agarrar e a preensão, uma capacidade é desenvolvida na própria estrutura dos ossos da mão humana; embora algumas mãos sejam maiores e outras, dotadas de nascença de um alcance lateral maior, a verdadeira diferença entre as mãos capazes e as desajeitadas está na maneira como cada uma delas é estimulada e treinada.

Até mesmo os biólogos que mais enfaticamente contestam a visão da natureza humana como uma "lousa em branco" aceitam este ponto de vista. Em certa medida, o foco na desigualdade deixa de lado uma questão não menos importante de excesso de oferta. As pesquisas do cientista cognitivo Steven Pinker sobre a programação linguística demonstram, por exemplo, que a espécie humana é capaz de manufaturar significados "demais" — uma abundância de significados contrastantes e contraditórios tanto na fala quanto na escrita; a cultura diminui e esclarece essa habilidade abundante compartilhada por todos.[12] Geneticistas de uma corrente diferente chegam à mesma conclusão por outros caminhos. Para Richard Lewontin, os potenciais genéticos apresentam-se "naturalmente" sem solução; o corpo humano está cheio de possibilidades que requerem organização social e cultural para se tornarem manifestas e concretas.[13]

O tear de Vaucanson, de superioridade inata em relação às mãos humanas, nos proporciona o contexto mais esclarecedor para pensar as consequências das desigualdades naturais. Destruir as máquinas — vale dizer, negar sua superioridade — não se revelou uma alternativa viável. A melhor alternativa foi encarar o tear como um remédio; era do interesse de cada um tomar cuidado para não ingerir uma dose forte demais, ou foi pelo menos o que Voltaire concluiu em relação às invenções práticas do homem que anteriormente saudara como o "Prometeu moderno". Ou seja, faça uso do recurso de inata superioridade, mas não conte demais com essa superioridade. Essa controlada e iluminista sabedoria é, em minha opinião, uma boa maneira de entender o significado do mapa da habilidade no cérebro. Seus recursos são desigualmente repartidos ou aplicados em diferentes indivíduos; se contar com este fato, a sociedade pode envenenar-se. Não faça julgamentos com base no destino; estimule o organismo humano o máximo possível.

No universo mais delicado do trabalho artesanal, a questão da desigualdade dos talentos é tratada talvez de maneira mais focada. As habilidades inatas em que se baseia a perícia artesanal não são excepcionais; são compartilhadas pela ampla maioria dos seres humanos em grau mais ou menos equivalente.

Três habilidades essenciais constituem a base da perícia artesanal. São elas as capacidades de localizar, questionar e abrir. A primeira tem a ver com tornar algo concreto, a segunda, com refletir sobre suas qualidades, e a terceira, com expandir o seu sentido. O carpinteiro avalia a textura específica de um pedaço de madeira, em busca de detalhes; revira a madeira de um lado e de outro, tentando imaginar como o padrão evidenciado na superfície pode refletir a estrutura por baixo dela; decide que a textura pode ser revelada se usar um solvente de metal, em vez do habitual verniz de madeira. Para mobilizar essas capacitações, o cérebro precisa processar paralelamente informações visuais, auditivas, táteis e de linguagem simbólica.

A capacidade de localizar diz respeito à possibilidade de especificar onde está acontecendo algo importante. Na mão, como vimos, essa localização está na ponta dos dedos do músico ou do ourives; no olho, a localização centra-se no ângulo reto formado pela trama e a urdidura no tear, ou no fim do tubo usado para insuflar vidros. Na invenção do telefone celular, o foco voltou-se para o comutador, na da calculadora portátil, para o tamanho dos botões. A função "zoom" da tela de um computador ou de uma câmera desempenha a mesma função.

A localização pode resultar de estimulação sensória, como no momento de uma dissecção em que o bisturi depara-se com matéria inesperadamente dura; nesse momento, os movimentos manuais do anatomista tornam-se ao mesmo tempo mais lentos e menores. A localização também pode ocorrer quando a estimulação sensória é de algo perdido, ausente ou ambíguo. Um abscesso no corpo, mandando o sinal físico de uma perda de tensão, localiza o movimento manual. Também é esta a estimulação obtida por Van Eyck em seus parques, removendo as delimitações precisas entre a rua e o playground, para que as crianças brincando tivessem de focalizar a atenção nessa zona limítrofe, para se manter seguras.

Nos estudos cognitivos, a localização é às vezes designada como "atenção focal". Gregory Bateson e Leon Festinger consideram que os seres humanos centram a atenção nas dificuldades e contradições que chamam de "dissonâncias cognitivas". A obsessão de Wittgenstein com a altura exata do teto numa sala de sua casa viva deriva de algo que para ele se apresentava como uma dissonância cognitiva em suas regras de proporção. A localização também pode ocorrer quando algo funciona bem. Tendo conseguido as superfícies onduladas que esperava do titânio, Frank Gehry tornou-se mais atento às possibilidades do material. Essas experiências complicadas de dissonância cognitiva remetem diretamente, como sustentou Festinger, ao comportamento animal; o comportamento consiste na capacidade de um animal de estar atento ao "aqui" ou ao "isto". O processamento paralelo do cérebro ativa diferentes circuitos neurais para fixar a atenção. Nos seres humanos, especialmente em pessoas que exercem um ofício, esse pensamento animal localiza-se especificamente onde um material, uma prática ou um problema importar.

A capacidade de questionar é nada mais nada menos que uma questão de investigar o ponto de localização. Os neurologistas que adotam o modelo da dissonância cognitiva consideram que o cérebro faz algo como imaginar em sequência o fato de que todas as portas num compartimento mental estão trancadas. Já não existe dúvida, então, mas a curiosidade permanece, perguntando o cérebro se as portas terão sido trancadas por diferentes chaves, e por quê. O questionamento também pode ocorrer através de um sucesso operacional, como nesses momentos da programação do Linux em que a solução de um problema leva o programador a fazer novas perguntas. Em termos neurológicos, isto é explicado pela ativação de uma nova conexão de circuito entre as diferentes regiões do cérebro. A entrada assim ativada possibilita novos processamentos paralelos — mas não instantaneamente, não todos de uma vez. "Questionar" significa, fisiologicamente, viver num estado incipiente; o cérebro em reflexão está examinando as alternativas do seu circuito.

Esse estado confere sentido, em termos neuronais, à experiência da curiosidade, uma experiência que mantém em suspenso a resolução e a decisão, para investigar. Cabe supor, assim, que o processo de trabalho segue um certo ritmo temporal, no qual a ação leva à suspensão enquanto os resultados são questionados, para que a ação, em seguida, seja retomada de uma nova forma. Vimos que esse ritmo de ação-repouso/questionamento-ação marca o desenvolvimento das habilidades manuais complexas; a atividade meramente mecânica, que não contribui para o desenvolvimento da técnica, é simplesmente movimento.

A capacidade de abrir um problema depende dos saltos intuitivos, e especificamente de sua capacidade de aproximar domínios distintos e preservar o conhecimento tácito no salto entre eles. O simples deslocamento entre domínios de atividade estimula o surgimento de novas ideias sobre os problemas. "Abrir" está intimamente ligado a "abrir-se para", no sentido de estar aberto à possibilidade de fazer as coisas de maneira diferente, para o deslocamento de uma esfera de hábitos para outra. Esta capacidade é tão fundamental que sua importância frequentemente é menoscabada.

A capacidade de mudar hábitos remonta profundamente ao reino animal. Seguindo Richard Lewontin, certos biólogos acreditam que a capacidade de reagir e problematizar em diferentes domínios constitui a chave etológica da seleção natural. Ainda que assim seja, os seres humanos são capazes ao mesmo tempo de mudar de hábitos e de compará-los. É com essa capacidade que as fábricas contam ao transferir os operários de uma tarefa a outra; a lógica, aqui, é prevenir o tédio — esse mesmo tédio que decorre dos sistemas fechados de rotina. A liberação do tédio só pode ocorrer porque a mudança de domínio volta a nos mobilizar mentalmente. Os estudos sobre a habilidade frequentemente se baseiam no ato de resolver problemas, mas este ato, como vimos, está intimamente ligado à detecção de problemas. Uma capacidade humana elementar é que permite essa vinculação: a capacidade de mudar, comparar e alterar os hábitos.

Prestei ao meu leitor um desserviço ao reduzir um vasto território de pesquisa a esses três pontos; não estou querendo dizer que sejam em si mesmas simples as habilidades de localização, questionamento e abertura compartilhadas pelos seres humanos. Mas efetivamente quero enfatizar que compartilhamos essas capacidades, com outros animais e com nós mesmos, e pretendo agora passar a mostrar por que as compartilhamos mais ou menos em igual medida.

Inteligência operacional

O paradigma Stanford-Binet

Alfred Binet e Theodore Simon criaram em 1905 os primeiros testes de inteligência. Uma década depois, Lewis Terman avançou mais nesse trabalho, criando o teste ainda hoje conhecido como Stanford-Binet, hoje em sua quinta revisão. Ao longo de um século, o teste ganhou grande sofisticação. Ele investiga cinco domínios mentais básicos: raciocínio fluido, sobretudo no uso da linguagem; conhecimento básico, especialmente de palavras e símbolos matemáticos; raciocínio quantitativo, essencialmente dedutivo; processamento visual-espacial; e memória funcional.[14]

Esses domínios parecem abarcar as matérias-primas de que é constituído qualquer tipo de capacitação. Mas não incluem as habilidades brutas de que surge a perícia artesanal. Isto acontece porque os testes de QI continuam fiéis aos três princípios básicos de Binet: a inteligência pode ser medida através de respostas corretas a perguntas; as perguntas separarão os grupos de pessoas numa curva em forma de sino; e os testes servem para testar antes o potencial biológico que a formação cultural de uma pessoa.

Este último é o que mais polêmicas tem gerado: Como separar a natureza da criação? Cabe sustentar a tese de que devam sê-lo. No século XVIII, Diderot e a maioria dos outros autores do Iluminismo afirmavam que as duas deviam ser separadas porque os sapateiros, as amas e os cozinheiros comuns eram pelo próprio nascimento dotados de mais inteligência do que lhes permitiam expressar as classes superiores. Binet, no entanto, tinha um objetivo contrário, mas não menos caridoso, ao estudar a inteligência bruta; queria descobrir do que são efetivamente capazes os lentos e estúpidos, de modo a atribuir-lhes tarefas de baixo nível adequadas a sua fraca capacitação. O interesse de Terman era a um tempo benigno e maligno; queria descobrir indivíduos excepcionalmente habilitados onde quer que se encontrassem na ordem social, mas, como convicto eugenista, queria também identificar os excepcionalmente estúpidos e esterilizá-los. Nem Binet nem Terman estavam muito preocupados com o espaço intermediário.

No século XX, os testes de Stanford-Binet geraram um novo estigma, baseado nos desempenhos de grupo, e não mais nos individuais. Quando grupos raciais ou étnicos se saíam relativamente mal nesses testes, os resultados podiam ser usados para afirmar, por exemplo, o preconceito de que os negros eram globalmente menos inteligentes que os brancos, sendo a "ciência" invocada para afirmar sua suposta inferioridade natural. Em reação a isto, os próprios testes foram acusados de preconceito cultural. O argumento, no caso, era de que, enquanto uma criança branca de classe média podia ser frequentemente defrontada na escola com o símbolo Π (símbolo testado na seção de conhecimento básico), a criança dos bairros pobres podia achá-lo estranho.[15]

Este debate tornou-se tão familiar que o procedimento inicialmente praticado por Binet veio a ser negligenciado, mas o procedimento estatístico é que continuou influenciando fundamentalmente nosso entendimento da inteligência. Binet considerava que os graus de inteligência de pessoas em grupos seguiriam a curva de distribuição normal, o que significa alguns pouco inteligentes numa extremidade, a maioria de nós no meio e alguns poucos Einsteins na outra, numa forma representando um sino. A forma específica da curva do sino foi inicialmente detectada por Abraham de Moivre em 1734, refinada por Carl Friedrich Gauss por volta de 1809 e batizada de "normal" por Charles Sanders Pierce em 1875.

Existem, contudo, muitos possíveis perfis para a curva de um sino. Nos testes de reconhecimento visual, ela mais se parece com uma flauta invertida de champanhe do que com uma campânula de curvas suaves. Quer isto dizer que a maioria das pessoas tem a mesma capacitação para reconhecer que uma imagem está vinculada a uma palavra como "cão". Nessa habilidade específica, as diferenças não são acentuadas. Em termos numéricos, se começarmos com uma inteligência mediana de 100 e o desvio padrão de $\delta = 15$, os índices de QI de 115 estão no 84° percentil, os índices de 130, no 97,9° percentil, os de 145, no 99,99° percentil e os de 160, no 99,997° percentil. Para baixo, a curva é semelhante. Desse modo, a vasta maioria dos seres humanos está a apenas um desvio padrão do ponto intermediário.

Parece estranho que nem Binet nem Terman se interessassem muito por esse contingente médio densamente povoado. Como a mera definição de "capaz" um padrão de desvio acima, 84% da população são eliminados. Ou então, se movemos uma casa apenas a avaliação da incapacidade, somente 16% da população podem ser assim considerados.

As qualificações que costumam ser aplicadas a essa zona intermediária densamente povoada, em forma de flûte de champanhe, são expressões depreciativas como "medíocre" ou "nada especial". Mas são expressões justificadas por uma alteração estatística brutalmente simples. Será que um desvio padrão justifica uma diferença em espécie entre medíocre e capaz, a massa e a elite? Os indivíduos com QI de nível 85 podem lidar com muitas das questões da massa acima deles, só que mais *lentamente*. Isto se aplica em especial ao processamento visual-espacial e às capacitações da memória funcional. Subindo-se um desvio padrão, de 100 para 115, a verdadeira ruptura cognitiva ocorre na simbolização verbal. Mesmo aqui, a questão é ambígua, já que os indivíduos situados em teste no nível 100 podem ter a mesma compreensão do símbolo, mas confiná-lo ao conhecimento tácito ou expressá-lo na prática física.

Finalmente, Binet e Terman chegaram à curva "normal" reunindo num único número todos os aspectos da inteligência que haviam testado. O que presume que todas as dimensões da inteligência estão interligadas. Modernamente, os aplicadores de testes passaram a usar a letra "g" para representar o elemento de ligação entre diferentes formas de inteligência. O psicólogo Howard Gardner (que, em outra função profissional, encontramos no capítulo anterior como estudioso do trabalho benfeito) contesta seriamente esse emprego da letra "g". Ele considera que os seres humanos são dotados de um número maior de capacitações de inteligência do que é capaz de medir o método Stanford-Binet e que essas capacidades são distintas e independentes entre elas, o que significa que não podem ser reunidas num único número.

A lista de Gardner abarca maior número de sentidos corpóreos que a de Stanford-Binet: ele acrescenta o tato, o movimento e a audição às palavras, aos símbolos matemáticos e às imagens, como áreas do pensamento inteligente; e, mais ousadamente, acrescenta também a capacidade de se comunicar com os outros, como uma forma de inteligência, e até mesmo a capacidade de explorar e avaliar a si mesmo objetivamente.[16] Os técnicos que o criticam sustentam que sua lista é por demais ampla e vaga. Defendem a convergência das respostas num só número genérico afirmando que, no contexto do método Stanford-Binet, o raciocínio fluido, a memória funcional e o processamento visual-espacial efetivamente se relacionam — ou pelo menos as fórmulas para o "g" funcionam.

As capacitações artesanais levantam uma objeção ainda mais fundamental. É improvável que se manifestem nos testes de inteligência, o que se deve em parte ao paradigma básico de Stanford-Binet, no qual são feitas perguntas para as quais existem respostas corretas.

Em princípio, as respostas corretas fazem as vezes, para o aplicador do teste, da exclamação "Funciona!" A equação 2 + 2 = 5 não funciona. Existem respostas corretas para os cálculos. Mas não existe uma equivalente resposta correta para uma definição verbal: aqui temos, por exemplo, duas definições verbais do adjetivo *penetrante*:

> Em consequência da penetrante análise de Huntley, os operadores da bolsa imediatamente entraram num frenesi de vendas.
> A penetrante cobertura da ação da prefeitura fez de Cheryl uma séria candidata ao Prêmio Pulitzer de jornalismo.

Deixando de lado todas as questões de contexto cultural, o teste gera uma verdadeira adivinhação interpretativa. No teste, a resposta correta oferecida em termos de equivalência verbal é aguda em ambos os casos, ao passo que no segundo caso um equivalente melhor seria *reveladora*, que não é oferecido.[17] No espírito da perícia artesanal, o interesse é enfrentar esse problema, tornando-o mais específico, tentando resolvê-lo — mas o tempo está passando. Temos de responder ao maior número possível de perguntas para elevar nossa contagem, de modo que vamos tentando adivinhar e seguimos em frente. Os saltos intuitivos que abrem um problema não podem ser testados através de questões de múltipla escolha. Esses saltos constituem um exercício de associação de elementos improváveis. Não existe uma resposta *correta* à pergunta "As ruas de uma cidade são como artérias e veias?".

Desse modo, o método de Binet gerou um buraco negro para o pensamento que problematiza, penalizou os que se concedem o tempo necessário para refletir e não se mostrou capaz de tratar da questão da qualidade. Para obter uma boa contagem global nos testes, pode ser necessário deixar de lado exatamente os problemas que realmente constituem problema. As habilidades artesanais aplicam-se à profundidade do entendimento, geralmente focadas num problema específico, ao passo que a contagem de QI representa um modo mais superficial de gestão de muitos problemas.

Como já sustentei em outro contexto, a superficialidade tem um uso especial na sociedade moderna.[18] Nos negócios, os regimes de testes atuais buscam identificar habilidades inatas e potenciais que possam ser aplicadas no universo de oportunidades sempre em mudança rápida da economia global. Fazer algo muito bem, compreender profundamente uma atividade pode ser a receita certa para que um trabalhador ou uma empresa seja deixado para trás em meio a essas mudanças febris. Os testes que avaliam a capacidade de uma pessoa de gerir muitos problemas, em detrimento do aprofundamento, são adequados para um regime econômico que favorece o estudo rápido, o conhecimento superficial, tantas vezes exemplificados nesses consultores que estão sempre entrando e saindo das organizações. As capacidades de aprofundamento do artífice estão no polo oposto das potencialidades evidenciadas dessa forma.

Se não é impossível negar que as habilidades variam nos extremos, a forma da curva de sino dos testes de QI levanta uma questão a respeito da região intermediária. Por que ignorar o seu potencial? A pessoa com um QI de 100 pontos não é muito diferente, em sua capacidade, da pessoa com uma contagem de 115, mas é muito mais provável que esta última é que atraia a atenção. Existe uma resposta perversa a essa pergunta: inflacionar as pequenas diferenças de grau, tornando-as grandes em espécie, legitima o sistema de privilégios. Da mesma forma, equiparar o mediano ao medíocre legitima seu abandono — um dos motivos pelos quais a Grã-Bretanha destina proporcionalmente mais recursos à educação de elite do que aos colégios técnicos e nos Estados Unidos é tão difícil conseguir doações caritativas para as escolas técnicas. Mas não é com esses desmandos venais que devemos concluir nosso levantamento.

A capacidade de trabalhar bem está bastante equitativamente distribuída entre os seres humanos; ela se manifesta inicialmente nos jogos e brincadeiras, é elaborada nas capacidades de localização, questionamento e abertura dos problemas no trabalho. O Iluminismo tinha a expectativa de que o aprendizado do bom trabalho tornasse os seres humanos mais capazes de se autogovernarem. Não é a falta de inteligência entre os seres humanos comuns que põe em risco esse projeto político. O coração do artífice pode ser uma rocha menos sólida. Mais que pela carência de recursos mentais, é provável que o artífice se veja ameaçado pela má gestão emocional do impulso para realizar um bom trabalho; a sociedade pode contribuir para esse desvio ou tentar retificá-lo. São estes os motivos pelos quais sustentei na Parte Três que a motivação é uma questão mais importante que o talento na consumação da habilidade artesanal.

Conclusão: A oficina filosófica

Pragmatismo

O ofício da experiência

Procuramos neste estudo resgatar o *Animal laborens* do desprezo com que era tratado por Hannah Arendt. O animal humano que trabalha pode ser enriquecido pelas capacitações e dignificado pelo espírito da perícia artesanal. Esta visão da condição humana tem na cultura europeia a idade do hino homérico a Hefesto, serviu ao Islã nos escritos de Ibn Khaldun e guiou o confucionismo por vários milhares de anos.[1] Em nossa época, a perícia artesanal encontra acolhida filosófica no pragmatismo.

Por mais de um século, esse movimento tem procurado conferir sentido filosófico à experiência concreta. O movimento pragmatista teve início no fim do século XIX, na forma de uma reação americana aos males do idealismo na Europa, exemplificados em G. W. F. Hegel, na visão do primeiro pragmatista, C. S. Peirce. Peirce buscava, pelo contrário, encontrar a chave da cognição humana nos pequenos atos cotidianos; era movido pelo espírito da experimentação científica do século XVII, tal como acontecera com o empiricismo de Hume no século XVIII. Desde suas origens, o pragmatismo preocupava-se tanto com a qualidade da experiência quanto com os fatos concretos no campo de ação. Assim foi que William James buscou uma alternativa à amargura, à ironia e aos pressentimentos trágicos que lhe pareciam permear os escritos de Friedrich Nietzsche; nos textos de James sobre religião, o filósofo mostrava-se atento aos pequenos detalhes das práticas religiosas diárias, tanto quanto às grandes questões doutrinárias, encontrando nesses pequenos detalhes a verdadeira recompensa da religião.

O pragmatismo deu-se em duas ondas sucessivas. A primeira foi do fim do século XIX até a Segunda Guerra Mundial. Deu-se então um lapso de duas gerações até a nossa época, na qual o movimento ressurgiu, tomando o rumo de volta à Europa. Entre seus adeptos estão hoje em dia Hans Joas na Alemanha, uma escola de jovens pragmatistas na Dinamarca e os americanos Richard Rorty, Richard Bernstein e eu mesmo. Duas guerras mundiais e o arco do império soviético puseram em xeque mas não chegaram a extinguir a esperança encarnada no pragmatismo; persiste o seu impulso básico para o envolvimento com as atividades humanas comuns, plurais e construtivas.[2]

O pragmatista da primeira onda que tratou diretamente da condição do *Animal laborens* foi John Dewey, educador injustamente responsabilizado pelos pecados do excesso de intimidade na educação progressiva, estudante de biologia que contestava os pontos de vista agressivos e competitivos do darwinismo social e acima de tudo socialista que se posicionou firmemente contra o marxismo doutrinário. Dewey certamente teria compartilhado a crítica de Hannah Arendt ao marxismo; as falsas esperanças com que Marx acenava para a humanidade podem ser avaliadas, nas palavras de Arendt, pela "abundância ou escassez dos bens a serem introduzidos no processo vital".[3] Frente a essa avaliação quantitativa, Dewey propugnava um socialismo baseado na melhora da qualidade da experiência das pessoas no trabalho, em vez de advogar, como Arendt, uma política que transcendesse o próprio trabalho.

Muitos dos temas da perícia artesanal aparecem nos escritos de Dewey de forma mais abstrata: as relações íntimas entre a solução e a detecção de problemas, entre a técnica e a expressão, entre o jogo e o trabalho. O socialista Dewey estabeleceu essas ligações de maneira mais eficaz em seu livro *Democracia e educação*: "O trabalho e o jogo são igualmente livres e intrinsecamente motivados, à parte as falsas condições econômicas que tendem a transformar o jogo numa excitação ociosa para os abastados e o trabalho numa obrigação repugnante para os pobres. Em termos psicológicos, o trabalho é simplesmente uma atividade que conscientemente inclui a contemplação das consequências como parte de si mesma; transforma-se em labuta sob coação quando as consequências ficam de fora da atividade, como um fim para os quais a atividade constitui meramente um meio. O trabalho que permanece permeado pela atitude lúdica é arte."[4] Dewey era um socialista exatamente da maneira como o eram John Ruskin e William Morris: os três exortavam os trabalhadores a avaliar a qualidade de seu trabalho em termos de experiência compartilhada, tentativa e erro coletivos. A boa habilidade artesanal implica socialismo. O funcionamento de uma moderna fábrica japonesa de automóveis ou de um *chat room* do Linux poderia ter ampliado sua simpatia para outros tipos de colaboração, mas ainda assim os três contestavam a busca da qualidade simplesmente como instrumento para alcançar o lucro.

Filosoficamente, o pragmatismo sustenta que, para trabalhar bem, as pessoas precisam de liberdade do vínculo meios-fins. Por trás dessa convicção filosófica está um conceito que, em minha opinião, unifica todo o pragmatismo. É o conceito de *experiência*, palavra de conotações mais vagas em inglês do que em alemão, que a divide em duas, *Erlebnis* e *Erfahrung*. A primeira designa um acontecimento ou relação que causa uma impressão emocional íntima, a segunda, um fato, ação ou relação que nos volta para fora e antes requer habilidade que sensibilidade. O pensamento pragmático insiste em que esses dois significados não devem ser separados. Se permanecermos exclusivamente no domínio da *Erfahrung*, acreditava William James, podemos ser apanhados na armadilha do pensamento e da ação determinados pelo vínculo fins-meios; podemos sucumbir ao vício do instrumentalismo. Precisamos constantemente do acompanhamento interno da *Erlebnis*, da "sensação que causa" alguma coisa.

Mas o artesanato, tal como apresentado neste livro, enfatiza o universo da *Erfahrung*. O artesanato volta-se para os objetos em si mesmos e para práticas impessoais; ele depende da curiosidade, moderando a obsessão; volta o artífice para fora. Na oficina filosófica do pragmatismo, quero defender mais genericamente essa ênfase: o valor da experiência entendida como ofício.

Como conceito, o ofício da experiência remonta aos escritos de Madame d'Épinay no século XVIII sobre os cuidados paternos. Ela se insurgia contra a autossuficiência do amor instintivo, e além disso sustentava que os pais, para criar bem um filho, devem abster-se do impulso de mandar autocraticamente. O fato de concentrar a atenção na criança volta o pai ou a mãe para fora. Em vez do amor ou do comando cego, é preciso que haja padrões objetivos e racionais de orientação sobre o momento de ir para a cama, o que comer e onde brincar, caso contrário, a criança ficará desorientada; a aplicação desses padrões exige uma capacitação que qualquer pai ou mãe só desenvolve através da prática. Voltada para fora, capacitada e seguindo padrões objetivos, sua visão da criação dos filhos como ofício efetivamente entrou para o senso comum na era moderna. A ênfase recai mais na *Erfahrung* que na *Erlebnis*.

Visto apenas como conceito, em que implica o "ofício da experiência"? Nós nos concentraríamos na forma e nos procedimentos — vale dizer, em técnicas de experiência. Elas poderiam servir-nos de orientação até mesmo em encontros que só acontecem uma vez, proporcionando uma capa de conhecimento tácito para nossos atos. Desejaríamos influenciar a impressão que as pessoas e os fatos causaram em nós, de modo que ela se torne inteligível para aqueles que não conhecem as mesmas pessoas que conhecemos nem passaram pelas mesmas experiências. Como vimos na discussão sobre a especialização, tentaríamos tornar transparente o conhecimento particular de que dispomos, para que outros possam entendê-lo e reagir a ele. A ideia da experiência como ofício contesta o tipo de subjetividade que prospera no puro e simples processo de sentir. Naturalmente, é uma questão de pesos e medidas; as impressões constituem a matéria-prima da experiência, mas apenas isto: matéria-prima.

A tese que sustentei neste livro é de que o ofício de produzir coisas materiais permite perceber melhor as técnicas de experiência que podem influenciar nosso trato com os outros. Tanto as dificuldades quanto as possibilidades de fazer bem as coisas se aplicam à gestão das relações humanas. Desafios materiais como enfrentar uma resistência ou gerir ambiguidades contribuem para o entendimento das resistências que as pessoas enfrentam na relação com as outras ou dos limites incertos entre as pessoas. Dei ênfase ao papel positivo e aberto que a rotina e a prática desempenham no processo de produção de coisas materiais; da mesma forma, as pessoas também precisam praticar suas relações com os outros, aprender as habilidades da antecipação e da revisão, para melhorar essas relações.

Admito que o leitor talvez resista à ideia de pensar na experiência em termos de técnica. Mas aquilo que somos deriva diretamente do que nossos corpos são capazes de fazer. Existem consequências sociais integradas à estrutura e ao funcionamento do corpo humano, como acontece na ação da mão humana. Sustento, nada mais nada menos, que as capacidades do nosso corpo para moldar as coisas materiais são as mesmas a que recorremos nas relações sociais. Por contestável que seja, este ponto de vista não é apenas meu. Um dos marcos do movimento pragmatista é a suposição de que existe um contínuo entre o orgânico e o social. Enquanto certos sociobiólogos sustentam que a genética determina o comportamento, pragmatistas como Han Joas afirmam que a riqueza do próprio corpo fornece os materiais para uma ampla variedade de atos criativos. A habilidade artesanal mostra em ação o traço contínuo entre o orgânico e o social.

O leitor mais atento terá observado que a palavra *criatividade* aparece o menos possível neste livro. O motivo é que ela traz um excesso de bagagem romântica — o mistério da inspiração, os rasgos do gênio. Tentei eliminar uma parte do mistério mostrando como acontecem os saltos intuitivos, nas reflexões que as pessoas fazem sobre os gestos de suas próprias mãos ou no uso de ferramentas. Tentei aproximar o artesanato da arte, pois todas as técnicas contêm implicações expressivas. Isto se aplica à fabricação de um pote; e também se aplica à criação de um filho.

Reconheço igualmente que o aspecto menos desenvolvido da minha tese diz respeito à política — o domínio de Arendt, o domínio dos "estadistas".

Pode-se dizer que o moderno pragmatismo abraça como artigo de fé a convicção de Jefferson de que aprender a trabalhar bem é a base da cidadania. Talvez essa convicção iluminista preserve sua força por lançar pontes entre o universo social e o político, ao passo que Arendt, inserindo-se numa longa tradição de pensamento político que remonta a Maquiavel, considerava a ciência de governar como um terreno de especialização autossuficiente. A ligação entre trabalho e cidadania pode apontar na direção do socialismo, mas não necessariamente da democracia; tal como se manifestava na guilda medieval, cujas oficinas serviram de modelo a Ruskin, Morris e Dewey, a hierarquia no trabalho pode imperceptivelmente evoluir para a hierarquia no Estado. Mas existem motivos artesanais para dar crédito à fé pragmatista na democracia; eles se encontram nas capacidades a que recorrem os seres humanos para desenvolver suas habilidades: a universalidade do jogo, as capacidades básicas de especificar, questionar e abrir. Elas estão amplamente difundidas entre os seres humanos, e não restritas a uma elite.

O autogoverno pressupõe a capacidade dos cidadãos de trabalhar coletivamente em problemas objetivos, de desconfiar de soluções muito rápidas; falta na fé democrática de Dewey, contudo, uma compreensão do filtro incapacitante dos meios de comunicação. Os flashes noticiosos e os blogs cheios de trivialidades de caráter pessoal não desenvolvem formas mais capacitadas de comunicação. Ainda assim, o pragmatismo insiste em que o remédio para esses males deve estar na experiência concreta da participação cidadã, uma participação que dá ênfase às virtudes da prática, com suas repetições e lentas revisões.[5] A crítica de Arendt à democracia é que exige muito dos seres humanos comuns; talvez fosse mais o caso de dizer, a respeito da democracia moderna, que exige muito pouco. Suas instituições e suas ferramentas de comunicação não dependem das competências que a maioria das pessoas é capaz de mobilizar no trabalho, nem contribuem para desenvolvê-las. A crença nessas capacidades é a homenagem que o pragmatismo presta ao ofício da experiência.

Cultura

Pandora e Hefesto

Diz-se às vezes que o pragmatismo instala a experiência num altar, mas a experiência artesanal não pode ser cegamente venerada. Desde suas origens na história ocidental, os ofícios técnicos geraram certa ambivalência, representada pelas deidades Hefesto e Pandora. O contraste entre suas respectivas personas encontrado na mitologia clássica ajuda a entender o valor cultural atribuído ao artifício.

A maior parte do capítulo 18 da *Ilíada*, de Homero, é dedicada ao elogio de Hefesto, construtor de todas as casas do monte Olimpo. Nele, podemos ler que ele também trabalha o cobre, é joalheiro e inventou a carroça.[6] Mas Hefesto também é aleijado — tem um pé torto —, e na antiga cultura grega a deformidade física era causa de profunda vergonha: *kalôs kagathos* (belo na mente e no corpo) contrastava com *aischrôs*, a palavra empregada para denotar ao mesmo tempo feio e vergonhoso.[7] É um deus defeituoso.

Existe algo de socialmente lógico no pé torto de Hefesto. Ele simboliza o valor social do artífice. Hefesto faz joias com o cobre, um material ordinário; suas carroças são feitas de ossos de aves mortas. Homero faz a ponte com Hefesto no meio de uma história sobre heróis e violência heroica; as virtudes domésticas da casa e do lar nem sequer são dignas do desprezo desses heróis. A figura deformada de Hefesto significa que a civilização material doméstica nunca será capaz de satisfazer o desejo de glória; é este o seu defeito.

Em contraste, Hesíodo referia-se a Pandora como "o belo mal. (...) Os deuses imortais e os seres humanos mortais ficavam assombrados quando se davam conta do incrível logro, fascinante para os seres humanos". Como Eva, Pandora podia ser considerada a quintessência da sedutora sexual, mas o mito em sua plenitude sugere uma outra leitura. O próprio nome *Pandora* significa "todos os dons"; o recipiente em que são contidos esses dons encontra-se no lar por ela compartilhado com Epimeteu; ao ser aberto, somente o dom mais imaterial, o da esperança, não escapa para se transformar numa força destruidora. As ferramentas físicas, os elixires e medicamentos encontrados no interior fazem o mal; os bens materiais é que constituem o "belo mal".[8]

O "belo mal" de Pandora parece estabelecer um nítido contraste com a ideia da "banalidade do mal" exposta por Hannah Arendt, por ela desenvolvida na investigação de Adolf Eichmann e outros promotores dos campos de concentração nazistas. A banalidade do mal aplica-se ao artífice que se limita a tentar fazer o trabalho tão bem quanto possível. Posteriores investigações sobre Eichmann e outros arquitetos do Holocausto, no entanto, tenderam a apontar mais na direção de Pandora; eram eles destruidores movidos ao mesmo tempo pelo ódio aos judeus e os atrativos do *Götterdammerung*, a beleza da destruição.[9] O mito de Pandora instalou-se na cultura grega como uma história na qual ela só abria a caixa a pedido de outros. O perigo está nessa ânsia física, na curiosidade e no desejo das coisas que estão lá dentro. Ela atendeu aos seus desejos, mas, ao abrir a tampa, transformou os doces perfumes em vapores venenosos, eles tiveram suas mãos cortadas pelas espadas de ouro e os suaves tecidos sufocaram aqueles que os traziam.

Esses personagens mitológicos dão ideia da ambivalência de que a cultura material sempre esteve cercada desde as origens de nossa civilização. A civilização ocidental não escolheu entre esses personagens, antes os fundiu numa ambivalência a respeito da experiência física produzida pelo homem. Tanto Hefesto quanto Pandora são artífices. Cada um deles contém seu contrário: um deus virtuoso que confere valor às coisas cotidianas, mas que se apresenta numa pessoa feia e inglória; uma deusa cujas coisas são tão belas, desejáveis e malignas quanto seu corpo. A fusão desses dois personagens foi o motivo pelo qual Platão pôde celebrar as virtudes do arcaico, domesticando tecnologias mas ao mesmo tempo afirmando a superior beleza da alma imaterial; o motivo pelo qual os primeiros cristãos identificavam virtude em atos de carpintaria, costura ou jardinagem, ao mesmo tempo desprezando o amor das coisas materiais em si mesmas; o motivo pelo qual o Iluminismo ao mesmo tempo acolhia e temia a perfeição das máquinas; o motivo pelo qual Wittgenstein podia considerar como uma doença seu desejo de realizar um prédio belo e perfeito. O objeto material produzido pelo homem não é um fato neutro; é uma fonte de mal-estar por ser feito pelo homem.

Essa ambivalência em relação ao que é feito pelo homem determinou a sorte do artífice. A história procedeu a uma espécie de sequência de experiências ao delinear a imagem do artífice como servo, escravo, valoroso cristão, avatar do Iluminismo, malsinada relíquia do passado pré-industrial. Essa história tem uma espinha dorsal. O artífice mostrou-se capaz de mobilizar, em sua ajuda, uma capacidade e uma dignidade inerente ao corpo humano: atos significativos simples como o gesto de agarrar e a preensão, complexos como as lições da resistência e da ambiguidade que conferem forma inteligível às ferramentas humanas e às criações físicas. A unidade entre a mente e o corpo do artífice pode ser encontrada na linguagem expressiva que orienta a ação física. Os atos físicos de repetição e prática permitem a esse *Animal laborens* desenvolver as habilidades de dentro para fora e reconfigurar o mundo material através de um lento processo de metamorfose. A origem de todos esses poderes é simples, elementar e física como brincar com os brinquedos da infância.

A espinha dorsal da história contada nessas páginas é portanto, de certa maneira, bem conhecida: natureza *versus* cultura, a naturalidade do que os artífices fazem — não importando quão habilidosos se tornem — frente à velha ambivalência da cultura ocidental em relação às coisas feitas pelo homem. Embora não fosse um filósofo, Isaac Ware queria conferir sentido ao tijolo dessa maneira. O contraste entre o tijolo honesto e o estuque artificial, embora ambos sejam materiais fabricados, transformou-se em emblema opondo natureza e cultura, aquela amoldando-se a uma habilidade desenvolvida em modestas circunstâncias domésticas, esta um material desenvolvido por iniciativa dos elementos ambiciosos da sociedade, mas ainda assim sedutora e bela para o próprio Ware.

Uma das maneiras de sair desse impasse poderia ser, efetivamente, ignorar o pé torto de Hefesto, por assim dizer, valorizando-o simplesmente pelo que faz; aproximar-se mais de seu reino natural, em toda a sua modéstia, a arcádia arcaica em que a humanidade pela primeira vez usou ferramentas e habilidades para o bem comum. Era este o impulso de John Ruskin, embora sua versão da arcádia ficasse nas guildas da cidade medieval. Mas um modo de vida que se amolde às capacidades naturais do artífice ainda não dá conta de Pandora. Ainda que naturais, as habilidades do artífice nunca são inocentes.

Ética

Orgulho pelo próprio trabalho

Deixei para o fim deste livro o tema que o leitor talvez julgasse deveria vir primeiro. O orgulho pelo próprio trabalho está no cerne da habilidade artesanal, como recompensa da perícia e do empenho. Embora em sua forma grosseira o orgulho apareça como pecado tanto no judaísmo quanto no cristianismo, colocando o eu no lugar de Deus, o orgulho pelo próprio trabalho aparentemente afasta esse pecado, já que o trabalho tem vida própria. Na *Autobiografia* de Benvenuto Cellini, as detestáveis fanfarronadas sobre suas proezas sexuais são irrelevantes quando se trata de seu trabalho com o ouro. A obra transcende o autor.

Os artífices orgulham-se sobretudo das habilidades que evoluem. Por isso é que a simples imitação não gera satisfação duradoura; a habilidade precisa amadurecer. A lentidão do tempo artesanal é fonte de satisfação; a prática se consolida, permitindo que o artesão se aposse da habilidade. A lentidão do tempo artesanal também permite o trabalho de reflexão e imaginação — o que não é facultado pela busca de resultados rápidos. Maduro quer dizer longo; o sujeito se apropria de maneira duradoura da habilidade.

Mas o orgulho pelo próprio trabalho também apresenta grandes problemas éticos, exemplificados, como vimos no início deste estudo, com o caso dos criadores da bomba atômica. Eles se tinham orgulhado de fazer algo que, uma vez concluído o trabalho, provocou grande aflição a alguns deles. Os atrativos do trabalho os haviam levado, à maneira de Pandora, a causar mal. Os cientistas que se apegavam a um orgulho absoluto pelo trabalho, como Edward Teller, o organizador das bombas de hidrogênio que se seguiram ao projeto Los Alamos, tendiam a negar Pandora. No polo oposto estavam os signatários do Manifesto Russell-Einstein de 1955, documento que deu início ao movimento das Conferências Pugwash pelo controle das armas nucleares. Diz o manifesto: "Os homens que mais sabem são os mais pessimistas."[10]

O pragmatismo não tem uma grande solução para o problema ético colocado pelo orgulho pelo próprio trabalho, mas efetivamente oferece um corretivo parcial. Consiste ele em enfatizar a ligação entre os meios e os fins. Durante a fabricação da bomba, seus criadores podiam ter perguntado: Qual a potência mínima que devemos conferir à bomba? — uma pergunta efetivamente feita por cientistas como Joseph Rotblat, acusado por muitos de seus colegas de ser contestador e mesmo desleal. O pragmatismo quer dar ênfase à importância de fazer perguntas éticas ao longo do processo de trabalho; contesta as preocupações éticas a posteriori, as investigações éticas que só começam depois de estabelecidos os fatos concretos.

Por este motivo é que enfatizei, ao longo deste livro, as etapas e sequências do processo de trabalho, indicando quando o artífice pode fazer uma pausa no trabalho e refletir sobre o que está fazendo. Essas pausas não precisam diminuir o orgulho pelo trabalho; pelo contrário, como a pessoa avalia ao mesmo tempo que faz, o resultado pode ser mais satisfatório do ponto de vista ético. Reconheço que essa ênfase na reflexão por etapas deve ser incompleta, pois muitas vezes não é possível prever consequências éticas e mesmo materiais. Ninguém poderia ter previsto no século XVI, por exemplo, que a refinação dos compostos metálicos usados em facas levaria a formas menos dolorosas de cirurgia que as praticadas com a navalha do barbeiro. Ainda assim, esse empenho de olhar para a frente é a maneira ética de se orgulhar do próprio trabalho. A compreensão do processo interior de desenvolvimento na prática de um ofício, das fases através das quais o artífice se aperfeiçoa, pode infirmar a convicção de Hannah Arendt de que o *Animal laborens* é cego. Nossa escola filosófica seria ingênua, contudo, se o pragmatismo não reconhecesse que o desenlace dessa narrativa frequentemente é marcado por amargura e arrependimento.

O Hefesto de pé torto, orgulhoso do próprio trabalho, senão de si mesmo, é a pessoa mais digna que podemos tornar-nos.

Notas

Prólogo

1. Gaby Wood, *Living Dolls* (Londres: Faber and Faber, 2002), xix.
2. Ver Marina Warner, "The Making of Pandora", in Warner, *Monuments and Maidens: The Allegory of the Female Form* (Nova York: Vintage, 1996), 214-219.
3. Depoimento de Oppenheimer a uma comissão governamental em 1954, reproduzido in Jeremy Bernstein, *Oppenheimer: Portrait of an Enigma* (Londres: Duckworth, 2004), 121-122.
4. Dois estudos esclarecedores, apesar de alarmantes, são Nicholas Stern, *The Economics of Climate Change: The Stern Review* (Cambridge: Cambridge University Press, 2007); e George Monbiot, *Heat: How to Stop the Planet from Burning* (Londres: Penguin, 2007).
5. Martin Rees, *Our Final Century? Will the Human Race Survive the Twenty-First Century?* (Londres: Random House, 2003).
6. Heidegger citado in Daniel Bell, *Communitarianism and Its Critics* (Oxford: Clarendon Press, 1993), 89. Ver também Catherine Zuckert, "Martin Heidegger: His Philosophy and His Politics", *Political Theory*, fevereiro de 1990, 71; e Peter Kempt, "Heidegger's Greatness and His Blindness", *Philosophy and Social Criticism*, abril de 1989, 121.
7. Martin Heidegger, "Building, Dwelling, Thinking", in Heidegger, *Poetry, Language, Thought*, trad. Albert Hofstadter (Nova York: Harper and Row, 1971), 149.
8. Ver Adam Sharr, *Heidegger's Hut* (Cambridge, Mass.: MIT Press, 2006).
9. Citado por Amartya Sen in *The Argumentative Indian: Writings on Indian History, Culture and Identity* (Londres: Penguin, 2005), 5.
10. Citado in Bernstein, *Oppenheimer*, 89.

11. David Cassidy, *J. Robert Oppenheimer and the American Century* (Nova York: Pi, 2005), 343.
12. Hannah Arendt, *The Human Condition* [1958], 2ª ed. (Chicago: University of Chicago Press, 1998), 176.
13. Ver ibid., 9, e também 246.
14. Raymond Williams, "Culture", in Williams, *Keywords: A Vocabulary of Culture and Societ* (Londres: Fontana, 1983), 87-93.
15. Ver Georg Simmel, "The Stranger", in *The Sociology of Georg Simmel*, trad. e ed. Kurt Wolff (Nova York: Free Press, 1964).
16. John Maynard Smith, *The Theory of Evolution* (Cambridge: Cambridge University Press, 1993), 311.

CAPÍTULO 1 O artífice inquieto

1. "'Homeric Hymn to Hephaestus", in H. G. Evelyn-White, trad., *Hesiod, the Homeric Hymns, and Homerica* (Cambridge, Mass.: Harvard Loeb Classical Library, 1914), 447.
2. Indra Kagis McEwen, *Socrates' Ancestor: An Essay on Architectural Beginnings* (Cambridge, Mass.: MIT Press, 1997), 119. Sou grato pelo rico manancial de definições e referências contido nesse ensaio.
3. Ver ibid., 72-73, contendo uma relação completa.
4. Para um apanhado das poucas descrições literárias dos oleiros, ver W. Miller, *Daedalus and Thespis: The Contributions of the Ancient Dramatic Poets to Our Knowledge of the Arts and Crafts of Greece*, 3 vols. in 5 (Nova York: Macmillan, 1929-1932), 3: 690-693.
5. Aristóteles, *Metaphysics* 981a30-b2. A tradução inglesa encontra-se in Hugh Tredennick, ed., *The Metaphysics* (Cambridge, Mass.: Harvard Loeb Classical Library, 1933).
6. Novamente, quero aqui agradecer a Indra Kagis McEwan por chamar a atenção para este ponto.
7. Ver Richard Sennett, *Carne e pedra* (Nova York: W. W. Norton, 1993), 42-43.
8. Platão, *Symposium* 205b-c.
9. Para uma boa descrição geral, ver Glyn Moody, *Rebel Code: Linus and the Open Source Revolution* (Nova York: Perseus, 2002).
10. Os padrões usados pela Open Source Initiative podem ser encontrados em http://opensource.org/docs/def—print.php.
11. Ver Eric S. Raymond, *The Cathedral and the Bazaar: Musings on Linux and Open Source by an Accidental Revolutionary* (Cambridge, Mass.: O'Reilly Linux, 1999).
12. Duas visões diferentes do problema social envolvido encontram-se in Eric Hippel e Georg von Krogh, "Open Source Software and the 'Private Collective' Innovational Model", *Organization Science* 14 (2003), 209-233; e Sharma Srinarayan et al., "A Framework for Creating Hybrid-Open Source Software Communities", *Information Systems Journal* 12 (2002), 7-25.

13. Ver André Leroi-Gourhan, *Milieu et techniques*, vol. 2 (Paris: Albin Michel, 1945), 606-624.
14. C. Wright Mills, *White Collar: The American Middle Classes* (Nova York: Oxford University Press, 1951), 220-223.
15. Karl Marx, *The Grundrisse*, trad. Martin Nicolaus (Nova York: Vintage, 1973), 301.
16. Ibid., 324.
17. Karl Marx, "Critique of the Gotha Program", in Karl Marx e Friedrich Engels, *Selected Works* (Londres: Lawrence and Wishart, 1968), 324.
18. Darren Thiel, "Builders: The Social Organisation of a Construction Site" (tese de Ph.D., University of London, 2005).
19. Martin Fackler, "Japanese Fret That Quality Is in Decline", *New York Times*, 21 de setembro de 2006, A1, C4.
20. Richard K. Lester e Michael J. Piore, *Innovation, the Missing Dimension* (Cambridge, Mass.: Harvard University Press, 2004), 98.
21. Ibid., 104.
22. Os três livros nesse estudo são: Richard Sennett, *The Corrosion of Character: The Personal Consequences of Work in the New Capitalism* (Nova York: Norton, 1998); Sennett, *Respect in a World of Inequality* (Nova York: W. W. Norton, 2003); e Sennett, *A cultura do novo capitalismo*, trad. Clóvis Marques (Rio de Janeiro: Editora Record, 2006).
23. Ver Christopher Jencks, *Who Gets Ahead? The Determinants of Economic Success in America* (Nova York: Wiley, 1979); Gary Burtless e Christopher Jencks, "American Inequality and Its Consequences", dissertação (Washington, D.C.: Brookings Institution, março de 2003); e Alan Blinder, "Outsourcing: Bigger Than You Thought", *American Prospect*, novembro de 2006, 44-46.
24. Sobre este debate, ver Robert D. Putnam, *Bowling Alone: The Collapse and Revival of American Community* (Nova York: Simon and Schuster, 2000); e Sennett, *Corrosion of Character*.
25. Para um bom estudo genérico, ver Wayne Carlson, *A Critical History of Computer Graphics and Animation* (Ohio State University, 2003), disponível em http://accad.osu.edu/waynec/history/lessons.html.
26. Sherry Turkle, *Life on the Screen: Identity in the Age of the Internet* (Nova York: Simon and Schuster, 1995), 64, 281n20.
27. Citado in Edward Robbins, *Why Architects Draw* (Cambridge, Mass.: MIT Press, 1994), 126.
28. Ibid.
29. Citado in Sherry Turkle, "Seeing through Computers: Education in a Culture of Simulation (Advantages and Disadvantages of Computer Simulation)", *American Prospect*, março-abril de 1997, 81.

30. Elliot Felix, “Drawing Digitally”, palestra no Urban Design Seminar, MIT, Cambridge, Mass., 4 de outubro de 2005.
31. Bent Flyvbjerg Nils Bruzelius e Werner Rothengatter, *Megaprojects and Risk: An Anatomy of Ambition* (Cambridge: Cambridge University Press, 2003), 11-21. Ver também Peter Hall, *Great Planning Disasters* (Harmondsworth: Penguin, 1980).
32. Para um excelente relato jornalístico sobre a maneira como o trabalho setorizado por tarefa define a prática médica, ver Atul Gawande, “Piecework”, *New Yorker*, 4 de abril de 2005, 44-53.
33. A exposição mais sucinta deste ponto de vista encontra-se in Julian Legrand, *The Provision of Health Care: Is the Public Sector Ethically Superior to the Private Sector?* (Londres: LSE Books, 2001).
34. Um bom apanhado dos pontos de vista sobre a prática pode ser encontrado no debate sobre a privatização da enfermagem na conferência do Royal Council of Nursing de 2006. Esse material é reproduzido em http://www.rcn.org.uk/news/congress/2006/5.php.
35. O texto completo do discurso pode ser encontrado com mais facilidade na Internet: http://bma.org.uk/ap.nsf/content/ARM2006JJohnson.

CAPÍTULO 2 A oficina

1. Citado, em inglês, in Peter Brown, *Augustine of Hippo: A Biography* (Berkeley: University of California Press, 1967), 143.
2. Agostinho, *Sermons*. A edição oficial do Vaticano usa um sistema comum de referência em todas as línguas. Este trecho aparece em 67,2.
3. Ver Richard Sennett, *Carne e pedra* (Nova York: W. W. Norton, 1993), 152-153.
4. Ver Ernst Kantorowicz, *The King's Two Bodies: A Study in Mediaeval Political Theology* (Princeton, N.J.: Princeton University Press, 1981), 316ss.
5. Robert S. Lopez, *The Commercial Revolution of the Middle Ages, 950-1350* (Englewood Cliffs, N.J.: Prentice-Hall, 1971), 127.
6. Sennett, *Flesh and Stone*, 201.
7. Edward Lucie-Smith, *The Story of Craft* (Nova York: Van Nostrand, 1984), 115.
8. Ver J. F. Hayward, *Virtuoso Goldsmiths and the Triumph of Mannerism, 1540-1620* (Nova York: Rizzoli International, 1976).
9. Ibn Khaldun, *The Muqaddimah: An Introduction to History*, versão condensada, trad. Franz Rosenthal, ed. e condensado por N. J. Dawood (Princeton, N.J.: Princeton University Press, 2004), 285-289.
10. Bronislaw Geremek, *Le Salariat dans l'artisinat parisien aux XIIIe-XVe siècles: Étude sur la main d'oeuvre au moyen âge* (Paris: Mouton, 1968), 42.
11. Gervase Rosser, “Crafts, Guilds and the Negotiation of Work in the Medieval Town”, *Past and Present* 154 (fevereiro de 1997), 9.

12. Ver Hayward, *Virtuoso Goldsmiths*.
13. Ver Benjamin Woolley, *The Queen's Conjurer: The Science and Magic of Dr. John Dee, Adviser to Queen Elizabeth I* (Nova York: Holt, 2001), 251.
14. Keith Thomas, *Religion and the Decline of Magic* (Londres: Penguin, 1991), 321.
15. S. R. Epstein, "Guilds, Apprenticeship, and Technological Change", *Journal of Economic History* 58 (1998), 691.
16. Ver Phillippe Ariès, *Centuries of Childhood: A Social History of Family Life*, trad. Robert Baldick (Nova York: Alfred A. Knopf, 1962).
17. Para uma interessante discussão a este respeito, ver Rosser, "Crafts, Guilds, and Negotiation of Work", 16-17.
18. Ibid., 17.
19. Ver Rudolf e Margot Wittkower, *Born under Saturn; The Character and Conduct of Artists: A Documented History from Antiquity to the French Revolution* (Londres: Weidenfeld and Nicolson, 1963), 91-95, 134-135; e também Lucie-Smith, *Story of Craft*, 149.
20. Ver Wittkower e Wittkower, *Born under Saturn*, 139-142.
21. Benvenuto Cellini, *Autobiography*, trad. George Bull (Londres: Penguin, 1998), xix. Como todo especialista em Cellini, o tradutor deve muito às investigações de Paolo Rossi. Rossi se empenhou a fundo no estabelecimento do texto deste soneto, e mesmo numa transcrição límpida o italiano não oferece um sentido claro. Tomei a liberdade de inserir a palavra "único" nos versos citados porque é o que parece ir no sentido da bravata do autor; mesmo retirando-se a palavra inserida, continua sendo uma afirmação estarrecedora.
22. T. E. Heslop, "Hierarchies and Medieval Art", in Peter Dormer, ed., *The Culture of Craft* (Manchester: Manchester University Press, 1997), 59.
23. Ver John Hale, *The Civilization of Europe in the Renaissance* (Nova York: Atheneum, 1994), 279-281.
24. Devo o que se segue à Royal Commission on the Historical Monuments of England, que reconstituiu a sequência da construção in "The Cathedral Church of the Blessed Virgin Mary, Salisbury", de 1220 a 1900. Agradeço a Robert Scott por me ter dado acesso a esse mapa.
25. Agostinho citado in Stephen J. Greenblatt, *Renaissance Self-Fashioning: From More to Shakespeare* (Chicago: University of Chicago Press, 1981), 2.
26. Benvenuto Cellini, *Autobiography*, trad. George Bull (Londres: Penguin, 1998), xiv-xv.
27. Ver Elizabeth Wilson, *Mstislav Rostropovich: The Legend of Class 19* (Londres: Faber and Faber, 2007), caps. 11, 12.
28. Ver Toby Faber, *Stradivarius*, trad. Clóvis Marques (Rio de Janeiro: Editora Record, 2006), 50-66. Embora Faber seja ao mesmo tempo preciso e sugestivo, o leitor interessado num relato mais técnico deve consultar aquele que ainda é o maior de todos os

estudos sobre Stradivarius: William H. Hill, Arthur F. Hill e Alfred Ebsworth, *Antonio Stradivari* [1902] (Nova York: Dover, 1963). Outra fonte biográfica é Charles Beare e Bruce Carlson, *Antonio Stradivari: The Cremona Exhibition of 1987* (Londres: J. and A. Beare, 1993).

29. Ver Faber, *Stradivarius*, 59.
30. Duane Rosengard e Carlo Chiesa, "Guarneri del Gesù: A Brief History", in catálogo da exposição do Metropolitan Museum, *The Violin Masterpieces of Guarneri del Gesù* (Londres: Peter Biddulph, 1994), 15.
31. Quase todas as edições da publicação profissional dos *luthiers*, *The Strad*, tratam dessas questões. Um apanhado particularmente bom sobre as questões ligadas ao verniz ainda é L. M. Condax, *Final Summary Report of the Violin Varnish Research Project* (Pittsburgh: s.ed., 1970).
32. John Donne, *Complete Poetry of John Donne*, ed. John Hayward (Londres: Nonesuch, 1929), 365.
33. Robert K. Merton, *On the Shoulders of Giants* (Nova York: Free Press 1965).
34. Etienne de la Boétie, *The Politics of Obedience: The Discourse of Voluntary Servitude* [1552-53], trad. Harry Kurz (Auburn, Ala.: Mises Institute, 1975), 42.

CAPÍTULO 3 Máquinas

1. Ver Simon Schama, *The Embarrassment of Riches: An Interpretation of Dutch Culture in the Golden Age*, 2ª ed. (Londres: Fontana, 1988).
2. Jerry Brotton e Lisa Jardine, *Global Interests: Renaissance Art between East and West* (Ithaca, N.Y.: Cornell University Press, 2000).
3. John Hale, The Civilization of Europe in the Renaissance (Nova York: Atheneum, 1994), 266.
4. Werner Sombart, *Luxury and Capitalism* [1913], trad. W. R. Dittmar (Ann Arbor: University of Michigan Press, 1967), especialmente 58-112.
5. Ver Geoffrey Scott, *The Architecture of Humanism: A Study in the History of Taste* (Princeton, N.J.: Architectural Press, 1980).
6. Esses replicantes têm papéis com falas no romance de Thomas Pynchon *Mason and Dixon* (Nova York: Henry Holt, 1997). Gaby Wood fornece informações mais precisas e históricas: ver Wood, *Living Dolls* (Londres: Faber and Faber, 2002) 21-24.
7. Wood, *Living Dolls*, 38.
8. Immanuel Kant, "Beantwortung der Frage: Was ist Aufklärung?", *Berlinische Monatsschrift* 4 (1984), 481. Agradeço a James Schmidt por esta tradução para o inglês, in Schmidt, *What Is Enlightenment? Eighteenth-Century Answers and Twentieth-Century Questions* (Berkeley: University of California Press, 1996), 58.
9. Moses Mendelssohn, "Über die Frage: 'Was heisst aufklären?'", *Berlinische Monatsschrift* 4 (1784), 193.

10. A resposta de Mendelssohn foi originalmente publicada in *Berlinische Monatsschrift* 4 (1784), 193-200; a frase é de uma carta do mesmo ano a August v. Hennings, reproduzida in Moses Mendelssohn, *Gesammelte Schriften Jubiläumsausgabe*, vol. 13, *Briefwechsel III* (Stuttgart: Frommann, 1977), 234.
11. Sou grato ao falecido Karl Weintraub, da Universidade de Chicago, por chamar minha atenção para a ligação entre Mendelssohn e Diderot. Infelizmente, Weintraub não teve tempo de concluir seu ensaio sobre as relações entre os dois. Sua produção (ele escreveu pouco, mas sempre com conhecimento de causa) é melhor exemplificada in Karl Weintraub, *Visions of Culture* (Chicago: University of Chicago Press, 1969).
12. O texto original é Denis Diderot e Jean d'Alembert, *Encyclopédie, ou Dictionnaire raisonné des sciences, des arts et des métiers, par une société de gens de lettres*, 28 vols. (Paris: vários editores, 1751-1772). Usarei a edição Dover (1959) de trechos dessa imensa obra, em tradução inglesa anônima mas boa. Para entender as complicações desse empreendimento editorial, ver Robert Darnton, *The Business of Enlightenment: A Publishing History of the Encyclopédie, 1775-1800* (Cambridge, Mass.: Belknap Press of Harvard University Press, 1979).
13. A melhor biografia em língua inglesa ainda é, em minha opinião, N. Furbank, *Diderot* (Londres: Secker and Warburg, 1992).
14. Philipp Blom, *Encyclopédie* (Londres: Fourth Estate, 2004), 43-44.
15. Adam Smith, *The Theory of Moral Sentiments* [1759] (Oxford: Oxford University Press, 1979), 9.
16. David Hume, *A Treatise of Human Nature*, ed. E. C. Mossner (Londres: Penguin, 1985), 627.
17. Jerrold Siegel, *The Idea of the Self: Thought and Experience in Western Europe since the Seventeenth Century* (Cambridge: Cambridge University Press, 2005), 352.
18. C. Wright Mills, *The Sociological Imagination* (Oxford: Oxford University 1959), 223; Adriano Tilgher, *Work: What It Has Meant to Men through the Ages* (Nova York: Harcourt, Brace, 1930), 63.
19. Ver Albert O. Hirschmann, *The Passions and the Interests: Political Arguments for Capitalism before Its Triumph* (Princeton, N.J.: Princeton University Press, 1992).
20. Citado in Furbank, *Diderot*, 40.
21. Ibid., como no caso das citações dos parágrafos seguintes.
22. Sabine Melchior-Bonnet, *The Mirror: A History*, trad. Katharine H. Jewett (Londres: Routledge, 2002), 54.
23. O leitor interessado em investigar essa complicada história pode recorrer a três clássicos: Lawrence Stone, *Family, Sex, and Marriage in England, 1500-1800* (Londres: Penguin, 1990); Edward Shorter, *Making of the Modern Family* (Londres: Fontana, 1977); e Philippe Ariès, *Centuries of Childhood: A Social History of Family Life*, trad. Robert Baldick (Londres: Penguin, 1973).

24. Ver Francis Steegmuller, *A Woman, a Man, and Two Kingdoms: The Story of Madame D'Épinay and the Abbé Galiani* (Nova York: Alfred A. Knopf, 1991); e Ruth Plaut Weinreb, *Eagle in a Gauze Cage: Louise D'Épinay, Femme de Lettres* (Nova York: AMS Press, 1993).
25. Adam Smith, *The Wealth of Nations*, vol. 1 [1776] (Londres: Methuen, 1961), 302-3.
26. David Brody, *Steelworkers in America*, ed. rev. (Urbana, Ill.: University of Illinois Press, 1998), fornece um excelente quadro geral da indústria do aço no século XIX.
27. Ver Richard Sennett, *The Corrosion of Character* (Nova York: W. W Norton, 1998), 122-135.
28. Os dois volumes da biografia de Tim Hilton são *John Ruskin, The Early Years* and *John Ruskin, The Later Years* (New Haven e Londres: Yale University Press, 1985, 2000).
29. Para um apanhado dessa literatura, ver Richard Sennett, *A cultura do novo capitalismo* (Rio de Janeiro: Editora Record, 2006), cap. 3.
30. O conceito de "forma-tipo" ("*type-form*") é tomado de empréstimo a Harvey Molotch, *Where Stuff Comes From: How Toasters, Toilets, Cars, Computers, and Many Others Things Come to Be as They Are* (Nova York: Routledge, 2003), 97, 103-105.
31. Para informações sobre a história das lâminas de vidro, ver Richard Sennett, *The Conscience of the Eye: The Design and Social Life of Cities* (Nova York: Alfred A. Knopf, 1990), 106-114.
32. O leitor pode ter interesse em saber que descrevi mais detalhadamente a Grande Exposição e em particular o robô do conde Dunin num romance histórico. Ver Richard Sennett, *Palais-Royal* (Nova York: Alfred A. Knopf, 1987), 228-237.
33. Citado in Hilton, *Ruskin, The Early Years*, 202-203.
34. John Ruskin, *The Stones of Venice* [1851-1853] (Nova York: Da Capo, 2003), 35.
35. O que se segue constitui um resumo de John Ruskin, *The Seven Lamps of Architecture*, na "edição para o trabalhador" original de 1849 (reprodução, Londres: George Routledge and Sons, 1901).
36. Para um relato completo deste fenômeno, ver Richard Sennett, *The Fall of Public Man* (Nova York: Alfred A. Knopf, 1977), parte 3.
37. Thorstein Veblen, *The Theory of the Leisure Class* [1899], in *The Portable Veblen*, ed. Max Lerner (Nova York: Viking, 1948), 192.
38. Um bom compêndio das ideias algo esparsas de Veblen sobre consumo exagerado é *Penguin Great Ideas: Conspicuous Consumption* (Londres: Penguin, 2005).
39. Mills, *Sociological Imagination*, 224.

CAPÍTULO 4 Consciência material

1. Sobre a roda do oleiro, ver Joseph Noble, "Pottery Manufacture", in Carl Roebuck, ed., *The Muses at Work: Arts, Crafts, and Professions in Ancient Greece and Rome* (Cambridge, Mass.: MIT Press, 1969), 120-122.

2. Suzanne Staubach, *Clay: The History and Evolution of Humankind's Relationship with Earth's Most Primal Element* (Nova York: Berkley, 2005), 67.
3. John Boardman, *The History of Greek Vases* (Londres: Thames and Hudson, 2001), 40.
4. Ver E. R. Dodds, *The Greeks and the Irrational*, 2ª ed. (Berkeley: University of California Press, 2004), 135-144.
5. Para um excelente resumo, ver Richard C. Vitzthum, *Materialism: An Affirmative History and Definition* (Amherst, N.Y.: Prometheus Books, 1995), 25-30.
6. Platão, *Republic* 509d-513e.
7. Platão, *Theaetitus* 181b-190a.
8. Ver Andrea Wilson Nightingale, *Spectacles of Truth in Classical Greek Philosophy: Theoria in Its Cultural Context* (Cambridge: Cambridge University Press, 2005).
9. M. F. Burnyeat, "Long Walk to Wisdom", *TLS*, 24 de fevereiro de 2006, 9.
10. Harvey Molotch, *Where Stuff Comes From: How Toasters, Toilets, Cars, Computers, and Many Others Things Come to Be as They Are* (Nova York: Routledge, 2003), 113.
11. Ver Henry Petroski, *To Engineer Is Human: The Role of Failure in Successful Design* (Londres: MacMillan, 1985), especialmente 75-84.
12. Ver Annette B. Weiner, "Why Cloth?" in Weiner e Jane Schneider, eds., *Cloth and Human Experience* (Washington, D.C.: Smithsonian Institution Press, 1989), 33.
13. Para uma simples exposição, ver Claude Lévi-Strauss, "The Culinary Triangle", *New Society*, 22 de dezembro de 1966, 937-940. Uma explicação completa do triângulo culinário encontra-se in Lévi-Strauss, *Introduction to a Science of Mythology*, vol. 3, *The Origin of Table Manners*, trad. John e Doreen Weightman (Nova York: Harper and Row, 1978).
14. Michael Symons, *A History of Cooks and Cooking* (Londres: Prospect, 2001), 114, é equivocado considerar que esta famosa formulação reflete status e prestígio; para Lévi-Strauss, a "fisiologia pensante" unifica as sensações humanas através dos símbolos.
15. Ver James W. P. Campbell e Will Pryce, *Brick: A World History* (Londres: Thames and Hudson, 2003), 14-15.
16. Frank E. Brown, *Roman Architecture* (Nova York: G. Braziller, 1981).
17. Ver Joseph Rykwert, *The Idea of a Town: The Anthropology of Urban Form in Rome, Italy and the Ancient World* (Princeton, N.J.: Princeton University Press, 1976).
18. Ver James Packer, "Roman Imperial Building", in Roebuck, ed., *Muses at Work*, 42-43.
19. Keith Hopkins, *Conquerors and Slaves* (Cambridge: Cambridge University Press, 1987).
20. Vitrúvio, *On Architecture*, ed. Frank Granger (Cambridge, Mass.: Harvard Loeb Classical Library, 1931), 1.1.15-16.
21. Vitrúvio, *The Ten Books of Architecture*, trad. Morris Vicky Morgan (Nova York: Dover, 1960) ver 2.3.1-4, 2.8.16-20, 7.1.4-7.
22. Por esta observação, sou grato a Campbell e Pryce, *Brick*, 44.

23. Alec Clifton-Taylor, *The Pattern of English Building* (Londres: Faber and Faber, 1972), 242.
24. Ver M. I. Finley, *Ancient Slavery and Modern Ideology* (Londres: Chatto and Windus, 1980).
25. Clifton-Taylor, *Pattern of English Building*, 232; a linguagem corporalizada surge em publicações como a *Builder's Magazine*, citada na nota 27, adiante.
26. Ver Jean André Rouquet, *The Present State of the Arts in England* [1756] (Londres: Cornmarket, 1979), 44ss.
27. Ver *Builder's Magazine*, periódico publicado entre 1774 e 1778; sua linguagem descritiva é analisada in Martin Weil, "Interior Details in Eighteenth-Century Architectural Books", *Bulletin of the Association for Preservation Technology* 10, nº 4 (1978), 47-66.
28. Clifton-Taylor, *Pattern of English Building*, 369.
29. Ver Richard Sennett, *The Fall of Public Man* (Nova York: Alfred A. Knopf. 1977), parte 2.
30. Alvar Aalto, citado in Campbell e Pryce, *Brick*, 271.
31. William Carlos Williams, *Imaginations* (Nova York: New Directions, 1970), 110. Ver a excelente discussão dessa declaração e suas implicações in Bill Brown, *A Sense of Things: The Object Matter of American Literature* (Chicago: University of Chicago Press, 2003), 1-4.

CAPÍTULO 5 A mão

1. Ou pelo menos assim é citado por Raymond Tallis, *The Hand: A Philosophical Inquiry in Human Being* (Edimburgo: Edinburgh University Press, 2003), 4.
2. Charles Bell, *The Hand, Its Mechanism and Vital Endowments, as Evincing Design* (Londres, 1833). Trata-se do quarto dos chamados Tratados Bridgewater sobre "o poder, a sabedoria e a bondade de Deus manifestos na criação".
3. Charles Darwin, *The Descent of Man* [1879], ed. James Moore e Adrian Desmond (Londres: Penguin, 2004), 71-75.
4. Frederick Wood Jones, *The Principles of Anatomy as Seen in the Hand* (Baltimore: Williams and Williams, 1942), 298-299.
5. Tallis, *Hand*, 24.
6. Ver John Napier, *Hands*, ed. rev., rev. Russell H. Tuttle (Princeton, N.J.: Princeton University Press, 1993), 55ss. Um excelente resumo popular dessa mudança de visão é encontrado in Frank R. Wilson, *The Hand: How Its Use Shapes the Brain, Language, and Human Culture* (Nova York: Pantheon, 1998), 112-146.
7. Mary Marzke, "Evolutionary Development of the Human Thumb", in *Hand Clinics* 8, nº 1 (fevereiro de 1992), 1-8. Ver também Marzke, "Precision Grips, Hand Morphology, and Tools", *American Journal of Physical Anthropology* 102 (1997), 91-110.
8. Ver K. Muller e V. Homberg, "Development of Speed of Repetitive Movements in Children ...", *Neuroscience Letters* 144 (1992), 57-60.
9. Ver Charles Sherrington, *The Integrative Action of the Nervous System* (Nova York: Scribner's Sons, 1906).

10. Wilson, *Hand*, 99.
11. A. P. Martinich, *Hobbes: A Biography* (Cambridge: Cambridge University Press, 1999).
12. Beryl Markham, *West with the Night*, nova ed. (Londres: Virago, 1984).
13. Ver Tallis, *Hand*, cap. II, especialmente 329-331.
14. Ver Shinichi Suzuki, *Nurtured by Love: A New Approach to Talent Education* (Miami, Fla.: Warner, 1968).
15. D. W. Winnicott, *Playing and Reality* (Londres: Routledge, 1971); John Bowlby, *A Secure Base: Parent-Child Attachment and Healthy Human Development* (Londres: Routledge, 1988).
16. David Sudnow, *Ways of the Hand: A Rewritten Account*, 2ª ed. (Cambridge, Mass.: MIT Press, 2001).
17. Ibid., 84.
18. Para uma interessante análise desse fenômeno, ver Julie Lyonn Lieberman, "The Slide", *Strad* 116 (julho de 2005), 69.
19. Ver Michael C. Corballis, *The Lopsided Ape: Evolution of the Generative Mind* (Nova York: Oxford University Press, 1991).
20. Yves Guiard, "Asymmetric Division of Labor in Human Bimanual Action", *Journal of Motor Behavior* 19, nº 4 (1987), 488-502.
21. Sobre essa história, ver Michael Symons, *A History of Cooks and Cooking* (Londres: Prospect, 2001), 144.
22. Norbert Elias, *The Civilizing Process*, ed. rev., trad. Edmund Jephcott (Oxford: Blackwell, 1994), 104. O leitor deve notar que a edição revista incorpora certos materiais históricos desconhecidos do autor na edição original, *Über den Prozess der Zivilisation*, em 1939.
23. Citado in ibid., 78.
24. David Knechtges, "A Literary Feast: Food in Early Chinese Literature", *Journal of the American Oriental Society* 106 (1986), 49-63.
25. John Stevens, *Zen Bow, Zen Arrow: The Life and Teachings of Awa Kenzo* (Londres: Shambhala, 2007).
26. Elias, *Civilizing Process*, 105.
27. Ibid., 415.
28. Para um relato da maneira como as estratégias de Powell e Rumsfeld entraram em conflito na guerra iniciada pelos Estados Unidos no Iraque em 2003, ver Michael R. Gordon e Bernard E. Trainor, *Cobra II* (Nova York: Pantheon, 2006).
29. Ver, por exemplo, Neil Postman, *Amusing Ourselves to Death: Public Discourse in the Age of Show Business* (Nova York: Viking, 1985).
30. Daniel Levitin, *This Is Your Brain on Music* (Nova York: Dutton, 2006), 193.
31. Erin O'Connor, "Embodied Knowledge: The Experience of Meaning and the Struggle towards Proficiency in Glassblowing", *Ethnography* 6, nº 2 (2005), 183-204.

32. Ibid., 188-189.
33. Maurice Merleau-Ponty, *The Phenomenology of Perception* [1945] (Nova York: Humanities Press, 1962).
34. Michael Polanyi, *Personal Knowledge: Towards a Post-Critical Philosophy* (Chicago: University of Chicago Press, 1962), 55.

CAPÍTULO 6 Instruções expressivas

1. Frank R. Wilson, *The Hand: How Its Use Shapes the Brain, Language, and Human Culture* (Nova York: Pantheon, 1998), 204-207.
2. Sheila Hale, *The Man Who Lost His Language: A Case of Aphasia*, ed. rev. (Londres: Jessica Kingsley, 2007).
3. Ver D. Armstrong, W. Stokoe e S. Wilcox, *Gesture and the Nature of Language* (Cambridge: Cambridge University Press, 1995).
4. Ver Oliver Sacks, *Vendo vozes: uma viagem ao mundo dos surdos* (São Paulo: Companhia das Letras, 1998).
5. Richard Olney, *The French Menu Cookbook* (Boston: Godine, 1985), 206.
6. Julia Child e Simone Beck, *Mastering the Art of French Cooking*, vol. 2 (Nova York: Alfred A. Knopf, 1970), 362.
7. Elizabeth David, *French Provincial Cooking* (Londres: Penguin, 1960, ed. rev., 1970), 402.
8. Max Black, "How Metaphors Work: A Reply to Donald Davidson", in Sheldon Sacks, ed., *On Metaphor* (Chicago: University of Chicago Press, 1979), 181-192; Donald Davidson, "What Metaphors Mean", in ibid., 29-45; Roman Jakobson, "Two Types of Language and Two Types of Disturbances", reproduzido in Jakobson, *On Language*, ed. Linda R. Waugh e Monique Monville-Burston (Cambridge, Mass.: Harvard University Press, 1995).

CAPÍTULO 7 Ferramentas estimulantes

1. Reproduzido in James Parakilas et al., *Piano Roles: Three Hundred Years of Life with the Piano* (New Haven e Londres: Yale University Press, 2002), fig. 8.
2. Ver o admirável livro de David Freedberg, *The Eye of the Lynx: Galileo, His Friends, and the Beginnings of Modern Natural History* (Chicago: University of Chicago Press, 2003), 152-153.
3. Citado, neste contexto, in Steven Shapin, *The Scientific Revolution* (Chicago: University of Chicago Press, 1998), 28. O livro de Shapin e o de Peter Dear, *Revolutionizing the Sciences: European Knowledge and Its Ambitions, 1500-1700* (Basingstoke: Palgrave, 2001) fornecem um excelente apanhado.

4. Citado in Shapin, *Scientific Revolution*, 147.
5. Herbert Butterfield, *The Origins of Modern Science*, ed. rev. (Nova York: Free Press, 1965), 106.
6. Andrea Carlino, *Books of the Body: Anatomical Ritual and Renaissance Learning*, trad. John Tedeschi e Anne Tedeschi (Chicago: University of Chicago Press, 1999), 1.
7. Ver a excelente explicação de Peter Dear, *Revolutionizing the Sciences: European Knowledge and Its Ambitions, 1500-1700* (Basingstoke: Palgrave, 2001), 39.
8. Roy Porter, *Flesh in the Age of Reason: The Modern Foundations of Body and Soul* (Londres: Penguin, 2003), 133.
9. Douglas Harper, *Working Knowledge: Skill and Community in a Small Shop* (Chicago: University of Chicago Press, 1987), 21.
10. Dear, *Revolutionizing the Sciences*, 138.
11. Francis Bacon, *Novum Organum*, trad. Peter Urbach e John Gibson (Chicago: Open Court, 2000), 225.
12. Richard Rorty, *Philosophy and the Mirror of Nature* (Princeton, N.J.: Princeton University Press, 1981).
13. Ver Robert Hooke, *Micrographia* [1665] (reimpressão, Nova York: Dover, 2003), 181.
14. Christopher Wren, carta a William Petty, ca. 1656-1658, citado in Adrian Tinniswood, *His Invention so Fertile: A Life of Christopher Wren* (Londres: Pimlico, 2002), 36.
15. Ibid., 149.
16. Ibid., 154.
17. Ibid.
18. Jenny Uglow, *The Lunar Men: Five Friends Whose Curiosity Changed the World* (Londres: Faber and Faber, 2002), 11, 428.
19. Esta frase da *Philosophy of Fine Art* de G. W. F. Hegel foi traduzida por F. P. B. Osmaston e é encontrada in Hazard Adams, ed., *Critical Theory since Plato*, ed. rev. (Londres: Heinle and Heinle, 1992), 538.
20. Edmund Burke, *A Philosophical Enquiry into the Origins of Our Ideas of the Sublime and Beautiful* (1757). Relacionarei as referências na Standard Edition e na edição Boulton de 1958, que escoimou o texto de impurezas: 3.27 (Boulton, 124); 2.22 (Boulton, 86).
21. Citado in Mary Shelley, *Frankenstein; or, The Modern Prometheus* [1818] (Londres: Penguin, 1992), xxii.
22. Ibid., 43.
23. O processo é elucidado por Maurice Hindle, editor da atual edição Penguin de *Frankenstein*, na p. 267.
24. Ibid., 52.
25. Disponível em http://www.foresight.gov.uk/index.html.

26. Noel Sharkey citado in James Randerson, "Forget Robot Rights, Experts Say, Use Them for Public Safety", *Guardian*, 24 de abril de 2007, 10.
27. Existem muitas edições do *Leviatã* de Hobbes. Utilizarei o texto da cuidadosa edição de Richard Tuck na série Cambridge Texts in the History of Political Thought. Como os leitores podem dispor de versões diferentes, para finalidades de referência fornecerei o capítulo e as divisões de seções que se tornaram de praxe nos estudos sobre Hobbes, além dos números de páginas da edição mencionada. Thomas Hobbes, *Leviathan*, ed. Richard Tuck (Cambridge: Cambridge University Press, 1996), 2.5.15.
28. Ver Peter Dear, *Revolutionizing the Sciences* (Basingstoke: Palgrave, 2001), 61-62, do qual foram extraídas as frases citadas de Bacon. Este texto constitui excelente introdução às mudanças científicas ocorridas no século XVII.

CAPÍTULO 8 Resistência e ambiguidade

1. William R. B. Acker, *Kyudo: The Japanese Art of Archery* (Boston: Tuttle, 1998).
2. Lewis Mumford, *Technics and Civilization* (Nova York: Harcourt Brace, 1934), 69-70.
3. David Freedberg, *The Eye of the Lynx: Galileo, His Friends, and the Beginnings of Modern Natural History* (Chicago: University of Chicago Press, 2003), 60.
4. A historiadora Rosalind Williams faz um breve relato dessa história in *Notes on the Underground: An Essay on Technology, Society, and the Imagination* (Cambridge, Mass.: MIT Press, 1992), 75-77.
5. A história dessa obra também é contada in Steven Brindle, *Brunel: The Man Who Built the World* (Londres: Weidenfeld and Nicholson, 2005), 40-50, 64-66.
6. Ver Gustave Le Bon, *The Crowd: A Study of the Popular Mind* [1896] (Nova York: Dover, 2002).
7. Leon Festinger, *A Theory of Cognitive Dissonance* (Stanford, Calif.: Stanford University Press, 1957). Bateson abriu caminho para esta obra com sua teoria do "duplo vínculo"; ver Gregory Bateson et al., "Toward a Theory of Schizophrenia", *Behavioral Science* 1 (1956), 251-264.
8. Henry Petroski, *To Engineer Is Human: The Role of Failure in Successful Design* (Londres: MacMillan, 1985), 216-217.
9. Coosje van Bruggen, *Frank O. Gehry: Guggenheim Museum, Bilbao* (Nova York: Solomon R. Guggenheim Foundation, 1997), ap. 2, declaração de Frank Gehry, "Gehry on Titanium", 141, de onde também são extraídas as citações subsequentes.
10. John Dewey, *Art as Experience* (Nova York: Capricorn, 1934), 15.
11. Para uma explicação mais completa, ver Richard Sennett, *Carne e pedra* (Nova York: W. W. Norton, 1993), 212-250.
12. Ver Liane Lefaivre, "Space, Place, and Play", in Liane Lefaivre e Ingeborg Roode, eds., *Aldo van Eyck: The Playgrounds and the City* (Roterdã: NAi em colaboração com o Museu Stedelijk, Amsterdã, 2002), 25.

13. Ilustrado in ibid., 6.
14. Ilustrado in ibid., 20.
15. Ilustrado in ibid., 19.
16. Aldo van Eyck, "Whatever Space and Time Mean, Place and Occasion Mean More", *Forum* 4 (1960-1961), 121.

CAPÍTULO 9 O trabalho voltado para a qualidade

1. A mais útil introdução a seu trabalho é W. Edwards Deming, *The New Economics for Industry, Government, and Education*, 2ª ed. (Cambridge, Mass.: MIT Press, 2000).
2. Elton Mayo et al., *The Human Problems of an Industrial Civilization* (Nova York: Macmillan, 1933).
3. Tom Peters e Robert Waterman, *In Search of Excellence* (Nova York: HarperCollins, 1984).
4. Ver Pierre Bourdieu, *Distinction: A Social Critique of the Judgement of Taste*, trad. Robert Nice (Londres: Routledge and Kegan Paul, 1986).
5. Elliott A. Krause, *Death of the Guilds: Professions, States, and the Advance of Capitalism, 1930 to the Present* (New Haven e Londres: Yale University Press, 1996); Robert Perrucci e Joel E. Gerstl, *Profession without Community: Engineers in American Society* (Nova York: Random House, 1969).
6. Ver Kenneth Holyoke, "Symbolic Connectionism: Toward Third-generation Theories of Expertise", in K. Anders Ericsson e Jacqui Smith, eds., *Toward a General Theory of Expertise: Prospects and Limits* (Cambridge: Cambridge University Press, 1991), 303-335.
7. Vilma Patel e Guy Groen, "The Nature of Medical Expertise", in Ericsson e Smith, eds., *General Theory of Expertise*, 93-125.
8. Douglas Harper, *Working Knowledge: Skill and Community in a Small Shop* (Chicago: University of Chicago Press, 1987), 21.
9. Uma pesquisa fundadora neste campo é William Kintch, "The Role of Knowledge in Discourse Comprehension: A Construction-Integration Model", *Psychological Review* 95 (1987), 163-182.
10. Howard Gardner, Mihaly Csikszentmihaly e William Damon, *Good Work: When Excellence and Ethics Meet* (Nova York: Basic Books, 2002).
11. Matthew Gill, "Accountants' Truth: Argumentation, Performance and Ethics in the Construction of Knowledge by Accountants in the City of London" (tese de Ph.D., University of London, 2006).
12. Richard Sennett, *The Corrosion of Character: The Personal Consequences of Work in the New Capitalism* (Nova York: W. W. Norton, 1998), 64-75.
13. Ver Miriam Adderholdt, *Perfectionism: What's Bad about Being Too Good* (Minneapolis: Free Spirit, 1999); e Thomas Hurka, *Perfectionism* (Oxford: Oxford University Press, 1993).

14. Otto F. Kernberg, *Borderline Conditions and Pathological Narcissism* (Nova York: J. Aronson, 1975).
15. Esses rótulos foram objeto de um debate interno entre Kernberg e o analista Heinz Kohut. Ver Gildo Consolini, "Kernberg versus Kohut: A (Case) Study in Contrasts", *Clinical Social Work Journal* 27 (1999), 71-86.
16. Max Weber, *The Protestant Ethic and the Spirit of Capitalism*. A tradução inglesa considerada padrão é a de Talcott Parsons (Londres: Allen and Unwin, 1976); a tradução é mais desajeitada que o alemão de Weber. Este trecho, na tradução de Martin Green, encontra-se in Martin Green, *The Von Richthofen Sisters; The Triumphant and the Tragic Modes of Love: Else and Frieda von Richthofen, Otto Gross, Max Weber, and D. H. Lawrence, in the Years 1870-1970* (Nova York: Basic Books, 1974), 152.
17. Citado in Paul Wijdeveld, *Ludwig Wittgenstein, Architect*, 2ª ed. (Amsterdã: Pepin, 2000), 173.
18. Citado in ibid., 174.
19. Hermine Wittgenstein, "Familienerinnerungen", manuscrito, citado in ibid., 148.
20. Ibid.
21. Ludwig Wittgenstein, *Philosophical Investigations*, bilíngue, 3ª ed. (Oxford: Blackwell, 2002), 208e-209e.
22. Ver Max Weber, "Science as a Vocation", in Weber, *From Max Weber: Essays in Sociology*, trad. Hans Gerth e C. Wright Mills (Nova York: Oxford University Press, 1958).
23. Trevor Blackwell e Jeremy Seabrook, "Len Greenham", in Blackwell e Seabrook, *Talking Work* (Londres: Faber and Faber, 1996), 25-30.
24. Ibid., 27.
25. Ver Simon Head, *The New Ruthless Economy: Work and Power in the Digital Age* (Oxford: Oxford University Press, 2005), caps. 1, 9, 10.

CAPÍTULO 10 Habilidade

1. Friedrich Schiller, *On the Aesthetic Education of Man*, trad. Reginal Snell (Mineola, N.Y.: Dover, 2004). No trecho citado da décima quarta carta, tomei a primeira frase da página 75 e a segunda, da página 74.
2. É um tema tentador, que no entanto me proíbo de aprofundar. Os dois textos essenciais são *A interpretação dos sonhos*, de Freud, e seus escritos sobre a sexualidade infantil no vol. 17 de *The Complete Works of Sigmund Freud*, trad. James Strachey.
3. Ver Johan Huizinga, *Homo Ludens* (Londres: Routledge, 1998).
4. Clifford Geertz, *The Interpretation of Cultures: Selected Essays* (Londres: Hutchinson, 1975).
5. Ver Erik Erikson, *Childhood and Society* (Nova York: Vintage, 1995). Ver também Erikson, *Toys and Reasons: Stages in the Ritualization of Experience* (Nova York: W. W. Norton, 1977).

6. Erikson, *Toys and Reasons.*
7. Um texto essencial, numa vasta literatura a respeito, é Mihaly Csikszentmihalyi, *Beyond Boredom and Anxiety: Experiencing Flow in Work and Play* (Nova York: Jossey-Bass, 2000).
8. Ver Jerome Bruner e Helen Weinreich-Haste, *Making Sense: The Child's Construction of the World* (Londres: Methuen, 1987); e, como base desse livro, Jerome Bruner, *On Knowing* (Cambridge, Mass.: Harvard University Press, 1962).
9. O estudo mais acessível que li a respeito é Daniel Levitin, *This Is Your Brain on Music* (Nova York: Dutton, 2006), especialmente 84-85. (O leitor não se deve deixar dissuadir pelo título infeliz; trata-se de um excelente estudo.) Informações de caráter mais técnico podem ser encontradas in Isabelle Peretz e Robert J. Zatorre, eds., *The Cognitive Neuroscience of Music* (Oxford: Oxford University Press, 2003).
10. Se bem entendi, é este o ponto de vista de Gerald M. Edelman e Giulio Tononi in *A Universe of Consciousness: How Matter Becomes Imagination* (Nova York: Basic Books, 2000).
11. Ver Steven Pinker, *O instinto da linguagem* (São Paulo: Martins Fontes, 2004); e Pinker, *The Blank Slate: The Denial of Human Nature in Modern Intellectual Life* (Nova York: Viking, 2002).
12. Richard Lewontin, "After the Genome, What Then?", *New York Review of Books*, 19 de julho de 2001.
13. Platão, *Republic* 614b2-621b6.
14. Ver *Stanford-Binet Intelligence Scales*, 5ª ed. (Nova York: Riverside, 2004).
15. O leitor interessado nessa lamentável história pode consultar Richard J. Herrnstein e Charles Murray, *The Bell Curve: Intelligence and Class Structure in American Life* (Nova York: Free Press, 1994); e seus críticos: ver Charles Lane, "The Tainted Sources of the Bell Curve", *New York Review of Books*, 1º de dezembro de 1994.
16. A melhor introdução a esta obra é um livro já antigo: Howard Gardner, *Frames of Mind: The Theory of Multiple Intelligences* (Nova York: Basic Books, 1983).
17. Tomei a liberdade de extrair este exemplo de outro de meus livros, *A cultura do novo capitalismo* (Rio de Janeiro: Editora Record, 2006), 119.
18. Ver ibid., cap. 2.

Conclusão: A oficina filosófica

1. Ver Ibn Khaldûn, *The Muqaddimah: An Introduction to History*, ed. condensada, trad. Franz Rosenthal (Princeton, N.J.: Princeton University Press, 2004), 297-332; Confúcio, *The Analects of Confucius*, trad. Arthur Waley (Londres: Allen and Unwin, 1938).
2. A atual situação do pragmatismo é esclarecida por Hans Joas, *The Creativity of Action*, trad. Jeremy Gaines e Paul Keast (Chicago: University of Chicago Press, 1996); William Eggington e Mike Sandbothe, eds., *The Pragmatic Turn in Philosophy* (Albany: State

University Press of New York, 2004); Richard Rorty, *Contingency, Irony, and Solidarity* (Cambridge: Cambridge University Press, 1989); e Richard Bernstein, "The Resurgence of Pragmatism", *Social Research* (1992), 813-840.

3. Hannah Arendt, *The Human Condition* [1958], 2ª ed. (Chicago: University of Chicago Press, 1998), 108.
4. John Dewey, *Democracy and Education* [1916] (Nova York: Macmillan, 1969), 241-242.
5. Crítica dirigida a meu próprio trabalho, por exemplo, por Sheldon Wolin; ver "The Rise of Private Man", *New York Review of Books*, 14 de abril de 1977.
6. Homero, *The Iliad*, trad. A. T. Murray (Cambridge, Mass.: Harvard-Loeb Classical Library, 1924). Casas: 1.603-4; carroças: 18.373-77; joias: 18.400-402.
7. Ver Kristina Berggren, "Homo Faber or Homo Symbolicus? The Fascination with Copper in the Sixth Millennium", *Transoxiana* 8 (junho de 2004).
8. Hesíodo, *Theogony, Works and Days, Testimonia*, trad. Glenn W. Most (Cambridge, Mass.: Loeb Classical Library, Harvard University Press, 2006), 51.
9. Ver Hannah Arendt, *Eichmann in Jerusalem: A Report on the Banality of Evil* (Nova York: Harcourt, Brace, Jovanovich, 1963). A melhor história revisionista em inglês é David Cesarani, *Becoming Eichmann* (Cambridge: Da Capo, 2005).
10. O texto do manifesto Russell-Einstein pode ser encontrado em www.pugwash.org/about/manifesto.htm.

Índice remissivo

Este livro foi composto na tipografia
Electra LH, em corpo 11/16, e impresso em
papel off-white no Sistema Digital Instant Duplex
da Divisão Gráfica da Distribuidora Record.